# GÊNERO
## EM TERMOS REAIS

**RAEWYN CONNELL**

Tradução
Marília Moschkovich

*nVersos*

Copyright © Raewyn Connell 2016

**DIRETOR EDITORIAL E DE ARTE** Julio César Batista
**PRODUÇÃO EDITORIAL** Carlos Renato
**CAPA, PROJETO GRÁFICO E EDITORAÇÃO ELETRÔNICA** Erick Pasqua
**PREPARAÇÃO** Carol Sammartano
**REVISÃO** Juliana Amato

**Dados Internacionais de Catalogação na Publicação (CIP)**
**(Câmara Brasileira do Livro, SP, Brasil)**

Connell, Raewyn
  Gênero em termos reais / Raewyn Connell ; tradução Marília Moschkovich. -- São Paulo : nVersos, 2016.

  Título original: Gender for real.
  ISBN 978-85-8444-104-4

  1. Identidade de gênero 2. Papel sexual I. Título.

16-02614             CDD-305.3

**Índices para catálogo sistemático:**
1. Gênero : Identidade : Sociologia    305.3

1ª edição – 2016
1ª reimpressão – 2018
Esta obra contempla o novo Acordo Ortográfico da Língua Portuguesa
Impresso no Brasil
*Printed in Brazil*

nVersos Editora
Rua Cabo Eduardo Alegre, 36
01257060 – São Paulo – SP
Tel.: 11 3995-5617
www.nversos.com.br
nversos@nversos.com.br

# SUMÁRIO

| | |
|---|---|
| TRADUZIR RAEWYN CONNELL | 5 |
| PREFÁCIO | 16 |
| DEDICATÓRIA | 22 |

## PARTE I: DINÂMICAS DO GÊNERO

### 1 • A COLONIALIDADE DO GÊNERO — 25

| | |
|---|---|
| ANÁLISES DE GÊNERO DO NORTE E A DIMENSÃO GLOBAL | 25 |
| RUMO A UM ENQUADRAMENTO DO SUL PARA AS ANÁLISES DE GÊNERO | 29 |
| PENSANDO O GÊNERO A PARTIR DO SUL: ALGUNS EXEMPLOS | 35 |
| GÊNERO, COLONIALISMO E NEOLIBERALISMO | 40 |

### 2 • OS CORPOS DO SUL E AS DEFICIÊNCIAS — 45

| | |
|---|---|
| CORPORIFICAÇÃO SOCIAL E ONTOFORMATIVIDADE | 46 |
| PERSPECTIVAS DO SUL SOBRE A COMPREENSÃO DE TEORIAS | 50 |
| A CONQUISTA COLONIAL E SUAS CONSEQUÊNCIAS: A POLÍTICA GLOBAL DA DEBILITAÇÃO | 52 |
| O CAPITALISMO GLOBAL E SUAS CONSEQUÊNCIAS | 56 |
| O PATRIARCADO GLOBAL MODERNO E SUAS CONSEQUÊNCIAS | 59 |
| CONCLUSÃO: ENCONTROS CORPORIFICADOS EM ESCALA MUNDIAL | 63 |

### 3 • COMO OS REGIMES DE GÊNERO MUDAM DENTRO DO ESTADO — 67

| | |
|---|---|
| TEMPOS DE MUDANÇA | 72 |
| GÊNERO COMO UM PROBLEMA NA VIDA ORGANIZACIONAL – E COMO UM NÃO-PROBLEMA | 77 |
| A DIREÇÃO DA MUDANÇA – RUMO A UM LOCAL DE TRABALHO NEUTRO EM RELAÇÃO AO GÊNERO | 82 |
| REFLEXÕES | 85 |

## PARTE II: HOMENS E MASCULINIDADES

### 4 • OS CONTROLADORES DE ACESSO MUDAM: HOMENS, MASCULINIDADES E IGUALDADE DE GÊNERO — 90

| | |
|---|---|
| INTRODUÇÃO | 90 |
| HOMENS E MASCULINIDADES NA ORDEM MUNDIAL DE GÊNERO | 91 |
| TROCANDO DE TIME: HOMENS E MENINOS EM DISCUSSÕES DE IGUALDADE DE GÊNERO | 94 |
| INTERESSES DIVIDIDOS: APOIO E RESISTÊNCIA | 97 |
| MOTIVOS PARA TER OTIMISMO | 102 |
| MOTIVOS PARA O PESSIMISMO | 106 |
| RUMOS A SEGUIR: UM CONTEXTO GLOBAL | 109 |

### 5 • A MÁQUINA POR DENTRO DAS TORRES DE VIDRO: MASCULINIDADES E O CAPITAL FINANCEIRO — 114

| | |
|---|---|
| MÉTODO | 116 |
| O CENÁRIO ECONÔMICO | 117 |
| ORGANIZAÇÕES FRACTAIS E TRABALHO ADMINISTRATIVO | 118 |
| O REGIME CORPORATIVO DE GÊNERO: RELAÇÕES COM MULHERES E A REFORMA DE GÊNERO | 123 |
| A CORPORIFICAÇÃO DA MASCULINIDADE EXECUTIVA | 128 |

Conclusão: o capital financeiro e a masculinidade patriarcal modernizada    131
  Fase I: entrando na máquina    131
  Fase II: operando a máquina    132
  Fase III: voando mais alto – ou não    133

## 6 • CRESCER COMO MASCULINO    137

Adolescência    138
Corpos jovens    141
Poderes e seduções do mundo adulto    145
Pontos de partida e projetos    148
Culturas jovens, escolas secundárias e trabalho juvenil    151
Imaginando a masculinidade    155
Conclusão    157

## 7 • PERSPECTIVAS DO NORTE E DO SUL SOBRE A MASCULINIDADE    159

O momento etnográfico    159
A arena global de conhecimento    163
Algumas visões sulistas de masculinidade    169

# PARTE III: MULHERES TRANSEXUAIS

## 8 • DUAS LATAS DE TINTA, HISTÓRIA DE VIDA DE UMA PESSOA TRANSEXUAL    175

Uma entrevista    175
Sendo um homem    177
Mudança    181
  [1] De repente    181
  [2] Eu queria fazer aquilo que comecei a fazer    182
  [3] Gradualmente completamente vestida    183
  [4] Minhas fisionomias faciais estavam mudando    184
  [5] Um dia [...], no táxi    184
  [6] Me chamaram de tudo o que possa imaginar    185
  [7] Meu corpo disse    186
Ajudantes, aspectos médicos e outros    187
Consolidação: "mudando de verdade"    190
Uma visão do mundo    191
Os pensamentos do/da entrevistador/a    194

## 9 • EXCEPCIONALMENTE SÃS: PSIQUIATRIA E MULHERES TRANSEXUAIS    200

A abordagem médica da transexualidade    201
A psiquiatria fornece uma etiologia – muitas, na verdade    205
A armadilha da psicanálise    210
Em direção a uma psicologia ativista    215

## 10 • MULHERES TRANSEXUAIS E O PENSAMENTO FEMINISTA    223

I: Contatos do feminismo com as mulheres transexuais    225
II: Dos problemas identitários às dinâmicas do gênero    233
III: Repensando a transexualidade como um processo de gênero    238
  Corporificação contraditória    238
  Reconhecimento    240
  Redesignação    242
  O trabalho da transição    244
  Tecendo novas vidas: relações econômicas e familiares    245
IV: Outras políticas são possíveis    247

## REFERÊNCIAS    254

# TRADUZIR RAEWYN CONNELL

Por **Marília Moschkovich**

Marília Moschkovich é socióloga, mestra em Educação e Ciências Sociais e doutoranda em Educação e Ciências Sociais pela Universidade Estadual de Campinas (Unicamp). Pesquisa, na área de sociologia do conhecimento e sociologia da educação, temas como ensino superior, teorias feministas e desigualdades de gênero.

Traduzir um livro como *Gender for Real* implica uma série de cuidados com a escolha dos termos. As teorias de gênero são repletas de nuances e, nesse contexto, comunicar o pensamento de uma autora complexa, como Raewyn Connell, representa um desafio. A tradução da obra *Gênero – Uma perspectiva global*, também publicada pela nVersos e realizada anteriormente, permitiu alguma consistência na tradução deste volume. No entanto, contei com o apoio de tradutoras como Hailey Alves e Maíra Galvão – a quem sou extremamente grata – para realizar essa nova e difícil tarefa.

Em *Gênero em termos reais* apareceram mais detalhadamente alguns tópicos para os quais a teoria e a prática militante ainda não desenvolveram termos em português – é o caso da terceira seção do livro, sobre transgeneridade. Da mesma maneira, a segunda seção, que versa especificamente sobre masculinidades e o papel dos homens na construção de uma situação igualitária em relação ao gênero, contava com diversos termos sem tradução exata. Tais desafios conduziram a um escrutínio cuidadoso das teorias, conceitos e termos empregados no trabalho da autora e do campo de estudos com o qual seu trabalho dialoga.

Embora algumas explicações mais sucintas e pontuais constem nas notas de rodapé (N.T. – Nota de Tradução) ao longo do livro, aqui constam as justificativas de algumas escolhas de tradução mais gerais. Desta maneira, os sentidos do texto são ampliados aos leitores, que têm a oportunidade de investigar com mais profundidade as ideias da autora. Parte das justificativas foi mantida da tradução de *Gênero – Uma perspectiva global*, e parte apresenta novos termos.

## NOTAS DE RODAPÉ

Ao longo do texto são apresentadas algumas notas de rodapé escritas por mim, com o objetivo de desvendar aos leitores algumas referências menos comuns a falantes de português. Essas referências podem dizer respeito a palavras sem correspondente em português (como *cross-dressing*) ou a palavras cuja multiplicidade de sentidos em inglês não pode ser captada por um único termo em nosso idioma (por exemplo, *play*). Há também casos em que incluí informações sobre expressões idiomáticas, ditados, obras literárias etc., mencionados pela autora. Todo o conteúdo das notas de rodapé foi escrito por mim, nenhum deles é de responsabilidade da autora.

## REFERÊNCIAS BIBLIOGRÁFICAS

Durante os capítulos, em diferentes momentos a autora cita obras de diversas autoras e autores, enriquecendo o debate sobre as questões de gênero como um todo. Procurei garantir que fosse possível a busca dessas referências, por leitoras e leitores que desejarem expandir seus estudos na área. Assim, optei por não traduzir os títulos em inglês mencionados pela autora, garantindo inclusive que seja possível consultar eventuais passagens e citações selecionadas por elas (quando há menção da página específica de uma obra, por exemplo). No entanto, como muitos títulos fazem parte do argumento da autora e ampliam o sentido do debate, incluí entre parênteses uma versão em português desses títulos. Marquei com um asterisco os casos em que há edições brasileiras, sem optar por nenhuma delas em específico, já que muitas das obras citadas que possuem edições em nosso mercado foram publicadas em mais de uma edição. Os títulos, anos de publicação e nomes dos autores devem ser suficientes para que as leitoras e leitores que tenham esse interesse encontrem as referências. Eventualmente, também, é possível que alguma edição brasileira tenha me escapado ou algum asterisco tenha se perdido no processo de edição. Peço então que, caso encontrem sem asterisco livros que possuam edições brasileiras, entrem em contato com a editora para que possamos corrigir a falha em edições subsequentes desta obra.

## ALGUNS TERMOS CRUCIAIS PARA COMPREENDER A OBRA

Ao escrever, escolhemos palavras que pensamos melhor representar o sentido que desejamos transmitir a nossas leitoras e leitores. Tais sentidos, especialmente no caso dos textos acadêmicos, estão diretamente relacionados a posicionamentos teóricos que tomamos quanto aos conceitos que embasam nossa compreensão da vida social. Explico a seguir alguns termos escolhidos pela autora que as localizam em debates teóricos específicos das ciências humanas e sociais, justificando minha opção pela maneira como os traduzi.

## Uso de adjetivos e substantivos com gênero

Em inglês, não há definição de gênero para a maior parte dos adjetivos e substantivos. A palavra *author*, por exemplo, pode se referir a "autora" ou "autor", sem distinção. Em português, seguimos convencionalmente o uso da forma masculina (no caso, "autor") quando nos referimos a um grupo que inclui homens e mulheres, e relegamos a forma feminina ("autora") a grupos formados inteiramente por mulheres. Como tem sido mostrado pelos estudos de gênero e teorias feministas há algumas décadas, essa escolha da linguagem não é neutra. Como assinalou para o caso do francês, Simone de Beauvoir, em *O segundo sexo*[1], ela reflete a ideia de que o masculino é universal, e o feminino é específico – ideia essa que carrega uma série de implicações simbólicas ligadas a outras hierarquizações e definições de nossa cultura. Tratando-se de uma obra que procura justamente contribuir com transformações em direção a uma "ordem de gênero" (como coloca a autora) mais democrática, pareceu inadequado seguir a essa convenção. Procurei, em casos como esse, utilizar sempre ambas as formas – no feminino e no masculino – ou, quando possível, utilizar sinônimos ou expressões de neutralidade (por exemplo, "pessoas que").

## *GENDERED*: generificado ou generificada

Em inglês, idioma original desta obra, há um recurso útil às elaborações teóricas e práticas da língua que consiste em transformar substantivos em adjetivos pela inclusão da desinência que indica que certo objeto passou pelo processo ao qual a palavra convertida em verbo se refere. Assim, o substantivo *gender* (gênero) foi desdobrado em *gendered*, termo traduzido aqui como "generificado" ou "generificada" – indicando

---

1 Beauvoir, Simone de. *O segundo sexo*. Rio de Janeiro: Nova Fronteira, 2014.

que uma pessoa, grupo, espaço etc. foi tocado ou passou pela rede de processos inclusos nas dinâmicas do gênero. O verbo "generificar" e o substantivo que desdobrei dele, "generificação", também seguem a mesma lógica. Embora a palavra "generificado/a" e suas correlatas como "generificar", "generificação", "desgenerificação" etc. não tenham sido dicionarizadas em português, elas vêm sendo utilizadas com frequência por autores e tradutores brasileiros na área dos estudos de gênero (Butler, 2014[2]; Pereira e Devide, 2008[3]; Weinstein, 2012[4]). Optei, assim, por manter esse uso, possibilitando que o público acompanhe o diálogo do campo.

### GLOBAL NORTH, GLOBAL SOUTH, METROPOLE, GLOBAL METROPOLE: Norte Global, Sul Global, metrópole, metrópole global

Como a leitora e o leitor observarão ao longo do texto, a autora fazem parte de um grupo de pesquisadores e pesquisadoras que se atentam para a importância e a centralidade do período colonial no desenvolvimento da modernidade capitalista. Essa questão fica mais evidente a partir do capítulo 5, mas aparece desde o início do texto na escolha teórica de dividir geopoliticamente os países em dois grupos: países do Norte Global [*Global North*] e países do

---

2   Butler, Judith. "Regulações de gênero". *Cad. Pagu*, Campinas, n. 42, p. 249-274, 2014.

3   Pereira, Viviane Cristina Alves; Devide, Fabiano Pries. "Futebol como conteúdo generificado: uma possibilidade para rediscutir as relações de gênero". <http://www.efdeportes.com>, *Revista Digital* (2008): 1-9.

4   Weinstein, Barbara. "Inventando a mulher paulista: política, rebelião e a generificação das identidades regionais brasileiras". *Revista Gênero* 5.1 (2012).

Sul Global [*Global South*]. Não se trata de uma questão territorial, mas, sobretudo, do papel desempenhado no e herdado do período colonial por cada país, assim como suas relações econômicas e políticas no contexto do "novo império" da globalização neoliberal. Da mesma maneira, o termo "metrópole" não se refere ao longo do texto a seu sentido do senso comum (uma cidade grande, ou uma região metropolitana), mas aos centros do poder econômico e político herdados do período colonial. Para uma reflexão mais aprofundada, ver Santos e Meneses (2014)[5].

### US (adjetivo): estadunidense

Embora o termo já tenha sido dicionarizado, seu uso ainda é pouco comum. No texto original de Connell e Pearse são encontradas várias maneiras de adjetivar referentes aos Estados Unidos: *American*, que traduzi por "americano/a", *North-American*, traduzido por "norte-americano/a" e US (como em "*a US author*" ou "*an author from the US*"), traduzido por "estadunidense" ou "dos EUA". Uma vez que esses termos carregam diferentes sentidos e simbolismos, optei por respeitar a escolha da autora quanto a seu uso.

### HOUSEHOLD: lar ou domicílio em vez de "família"

O termo *household* é comumente traduzido no Brasil como "família" (por exemplo, em "chefe de família"). No entanto, esse termo pode implicar cargas morais, ideológicas e simbólicas não previstas pela autora. Tecnicamente, a ideia de *household* se assemelha mais ao nosso conceito de "domicílio". Porém, eventualmente optei por "lar" nos casos em que o texto fluía num tom menos formal ou técnico.

---

5   Santos, Boaventura de Sousa; Meneses, Maria Paula. *Epistemologias do sul*. São Paulo: Cortez Editora, 2014.

### *PEOPLE OF COLOUR*: pessoas de cor

Em alguns momentos do texto a autora utilizam a expressão "*people of colour*" para se referir a pessoas de pele escura de diferentes etnias. Provavelmente a escolha parte da dificuldade em lidar com categorias raciais e étnicas universais, ao mesmo tempo em que as peles mais escuras são racialmente lidas como inferiores na maior parte do mundo globalizado pós-colonial. Quer dizer, a categoria *black* (negro) diz respeito a uma construção específica racializada, presente em diversos países e relações étnicorraciais. O próprio conceito sociológico e político de "raça" em alguns contextos não é utilizado ou não faz sentido epistemologicamente. Ao mesmo tempo, muitas pessoas de pele escura não podem ser classificadas como afrodescendentes em boa parte do mundo. Optei por traduzir literalmente a expressão utilizada pela autora, embora seja fundamental ressaltar que, em português, como em inglês, essa expressão é muitas vezes usada pejorativamente e carrega em si a falácia de que as pessoas de pele clara não constituem existências sociais racializadas. Para desconstruir esse mito, recomendo a leitura de *Ser branco*, de Luciana Alves (2012)[6].

### *EMBODIMENT, SOCIAL EMBODIMENT*: corporificação, corporificação (do) social

Ao longo dos capítulos do livro, a autora não apenas usam como constroem o conceito de *embodiment*, aqui traduzido por "corporificação", e o conceito de *social embodiment*, traduzido ora por "corporificação social" e ora por "corporificação do social". Uma tradução bastante usada para o termo nos estudos de gênero tem sido "incorporação". No entanto, como "incorporação" tem, para o senso comum, o sentido de "adição",

---

6   Alves, Luciana. *Ser branco* – no corpo e para além dele. São Paulo: Hucitec, 2012.

"fusão" ou "mescla", diferentes do sentido proposto pela autora, optei por utilizar "corporificação". Como será melhor detalhado no próprio texto de Connell e Pearse, esses termos se referem ao processo de absorção corporal das normas e práticas sociais sobre o corpo e seu uso. De maneira semelhante, Pierre Bourdieu utilizou a noção de *habitus* para descrever a inscrição no corpo, das disposições que orientam a ação das pessoas, forjadas pelo arcabouço cultural e simbólico a que tiveram acesso (ver Setton, 2002; 2009[7]). Connell e Pearse apresentam aqui a ideia de que o gênero passa por um processo desse tipo, com o fator agravante de ser o corpo a principal arena de incidência das dinâmicas do gênero.

**MAN, MALE, MALENESS, MANHOOD, BOYHOOD, MASCULINE, MASCULINITY/WOMAN, FEMALE, FEMALENESS, WOMANHOOD, GIRLHOOD, FEMININE, FEMININITY: homem, macho, masculinidade, ser homem, ser menino, masculino/a, masculinidade/mulher, fêmea, feminilidade, ser mulher, ser menina, feminino/a, feminilidade**

Cada um dos termos em inglês acima possui uma conotação diferente e usos diferentes. Trata-se de colocações específicas com significados específicos. A tentativa de tradução prezou não apenas pelo contexto, mas pelo sentido conotativo da própria palavra, sua origem e outros usos que não aquele especificamente eleito pela autora em cada momento.

---

[7] Setton, Maria da Graça Jacintho. "A teoria do habitus em Pierre Bourdieu: uma leitura contemporânea". *Revista Brasileira de Educação* 20 (2002): 60-70.

———. "A socialização como fato social total: notas introdutórias sobre a teoria do habitus". *Revista Brasileira de Educação* 14.41 (2009): 296.

*Man* e *woman* se referem, respectivamente, a "homem" e "mulher". Numa abordagem literal, *male* e *female* se referem a "macho" e "fêmea". No entanto, também são usados para qualificar o gênero de uma categoria profissional, de um grupo etc. (por exemplo, *male authors* ou *female authors*). Em português, esse segundo caso pode ser traduzido como (de) "homem" e (de) "mulher" (no caso exemplar, "autores homens" e "autoras mulheres", "literatura de homens", "literatura de mulheres") ou, ainda, como "masculino/a" ou "feminino/a" ("literatura masculina", "literatura feminina"). Uma vez que os termos *masculine* e *feminine* já são traduzidos literalmente como "masculino" e "feminino", e que *man* e *woman* já são traduzidos por "homem" e "mulher", optei por expor entre colchetes os casos em que o texto original dizia *male* e *female*.

Derivados de *male* e *female* enquanto "macho" e "fêmea" há os termos *maleness* e *femaleness*. Em geral, diríamos em português "masculinidade" e "feminilidade". Porém, em inglês não se dá a esses termos o mesmo sentido de *masculinity* (masculinidade) e *femininity* (feminilidade). Enquanto o primeiro par de termos está ligado a uma concepção mais relacionada ao vocabulário biológico e às visões conservadoras sobre o gênero, o segundo par parte da compreensão de características e comportamentos entendidos ora como sociais, ora como psicológicos. Ao mesmo tempo, traduzir o primeiro par como "macheza" e "femeza" não transmitiria o significado mais sutil do texto original. Assim, optei por utilizar "masculinidade" e "feminilidade" ressaltando entre colchetes o uso dos termos originais. Nos demais casos, em que se lê "masculinidade" e "feminilidade" sem colchetes, é devido aos termos originais serem os próprios *masculinity* e *femininity*.

Quanto a *manhood*, frequentemente traduzido também como "masculinidade", e *womanhood*, frequentemente traduzido também como "feminilidade", fiz uma escolha diferente. Tais termos estão associados, em inglês, não apenas à condição de gênero, mas a uma condição etária dada pela vida adulta. O termo *manhood* diz respeito ao que constitui ser um homem adulto, enquanto o termo *boyhood* diz respeito ao que constitui ser um menino. O termo *womanhood* diz respeito ao que constitui ser uma mulher, enquanto o termo *girlhood* diz respeito ao que constitui ser uma menina. Para marcar essas distinções e para distinguir essas ideias daquilo que já é transmitido pelos demais termos já mencionados, optei por traduzir *manhood* por "ser homem", *womanhood* por "ser mulher", *boyhood* por "ser menino" e *girlhood* por "ser menina". Nos raros casos em que essa tradução por algum motivo não coube, evidenciei entre colchetes o uso do termo original.

### FEMINIST SUBJECT: sujeito do feminismo

Esse termo poderia ser imediatamente traduzido como "sujeito feminista". No entanto, há uma discussão bastante prolongada na teoria feminista sobre o "sujeito do feminismo" que não pode ser ignorada. Em português, tradicionalmente na teoria feminista usamos a formulação "sujeito do feminismo" em vez de "sujeito feminista". Procurei respeitar essa tradição.

### DOMESTIC DIVISION OF LABOUR: Divisão doméstica do trabalho (em vez de divisão do trabalho doméstico)

Em alguns capítulos desta obra, Connell fala em divisão doméstica do trabalho, e não em "divisão do trabalho doméstico" (como estamos mais habituadas a ouvir e ler). Ao fazer essa escolha, a autora rejeita a divisão central entre "trabalho doméstico" e "trabalho não doméstico", categorizando apenas "trabalho" de diferentes tipos. A divisão – decisão sobre quem é responsável por que tipo de trabalho – é que é doméstica, nesse caso.

## PROSTITUTE/SEX WORKER:
## prostituta/trabalhadora sexual

Embora a prostituição seja talvez o tipo mais lembrado de trabalho sexual, diversas pesquisas no campo dos estudos de gênero têm identificado uma enorme variedade de profissões ligadas ao trabalho sexual. Ao mesmo tempo, as organizações e entidades políticas de representação das prostitutas têm procurado marcar as especificidades das condições de trabalho de sua profissão, ainda que se associando a outras e outros trabalhadores/as sexuais estrategicamente. O trabalho de Connell tem a preocupação de utilizar cada um desses termos em lugares específicos, o que tornou a tradução também bastante específica. Assim, onde se lê "prostituta" fala-se de um tipo específico de trabalho sexual, enquanto onde se lê "trabalhadora sexual" fala-se de uma categoria mais ampla de modalidades profissionais.

# PREFÁCIO

Gênero é um assunto esquisito. É uma questão de experiência cotidiana, minuto a minuto, para toda a população. Também é tema de uma biblioteca de teorias abstratas, de controvérsias científicas e de confusão teológica. Algumas pessoas pensam que o gênero é algo totalmente fixo, outras pensam que é notavelmente fluido. Alguns pensam que o gênero é determinado pela anatomia, pelo cérebro ou por hormônios; outros pensam que ele acontece principalmente na linguagem. O Papa Bento XVI recentemente declarou que o gênero simplesmente não existe – que o que existe é a lei divina e o excelente modelo da Sagrada Família. Em contraste a isso, psicólogos/as e filósofos/as influentes têm tomado o gênero como uma base profunda da identidade, da ordem social e da comunicação.

Não tentarei resolver esses argumentos, embora eu espere que este livro ajude qualquer pessoa que os ache interessantes. O que espero conseguir é iluminar algumas partes desse vasto terreno e algumas dinâmicas de transformação que hoje são importantes – para a vida pessoal e para as sociedades contemporâneas. Uso ferramentas das ciências sociais para entender o que está acontecendo. Utilizo minha própria experiência de gênero e de política sexual para pensar sobre o que é mais relevante, e sobre as direções que devemos procurar dar a essas mudanças.

Este livro oferece uma perspectiva realista sobre o gênero, como sugere o título. Compreendo o gênero primariamente como uma estrutura, uma dimensão central de nossa vida social. O gênero pode, claro, ser definido de muitas formas: como um papel, uma identidade, uma formação discursiva, uma classificação dos corpos, e outras mais. Mas o que faz com que qualquer uma delas tenha importância para o mundo é o que podemos fazer coletivamente com essas identidades e classificações. O que conta são nossas práticas sociais – em instituições como escolas, fábricas ou prisões, em relacionamentos íntimos de nossa vida pessoal, na mídia de massas, na internet e em igrejas e mesquitas. Práticas sociais não acontecem sem corpos. Práticas sociais envolvem mãos que fazem, olhos que observam, peles que sentem, cérebros que raciocinam e sofrem. O gênero é corporificado, e uma parte central dessa corporificação consiste em encontros sexuais, partos e criação de crianças. Mas corpos humanos não existem fora da sociedade. Talvez nunca tenham existido, já que toda a história evolutiva dos hominídeos parece envolver grupos sociais. É certamente verdadeiro hoje em dia que nossos corpos são produzidos, crescem, desenvolvem-se ou são danificados, e eventualmente morrem, em ambientes sociais fortemente estruturados.

O gênero, pode-se dizer, é especificamente uma questão de corporificação social. Tecnicamente, o gênero pode ser definido como a estrutura de práticas reflexivas do corpo por meio das quais corpos sexuais são posicionados na história. Espero que os detalhes deste livro possam tornar essa definição mais clara.

A maior parte dos capítulos desta obra relatam pesquisas sociais sobre questões relativas ao gênero. Sou socióloga, com uma experiência considerável em pesquisas empíricas (mais especificações estão em meu website, <http://www.raewynconnell.net>). Já realizei pesquisa historiográfica, questionários, estudos de história de vida e estudos organizacionais. E todas essas abordagens podem ser encontradas nestes capítulos.

A pesquisa social não é fácil – pelo menos quando se quer fazê-la bem. A pesquisa de campo ou bibliográfica exige tempo e paciência, demanda pensar cuidadosamente nas evidências e requer imaginação e empatia. É um processo altamente social, em si, uma vez que o trabalho de campo implica interação com participantes (em entrevistas, por exemplo), cuja experiência e conhecimento são oferecidos como dádivas [*gift*]. Para além disso, todo/a pesquisador/a depende do trabalho realizado por outros pesquisadores/as, e a maior parte dos novos projetos em ciências sociais é feita por grupos de pesquisa, e não por indivíduos isolados. Essa tem sido a minha prática, e me sinto profundamente grata aos participantes de meus estudos e aos meus colegas pesquisadores mencionados na dedicatória e nas referências deste livro.

Não importa o quão bem fundamentada, a pesquisa social também é um campo de contestação. Temos teorias e paradigmas de pesquisa que competem entre si, e hierarquias de prestígio e influência. Talvez a hierarquia mais importante entre as que estão presentes na produção do conhecimento seja a dominação das ciências sociais europeias e estadunidenses. Como o brilhante filósofo africano Paulin Hountondji apontou, há uma divisão global do trabalho científico, em que a teoria (incluindo a metodologia) é produzida principalmente no Norte Global. A junção e a organização do conhecimento são realizadas nas universidades, institutos de pesquisa, museus, empresas e bancos de dados dos antigos poderes coloniais, que hoje são os centros da riqueza e da influência globais. O que ocorre no Sul Global é basicamente coleta de dados e aplicações práticas do conhecimento científico.

Isso é particularmente perturbador nas ciências sociais, pois significa que as experiências sociais e práticas de uma minoria privilegiada da população mundial se tornam a base da teoria, da metodologia e de generalizações que dominam a produção de conhecimento no restante do mundo. Esse é um problema cada vez mais reconhecido. Tenho discutido a questão na área das Teorias do Sul, argumentando que a teoria produzida no Sul Global tem sido muito pouco reconhecida até hoje. Trata-se de uma questão central, acredito eu, nos estudos de gênero. Entre as pesquisadoras e pesquisadores do gênero na Austrália, no Brasil, na África do Sul e na Índia, os nomes de Simone de Beauvoir, Michel Foucault, Joan Scott e Judith Butler são amplamente conhecidos, seus textos estudados, e a pesquisa é conduzida seguindo os paradigmas dos estudos de gênero do Norte. Os trabalhos brilhantes e pioneiros de Heleieth Saffioti, Teresita de Barbieri, Fatima Mernissi, Bina Agarwal e Amina Mama – para mencionar alguns poucos nomes – não são tratados da mesma maneira. Elas são conhecidas apenas em suas regiões de origem; seus textos não são estudados em todo o mundo e seu trabalho não é visto como paradigma para as pesquisas do Norte. A experiência social pós-colonial a partir da qual escrevem é efetivamente marginalizada, embora diga respeito, de fato, à ampla maioria da população mundial.

Escrevo isso da Austrália, onde a maior parte das pesquisas empíricas deste livro foi feita. A Oceania [*Australia*] é um continente seco, pouco populoso, e lar de uma civilização local antiga. Essa civilização foi perturbada pela conquista britânica e a sociedade australiana moderna é, sobretudo, produto do colonialismo de povoamento – inicialmente da Europa, mas progressivamente também da Ásia. A colônia enriqueceu com base no pastoreio e na mineração de ouro, passou por um período de industrialização substitutiva de importações e mobilização de trabalhadores,[8] e sob o comando do neolibe-

---

8   O termo *labour mobilization*, utilizado pela autora no texto original em inglês, diz respeito a políticas de Estado em que se recrutam massivamente trabalhadores sem qualificações específicas, deslocando-os

ralismo retornou à mineração, ao pastoreio e à agricultura de exportação para mercados globais. Rica, cada vez mais desigual, temerosa, patriarcal e profundamente racista, a sociedade australiana é predominantemente urbana, embora sua riqueza provenha principalmente da terra.

Em suas principais cidades, as tensões do colonialismo de povoamento têm produzido uma vívida cultura artística e intelectual, apesar do conservadorismo da sociedade – o que, espero, esteja refletido neste livro. Na geração mais recente houve uma grande reativação das culturas locais [*indigenous*] em relação à arte e ao direito à terra, um movimento feminista forte que teve conquistas importantes por meio do Estado (embora agora esteja em retirada), e um movimento gay e lésbico que transformou o debate público sobre sexualidade.

Em minha vida profissional como docente e pesquisadora em universidades, procurei levar em conta esses movimentos e as novas perspectivas de mundo que eles geram. Também tenho tido algum engajamento político no movimento de trabalhadores, nos movimentos pela paz e no feminismo. Esse engajamento tem sido formatado, é claro, pela minha própria experiência social – que é, em si mesma, tudo menos simples – como uma trabalhadora intelectual que é também uma mulhere branca e transexual com um histórico de privilégio de classe (especialmente no que tange à educação), numa sociedade pós-colonial remota e em plena transformação.

---

para regiões onde se quer desenvolver uma indústria em geral extrativista. A escolha do termo "mobilização de trabalhadores" na tradução brasileira partiu do uso técnico da expressão em casos como o do Serviço Especial de Mobilização de Trabalhadores para a Amazônia, órgão responsável pelo alistamento de trabalhadores oriundos, sobretudo, do Nordeste do país, para atuarem no ciclo da borracha a partir dos anos 1940.

Minha experiência, meu contexto e meu engajamento podem ser detectados nos capítulos deste livro. Ainda assim, este não é um livro autobiográfico, de maneira alguma, nem mesmo os capítulos sobre transexualidade. Trata-se de uma tentativa de criar conhecimento público – apresentar evidências, oferecer conceitos e análises que tenham alguma validade para os leitores que não compartilham de minha biografia. É aí que entram as ciências sociais: para criar um modo de conhecimento que nos dê a chance de construir conhecimento coletivamente, e de nos conectarmos atravessando vastas distâncias.

Este livro está sendo escrito na Austrália, mas será publicado no Brasil. Os dois países compartilham algumas características – o tamanho geográfico e a diversidade, a localização ao sul, a história colonial e o atual regime econômico. Também ambos têm diferenças óbvias – a língua e a composição étnica, a riqueza, a vizinhança geopolítica. Falar cruzando essas diferenças não é simples. Mas tem de ser possível, se procuramos juntar experiências e se quisermos uma chance melhor para lidar com as amplas desigualdades e os crescentes perigos de nossa época.

Estou, portanto, muito feliz com a publicação deste livro, e muito grata aos e às colegas que organizaram e completaram a tradução. Esta é a primeira edição desta obra. Embora a maior parte dos capítulos seja baseada em artigos publicados anteriormente em outras línguas, todos foram reescritos para este livro, e alguns desses textos nunca apareceram antes em outra língua. Espero que eles possam ecoar através dos oceanos do Sul.

**Raewyn Connell**
Sydney, março de 2013

# DEDICATÓRIA

Tenho prazer em reconhecer a publicação original do material incluído nos capítulos que se seguem: o capítulo 2, que utiliza parte do texto publicado originalmente como "*Southern bodies and disability: re-thinking concepts*", em *Third World Quarterly*, 2011, vol. 32 n. 8, 1369-1381. O capítulo 3, que utiliza parte do texto publicado originalmente como "*The experience of gender change in public sector organizations*", em *Gender Work and Organization*, 2006, vol. 13 n. 5, 435-452. O capítulo 4, que utiliza parte do texto publicado originalmente como "*Change among the gatekeepers: men, masculinities, and gender equality in the global arena*", em *Signs: Journal of Women in Culture and Society*, 2005, vol. 30 n. 3, 1801-1825. O capítulo 5, que utiliza parte do texto publicado originalmente como "*Im Innern des gläsernen Turms: Die Konstruktion von Männlichkeiten im Finanzkapital*", em *Feministische Studien*, 2010, vol. 28 n. 1, 8-24. O capítulo 6, que utiliza parte do texto publicado originalmente como "*Adolescencia en la construcción de masculinidades contemporáneas*", pp. 53-67 em José Olavarría, ed., *Varones Adolescentes: Género, Identidades y Sexualidades en América Latina*, Santiago de Chile, FLACSO, 2003. O capítulo 7, que utiliza parte do texto publicado originalmente como "*Der Sprung über die Kontinente hinweg: Überlegungen zur Entwicklung von Erkenntnismethoden und Ansätzen in der Männlichkeitsforschung*", pp. 81-99 em Brigitte Aulenbacher e Birgit Riegraf, eds., *Erkenntnis und Methode: Geschlechterforschung in Zeiten des Umbruchs*, Wiesbaden, VS Verlag für Sozialwissenschaften, 2009. O capítulo 8, que utiliza parte do texto publicado originalmente como "*Two cans of paint: a transsexual life story, with reflections on gender change and history*", em *Sexualities*, 2010, vol. 13 n. 1, 3-19. O capítulo 10, que utiliza parte do texto publicado originalmente como "*Transsexual women and feminist thought: toward new understanding and new politics*" em *Signs: Journal of Women in Culture and Society*, 2012, vol. 37 n. 4, 857-881.

Meus agradecimentos aos muitos parceiros e parceiras das pesquisas relatadas neste livro; aos muitos e muitas colegas que trabalharam comigo nesses projetos, em especial a Rebecca Pearse, pela ajuda de valor inestimável para que eu finalizasse este manuscrito, e a Kylie Benton-Connell, pelo apoio essencial ao longo dos anos em que tudo isso aconteceu.

# parte I

# DINÂMICAS DO GÊNERO

# 1
# A COLONIALIDADE DO GÊNERO

O imperialismo global não deixou nenhuma cultura intacta, nem mesmo a própria cultura imperialista. O encontro colonial, que hoje continua na reunião de comunidades contemporâneas com o poder globalizado, é em si uma fonte massiva de dinâmicas sociais – incluindo a inovação intelectual. Esse território é explorado em um número considerável de obras, que fornecem as bases para que investiguemos esses problemas: as teorias do Sul (Connell, 2007a; Meekosha, 2011), tradições alternativas em ciências sociais (Alatas, 2006; Patel, 2010), sociologia pós-colonial (Bhambra, 2007; Reuter e Villa, 2010), conhecimento local (Odora Hoppers, 2002), psicologia da libertação (Montero, 2007), pensamento descolonial (Quijano, 2000; Mignolo, 2007), entre outros. Como María Lugones (2007, 2010) recentemente apontou, o sistema de gênero moderno é intimamente ligado ao que Quijano chamou de "colonialidade do poder". É necessária uma reformulação nas maneiras de pensar as formas e fontes das análises de gênero.

## ANÁLISES DE GÊNERO DO NORTE E A DIMENSÃO GLOBAL

Nos últimos vinte anos tornou-se normal nos estudos de gênero anglófonos o reconhecimento de questões globais. O número de artigos indexados no sistema ISI Web of Knowledge, que têm em seus títulos, ou resumos, uma combinação do termo "globalização" [*globalization*] com o termo "gênero" [*gender*] multiplicou-se por dez entre o início dos anos 1990 e o início dos anos 2000. Coletâneas de estudos etnográficos, históricos ou temáticos de diferentes partes da periferia como *Women's Activism and Globalization* (O ativismo das mulheres e a globalização) (Naples e Desai, 2002) e *Global Gender Research* (Pesquisa global sobre gênero) (Bose e Kim, 2009) tornaram-se um segmento editorial, assim como resultados de questionários [*survey*] globais sobre o conhecimento, como *Sexuality, Health and Human Rights* (Sexualidade, Saúde e Direitos Humanos) (Corrêa, Petchesky e Parker, 2008). Pensadores/as influentes da metrópole agora tentam formular suas análises conceituais em escala mundial. Exemplos notáveis são o argumento de Esther Ngan-ling Chows (2003) sobre o caráter generificado da globalização; a sociologia dos processos de gênero no capitalismo global, de Joan Acker (2004); a incorporação que Spike Peterson (2003) fez do gênero na economia política global; as análises globais sobre gênero e justiça social na educação, realizadas por Elaine Unterhalter (2007); as formulações recentes de Sandra Harding (2008) sobre epistemologia feminista; e as análises de Cynthia Cockburn (2010) sobre as relações de gênero, a militarização e a guerra.

Esse tipo de pensamento acadêmico sobre o gênero global ilumina e é produtivo, mas contém um problema em sua base. Acker (2004:17) menciona o "pensamento majoritariamente ocidental sobre gênero e globalização", e está certa. Essa tradição segue apoiando-se no mundo conceitual de Marx, Foucault, Beauvoir e Butler mesmo quando discorre sobre sexualidade na Índia, violência na África ou fábricas no México. Algumas pensadoras feministas oriundas do mundo da maioria [*majority world*] são bem conhecidas na metrópole, como a egípcia Nawal el Saadawi (1997). Elas são respeitadas como vozes ativistas do Sul Global. Porém, quase nunca são tratadas como *teóricas* significativas.

Se olharmos para a história das pesquisas sobre gênero, fica claro que os dados adquiridos pelas conquistas coloniais e pela dependência pós-colonial da Europa têm sido muito importantes para esses teóricos e teóricas da metrópole. O famoso ensaio *Under Western Eyes* (Sob olhos ocidentais), de Chandra Talpade Mohanty (1991) revelou o olhar colonial que construiu uma falsa imagem da "mulher do terceiro mundo". Mas mesmo esse trabalho subestimou a importância do conhecimento da periferia. O mundo colonizado forneceu matéria-prima para os debates feministas na metrópole sobre a origem da família, o matriarcado, a divisão do trabalho segundo o gênero, o complexo de Édipo, os tipos de terceiro gênero, a violência masculina [*male*] e a guerra, o casamento e o parentesco, o simbolismo de gênero – e agora, claro, sobre a globalização. Textos centrais como *Psychoanalysis and Feminism* (Psicanálise e feminismo: Freud, Reich, Laing e Mulheres*) de Juliet Mitchell (1974) seriam inconcebíveis sem o conhecimento colonial sobre o qual Engels, Freud, Lévi-Strauss e outras figuras importantes da metrópole construíram suas teorias.

As análises de gênero, então, precisam ser compreendidas como parte de uma economia política global do conhecimento. A mais afiada análise sobre a produção e circulação do conhecimento em escala mundial foi feita pelo filósofo africano-ocidental Paulin Hountondji (1997). A divisão global do trabalho científico posiciona o momento da teoria na metrópole, enquanto a periferia global exporta dados e importa ciências aplicadas. Uma circulação dos trabalhadores do conhecimento acompanha esses fluxos internacionais de dados, conceitos e técnicas.

Uma das partes mais interessantes da análise de Hountondji é sua perspectiva sobre a atitude dos trabalhadores do conhecimento na periferia global, que ele chama de "extraversão" – ou seja, a orientação para fontes externas de autoridade intelectual. Isso se realiza em práticas como: citar apenas teóricos e teóricas da metrópole, ir à metrópole para obter formação, publicar em periódicos da metrópole, participar de "colegiados invisíveis" centrados na metrópole e agir como informantes nativos para cientistas da metrópole que se interessem pela periferia.

A extraversão, nesse sentido, é largamente difundida nos estudos de gênero, tanto nas universidades quanto em associações profissionais e agências estatais da periferia global. Textos que vêm da metrópole sobre gênero são traduzidos e lidos aqui, e tratados como autoridades que constituem a disciplina. Pesquisadoras feministas da periferia viajam até a metrópole para obter qualificação e reconhecimento. Arcabouços teóricos inteiros, terrenos de debate e problemáticas são importados.

Parece injusto citar exemplos particulares quando há tantos, mas preciso mencionar alguns. O excelente livro *A Mulher na Sociedade de Classes*\*, de Heleieth Saffioti (1969), foi uma conquista engrandecedora, embora moldada no marxismo estruturalista de Paris. Os teóricos e teóricas com quem Saffioti dialogou eram exclusivamente do Norte: Freud, Deutsch, Horney, Mead, e Friedan. Numa coletânea recente de seus escritos, Marta Lamas (2011), uma das figuras centrais do feminismo mexicano, incluiu um capítulo sobre o "Gênero: alguns esclarecimentos conceituais e teóricos" (*Gender: some conceptual and theoretical clarifications*), em que debate o tema a partir de escritos antropológicos do Norte Global; Butler e Scott; e Bourdieu. Em "*Problems for a contemporary theory of gender*" (Problemas para uma teoria contemporânea do gênero), Susie Tharu e Tejaswini Niranjana

(1996) definem problemas da política feminista indiana aplicando ali o feminismo pós-moderno da metrópole. O vivaz *Made in India* (Feito na Índia), de Suparna Bhaskaran (2004), ao tratar da diversidade sexual, usa a teoria *queer* dos EUA. Não me excluo dessa lista! Embora eu tenha incluído muitos exemplos australianos em *Gender and Power* (Gênero e poder) (Connell, 1987), ele poderia ter sido escrito em Londres; suas principais fontes intelectuais são alemãs, francesas, britânicas e norte-americanas.

Mas há sempre alguma tensão entre as perspectivas intelectuais criadas nos centros imperiais e as realidades da sociedade e da cultura no mundo colonizado e pós-colonial. Elas são vividas mais como um desconforto do que como um problema teórico central. Nelly Richard (2004), por exemplo, ao importar o pensamento pós-moderno francês para o feminismo no Chile, aponta que essas ideias precisariam ser "retrabalhadas" na periferia. Do meu ponto de vista, isso constitui de fato um problema teórico central, e esse "retrabalho" precisa incluir uma crítica e uma transformação dos próprios arcabouços teóricos vindos da metrópole. Os debates sobre o pensamento descolonial e o conhecimento local [*indigenous*], embora raramente deem conta das questões do gênero, são vitais para as análises de gênero. Precisamos pensar por meio de questões sobre a descolonização do método (Smith, 1999), uma vez que elas aparecem nos estudos de gênero.

## RUMO A UM ENQUADRAMENTO DO SUL PARA AS ANÁLISES DE GÊNERO

Para realizar essa mudança, precisamos melhorar a forma como as análises de gênero têm sido feitas. Boa parte da pesquisa sobre gênero se baseia numa abordagem fundamentalmente estática e categórica. Segundo essa abordagem, o gênero envolve duas categorias, masculino [*male*] e feminino [*female*], e falar em gênero é falar sobre a diferença entre essas categorias. Praticamente todas as pesquisas quantitativa sobre gênero, incluindo aquelas ligadas a políticas públicas, partem dessa abordagem. A pesquisa biomédica em geral vê o gênero como uma questão de diferença reprodutiva biológica, embora isso hoje seja contestado pela sociologia da saúde (Kuhlmann e Annandale, 2010). Esse "categorialismo" também existe nas ciências sociais na forma da teoria dos papéis sexuais, em que duas categorias distintas são estudadas em termos de normas sociais.

De maneira similar é preciso, ao pensarmos sobre os significados políticos das análises de gênero, que ultrapassemos concepções unitárias sobre o sujeito do feminismo [*feminist subject*]. Julieta Kirkwood (1986) oferece uma perspectiva clara sobre isso em seu livro *Ser Política en Chile* (Ser política no Chile). Uma vez que esse sujeito já está assim estabelecido, no entanto, tem sido extremamente importante reconhecer a diversidade de vozes e experiências internas à presença política das mulheres. Esse tem sido o assunto de muitas lutas nas últimas três décadas, e a prática da maior parte dos movimentos feministas no mundo tem evoluído em direção à pluralidade e à inclusão. Outra diversificação dos estudos de gênero contribuiu para essa mudança: o crescimento das pesquisas sobre homens e masculinidades, hoje um campo de pesquisas e políticas públicas em franco desenvolvimento em todo o mundo, no qual o Sul – incluindo o Chile, a Austrália e a África do Sul – tem sido bastante ativo (ver Olavarría, 2009).

Se as perspectivas metropolitanas precisam ser desafiadas no diálogo global em que configura o futuro das ciências sociais, precisamos ter alguma ideia das questões e perspectivas que transformarão as análises de gênero. Algumas delas já começam a se mostrar.

A primeira é a questão debatida por Kirkwood: a voz na política do gênero. A narrativa que a autora faz sobre a voz política das mulheres no Chile do século XX deixa claro que o estabelecimento de uma presença política, com seus fluxos, estava intimamente ligado a características de uma cultura política pós-colonial, e às maneiras como a formação socioeconômica chilena se articulava com a ordem política e econômica no mundo. Estabelecer uma voz é também uma preocupação central da política feminista no mundo árabe, de acordo com Nawal el Saadawi (1997). Esse tem sido o epicentro de uma longa e turbulenta luta, dada numa escala gigantesca e com muitos reveses, na Indonésia (Robinson, 2009).

Essas lutas têm sido necessárias porque nem uma revolução de classe e nem o fim da colonização encerram as injustiças de gênero. O que as teorias do gênero ainda não compreenderam bem é que as dinâmicas de gênero tomam formas específicas em contextos coloniais e pós-coloniais, pois, como aponta Lugones (2007), estão entrelaçadas às dinâmicas de colonização e a globalização. Não devemos jamais esquecer que a vasta maioria da população mundial vive em sociedades com histórias coloniais, neocoloniais e pós-coloniais, sendo por elas profundamente moldadas. A metrópole global é uma exceção, e não a norma.

O segundo ponto deriva diretamente desse primeiro. A violência generificada teve um papel formador na configuração das sociedades coloniais e pós-coloniais. A colonização, em si, era um ato generificado, levado a cabo por uma força de trabalho imperial majoritariamente composta de homens retirados de ocupações masculinizadas, como o serviço militar ou o comércio de longas distâncias. O estupro das mulheres em sociedades colonizadas era uma parte normal da conquista. A brutalidade era parte constituinte das sociedades coloniais, tenham sido elas colônias de povoamento ou colônias de exploração. A reestruturação das ordens de gênero nas sociedades colonizadas também era parte comum da elaboração de economias coloniais, a incorporação de homens na economia imperial como trabalhadores escravizados, semiescravos [*indentured*⁹] ou migrantes em fazendas e minas. Adicione-se a isso a incorporação das mulheres como trabalhadoras domésticas, da agricultura ou fabris, e em pouco tempo também como donas de casa e consumidoras (Mies, 1986) – e poderemos ter uma noção da escala das consequências do poder colonial, na história mundial das relações de gênero.

Isso não aconteceu casual ou mecanicamente. Foi preciso um esforço cultural e organizacional da parte dos colonizadores, e respostas ativas da parte dos colonizados. Quanto a isso me parece que Lugones (2007) se engana ao ver os arranjos de gênero como "impostos" aos colonizados. As respostas ativas das mulheres em regiões colonizadas são hoje reconhecidas na historiografia feminista. Já as respostas ativas dos homens são menos reconhecidas nas análises de gênero.

Essa questão é explorada por Ashis Nandy (1983), cujo livro *The Intimate Enemy: Loss and Recovery of Self under Colonialism* (Inimigo íntimo: perda e recuperação de si sob o colonialismo) é raramente citado na literatura sobre gênero. Trata-se, porém, de um estudo clássico sobre a construção da masculinidade. Nandy retoma a maneira como a pressão da conquista britânica e o

---

9   O termo original em inglês diz respeito a processos de negociação de trabalho semelhantes aos ocorridos no Brasil quando da imigração europeia massiva ao final do século XIX e início do século XX: os trabalhadores possuíam um contrato de trabalho e remuneração (não sendo, portanto escravos), mas os termos desse contrato estabeleciam uma dívida inicial com os patrões (para pagar despesas como passagens de navio, cuidados médicos, alimentação, entre outras), que na maior parte das vezes limitava sua liberdade de trabalho e de vida durante um longo período. (N. T.)

regime colonial reconfiguraram a cultura indiana, incluindo sua ordem de gênero. A resposta a essa pressão ativou elementos específicos da tradição indiana, sobrevalorizando a casta *kshatriya* (ou a categoria dos guerreiros) para justificar essencialmente novos padrões de masculinidade num processo modernizador. Igualmente importante, Nandy mostra como o encontro colonial reconfigurou também modelos de masculinidade entre os colonizadores. Conforme o regime foi passando para uma estrutura governamental permanente durante o século XIX, uma cultura de distinção emergiu, exagerando hierarquias de gênero e de idade. Isso produziu uma masculinidade simplificada, orientada à dominação e frequentemente violenta como padrão hegemônico, que desprezava a fraqueza, suspeitava da emotividade e se preocupava em definir e policiar fronteiras sociais rígidas.

Mais recentemente, a produção de masculinidades e a negociação das relações de gênero em transições coloniais e pós-coloniais têm sido tema de pesquisas intensas no sul da África (Morrell, 2001; Epstein et al., 2004). Sob o risco de simplificar uma complexa área do conhecimento, eu diria que essas pesquisas vão longe para estabelecer duas importantes conclusões. A primeira é enorme diversidade de masculinidades que se encontram em construção, ao mesmo tempo, num mesmo território nacional. A realidade pós-colonial do gênero não pode ser capturada por modelos generalizados de um ser homem [*manhood*] "moderno" *versus* "tradicional". A segunda é o quão intimamente estão ligadas a produção das masculinidades e as vastas e contínuas transformações da sociedade como um todo. O gênero não está separado e guardado num armário próprio. Está, sim, embrenhado nas mutantes estruturas de poder e reviravoltas econômicas, no movimento das populações e na criação das cidades, na luta contra o *apartheid* e nos lapsos do neoliberalismo, nos efeitos institucionais das minas, prisões, exércitos e sistemas educacionais.

Isso leva a um terceiro ponto: tais processos são inerentemente coletivos. Não são facilmente compreendidos pelo individualismo metodológico, ou por um foco na consciência ou na identidade como aspectos do indivíduo. Mesmo os famosos "testemunhos" de indivíduos são importantes em grande medida porque documentam a experiência comum de grupos, como no caso das mulheres em povoados andinos de trabalhadores da mineração. Para além disso, esses processos são dinâmicos historicamente. O gênero não envolve um diálogo, exterior ao tempo, entre o biológico e o simbólico. Envolve um vasto processo formativo na história, ao mesmo tempo criativo e violento, no qual corpos e culturas estão igualmente em jogo e são constantemente transformados, às vezes até sua destruição.

Se isso se confirma em muitos casos, não é por haver uma única ordem de gênero no Sul. Muito certamente não há – seja antes ou após a colonização. De fato, o reconhecimento da diversidade de ordens de gênero é uma consequência importante dos argumentos das feministas do Sul em fóruns como as conferências da ONU sobre a mulher, da Cidade do México, em 1975, a Pequim em 1995. A crítica a um universalismo pouco explorado nas teorias do gênero que vêm do Norte tem sido um tema persistente nos estudos feministas africanos (Arnfred et al., 2004), argumentos que também se aplicam ao Sul global em geral. Tem sido cada vez mais aceito que há diferenças irredutíveis entre perspectivas feministas. Entretanto, também se argumenta que o diálogo entre essas partes seja possível (Bulbeck, 1998). São elementos cada vez mais visíveis da política de gênero não apenas esse diálogo, mas a cooperação política ativa atravessando fronteiras nacionais e concepções do feminismo em escala global (Naples e Desai, 2002). Chandra Talpade Mohanty (2003) resume de forma interessante essa ideia de um "feminismo sem fronteiras".

As análises de gênero feitas no Sul Global colocam, assim, a questão da diversidade e a multiplicidade das formas do gênero não na esfera individual (o sentido usual da intersecionalidade), mas na esfera da ordem de gênero e das dinâmicas das relações de gênero na sociedade como um todo.

## PENSANDO O GÊNERO A PARTIR DO SUL: ALGUNS EXEMPLOS

O caráter coletivo da identidade é assunto de um artigo da analista cultural Sonia Montecino, chamado "Identidades e diversidades no Chile", publicado em 2001. Montecino é autora de um conhecido livro, *Madres y Huachos* (Mães e órfãos) (2007), que explora a reconfiguração colonial da cultura na América Latina e a ideologia do "marianismo" que partiu dali. Essa formação cultural constrói a identidade das mulheres sobre o modelo da mãe que se sacrifica, especialmente no caso de mães de meninos. No ensaio "Identidades e diversidades", que integra uma coletânea sobre cultura e desenvolvimento, Montecino defende que, numa sociedade influenciada por uma poderosa ideologia de homogeneidade, é difícil delinear diferenças. Contudo, as diferenças emergem em atos de resistência e reapropriação, e são, na verdade, múltiplas identidades femininas. O sujeito está em processo, ao invés de fixo. Montecino acompanha essas dinâmicas por meio de estatísticas econômicas, enquetes de comportamento e produtos culturais.

A incorporação do trabalho remunerado na vida das mulheres – ocorrido antes na classe trabalhadora do que nas camadas médias – rompe a ideologia do marianismo. A emergência das mulheres na esfera pública afia questões de subordinação, e a forma da política de gênero muda. Entre as mais privilegiadas, como boa parte do trabalho reprodutivo – trabalho doméstico e cuidados com crianças –, é repassado a mulheres da classe trabalhadora. Um padrão antigo de trabalho feminino permite a modernização elitista das relações de gênero. Fissuras sociais se abrem na ideologia de gênero. Ainda assim, persiste uma imagem genérica das mulheres como mães.

Em uma perspectiva mais ampla, argumenta Montecino, as identidades de gênero na América Latina são formadas da mesma maneira que as identidades de classe, ou seja, inscritas em projetos de mudança social. É importante então olhar para as identidades coletivas sendo formadas em diferentes movimentos de mulheres. Essa também é uma história complexa. Os movimentos feministas, desde a luta pelo sufrágio, vêm enfatizando a igualdade e as diferenças de sexo. Movimentos de sobrevivência entre mulheres indígenas assumem a divisão existente de trabalho segundo o gênero, contestada pelos movimentos feministas. Movimentos de mães (que ficaram famosos durante ditaduras) lutam pela vida de seus filhos e por direitos humanos. Enquanto movimentos feministas lutam por mudanças nas identidades e para que mulheres acessem esferas de ação tomadas por homens, movimentos de mães utilizam a legitimidade cultural conferida a identidades mais antigas.

O ativismo das mulheres contra as ditaduras conduziu à adoção de algumas demandas feministas da parte de instituições políticas hegemônicas [*mainstream*]. Contudo, grupos políticos de direita recebiam legitimidade em sua oposição às mudanças na vida das mulheres porque elas levariam à imoralidade e à desintegração social. O efeito em cascata, na visão de Montecino, se deu quando mudanças concretas ocorreram na posição das mulheres: notavelmente mais acesso à educação, famílias menores e mais trabalho remunerado. Mas a esfera pública da política ainda é dominada por homens devido à crença de que as mulheres são domésticas. Uma "modernidade conservadora", ela sugere, está devidamente expressa no reino das identidades de gênero.

A distinção regional do gênero é marcadamente delineada nas análises das relações de gênero indianas presentes em *Gendering Caste: Through a Feminist Lens* (Generificando a casta: através de lentes feministas), de Uma Chakravarti (2003). A autora coloca o sistema indiano de castas como uma estrutura bem fundamentada de privilégio e exclusão que combina hierarquias de gênero, propriedade de terras e imóveis [*property ownership*], ideologia religiosa e identidade social de maneira única. A casta é um sistema hierárquico de grupos endogâmicos, que tem no casamento exclusivo sua instituição-chave. O controle da sexualidade das mulheres é, portanto, crucial para a manutenção das linhagens masculinas [*male*]. Uma ideologia de "pureza", focada nas mulheres, que também afeta os homens e fornece uma racionalização cultural. Mulheres de castas altas tornam-se cúmplices nesse sistema, uma vez que sua conformação às prescrições patriarcais é o que garante seu acesso ao privilégio.

A historiadora Chakravarti passa um bom tempo mostrando como essa ordem de gênero passou a existir ao longo de um largo período histórico e por meio de alguns passos definitivos. O sistema de castas era associado à consolidação de uma economia agrícola (os povos de florestas eram marginais a ele) e de uma estrutura estatal, racionalizada pelos intelectuais brâmanes. Uma ordem social flexível permitia alguma mobilidade entre castas e criava uma colagem de diferentes castas em diferentes partes do país. O colonialismo fez pouco para transformar o sistema de castas mais diretamente, uma vez que o regime imperial britânico trouxe as castas mais altas para o Estado colonial e lhes deu educação ocidental.

Nesse sentido a dinâmica é bem diferente do efeito desconstrutivo do poder global, sugerido por Laurie (2005), em relação à experiência sul-americana. Mesmo assim, o sistema de castas sempre foi questionado. Em seus estágios primordiais, foi desafiado por ninguém menos do que o Buda. No final do período colonial, foi desafiado por Phule, Ambedkar e outros que falavam em nome dos "intocáveis". Mas permanece poderoso na Índia pós-colonial, reforçado tanto pela violência quanto pela ideologia – violência essa direcionada tanto aos homens de castas mais baixas quanto às mulheres de todas as castas que quebram suas regras.

O controle sobre a sexualidade também é tema do artigo *On the category "gender": a theoretical-methodological introduction* (Sobre a categoria "gênero": uma introdução teórico-metodológica), publicado na *Revista Interamericana de Sociologia* pela socióloga mexicana Teresita de Barbieri, em 1992. A abordagem metodológica, porém, é diferente. Esse artigo começa com os movimentos feministas e sua hipótese de que a subordinação das mulheres é uma questão de poder, não de natureza. Após revisar um bom número de pensadoras feministas da metrópole, de Barbieri estabelece uma linha de análise centrada no controle social do poder reprodutivo das mulheres e na afirmação dos direitos dos homens sobre seus filhos. Isso a compromete com uma visão relacional do gênero, embora seja uma visão relacional em que as capacidades biológicas estão em jogo – não é um ponto de vista sem corpo [*disembodied*] ou puramente discursivo. A socióloga enxerga a relação entre as figuras culturais da mãe e do macho [*male*] chefe de família como núcleo das relações de gênero nas sociedades latino-americanas.

No entanto, não apresenta uma visão binária do gênero. De fato, a autora enfatiza o significado do ciclo de vida familiar dando uma posição social diferente às mulheres na menopausa. Partindo do pensamento feminista negro brasileiro, ela explora a interação do gênero com a raça e a classe numa sociedade estratificada. Ela complica ainda mais o quadro da ordem de gênero ao sublinhar relações entre homens – uma questão que estava apenas começando a entrar nas teorias anglófonas do gênero à época. Teresa de Barbieri também marca as relações entre mulheres que se encontram em diferentes posições de classe, como no caso das relações em torno do serviço doméstico. Enquanto reconhece a dicotomia da mãe *versus* a chefe de família, de Barbieri a ultrapassa para explorar a turbulência dos interesses sociais nascentes na ordem de gênero. Ela exemplifica com os casos de homens que apoiam o feminismo e de mulheres que apoiam o patriarcado.

Numa crítica explícita às simplificações das análises de gênero realizadas na metrópole, ela localiza as relações de gênero no contexto da crise das dívidas na América Latina, e o impacto da reestruturação global sobre as classes populares. O resultado é uma imagem sofisticada e estruturalmente complexa da ordem de gênero; no mínimo tão diversificada quanto – possivelmente até mais do que – o modelo intersecional que estava emergindo na metrópole na época em que esse artigo foi publicado.

Esses textos todos fazem usos substanciais, mas críticos, das teorias da metrópole global, e utilizam ideias e dados da periferia global. São amplamente, porém não dogmaticamente, materialistas. Têm uma forte sensibilidade para o jogo entre as relações de gênero e a classe, e uma boa noção das especificidades da Índia e da América Latina. Tratam a subjetividade dos autores no contexto da estrutura social e suas dinâmicas, e não apenas identidades construídas discursivamente.

Questões semelhantes aparecem nas discussões sobre "terceiros gêneros" ou grupos envolvidos em transição de gênero, que se tornaram quase uma moda nas teorias pós-estruturalistas do gênero no Norte Global. Há uma literatura do Norte que tende a mesclar todos esses grupos, incluindo as pessoas *hijira* na Índia, as pessoas *kathoey* na Tailândia e as travestis na América do Sul, numa única ampla categoria de transgeneridade (ver Feinberg, 1996). Estudos com foco mais próximo nesses grupos, que os colocam contextualizadamente nas ordens de gênero locais, contestam essa percepção. As pessoas *hijira*, por exemplo, surgiram numa sociedade de castas e têm características parecidas com as de uma casta, embora não tenham, claro, a capacidade de endogamia (Reddy, 2006). Elas têm um papel ritual na bênção dos casamentos, que é importante no sistema regular de castas. Sua história é muito diferente daquela das travestis na Argentina (Fernández, 2004), um grupo que tem se envolvido em várias lutas por espaço público e reconhecimento. As modificações corporais realizadas também são diferentes. Enquanto isso, as pessoas *kathoey*, uma variante bem estabelecida da masculinidade tailandesa, são associadas ao teatro e ao entretenimento (Jackson, 1997). Envolvimento em comércio sexual e um grau de abjeção na ordem de gênero são elementos comuns. Seria simplesmente enganoso igualar esses três grupos com os grupos transgênero ou transexuais da metrópole. Como trabalhos recentes mostram, questões relativas ao imperialismo podem ser incluídas em pesquisas sobre a transição de gênero – embora não no velho estilo da apropriação (Namaste, 2011).

## GÊNERO, COLONIALISMO E NEOLIBERALISMO

As análises de gênero discutidas na seção anterior são exemplos do que eu chamaria de "teorias do Sul" em vez de conhecimento local ou endógeno [*indigenous*], pois estão preocupadas centralmente com a transformação da sociedade e do conhecimento no mundo colonizado e na ordem mundial criada pelo imperialismo. Considere, por exemplo, a discussão sobre gênero e terra feita por Marcia Langton (1997), uma intelectual aborígene proeminente na

Austrália, em seu artigo *Grandmother's law, company business and succession in changing Aboriginal land tenure systems* (A lei da avó, negócios empresariais e sucessão nos sistemas aborígenes de propriedade de terras). Na antropologia hegemônica [*mainstream*], a cultura aborígene australiana tem sido retratada como patrilinear a patriarcal, mas essa perspectiva vem principalmente de antropólogos homens, convencidos da inferioridade das mulheres. As mulheres cada vez mais demonstram que os seus direitos estavam inclusos nos sistemas pré-coloniais de propriedade de terras, embora, em geral, de uma forma distinta, ou em relação a terras distintas, daquilo que era previsto nos direitos dos homens.

Nas condições da conquista colonial violenta, e de extrema pressão sobre a maior parte das culturas aborígenes no mundo pós-colonial, essa ordem de terra e gênero foi fortemente perturbada. Mas os povos aborígenes lutaram com toda sua garra para sobreviver. Lagnton argumenta que as tradições e laços das mulheres com os locais físicos – "a lei da avó" – eram a maior fonte de resiliência e se provaram cruciais na manutenção da sociedade aborígene. Mulheres mais velhas se tornaram as chaves para a sobrevivência social. Na vida contemporânea aborígene, *Aunty* (titia) é um termo de grande respeito.

A ênfase de Langton sobre o direito de propriedade é importante. A terra é uma questão quase ausente das teorias do gênero oriundas do Norte (com exceção do ecofeminismo), e quase ausente das teorias sociais do Norte em geral. No entanto, é uma questão primária para compreender o colonialismo e o poder pós-colonial. Bina Agarwal (1994, 2003) fez mais do que qualquer outra autora para mostrar sua importância e para tornar a terra um tema significativo nos estudos de gênero.

O conceito de Quijano da colonialidade do poder se aplica explicitamente ao período posterior à descolonização formal assim como ao período anterior. Um exame da colonialidade do gênero precisa, de maneira similar, atender às continuidades históricas no poder global entre a era colonial e o presente. No entanto, não podemos fazê-lo assumindo que as relações de poder sejam simplesmente as mesmas. É necessário considerar a colonialidade do gênero como ela ocorre na era das empresas transnacionais, da internet e da política global neoliberal.

Há hoje pesquisas empíricas consideráveis sobre esse jogo em espaços como as áreas de processamento de exportações do sul e do sudeste da Ásia, o milagre econômico do sul chinês, ou as indústrias de cosméticos [*maquiladora*] no norte do México. Os efeitos de gênero são mais do que econômicos. Isso fica claro quando refletimos sobre a conjunção tóxica do livre comércio, dominado pelos Estados Unidos com a migração de trabalhadores, o narcotráfico, a corrupção, a pobreza e as culturas masculinas de violência que produziram femicídios em Ciudad Juárez (Dominguez-Ruvalcaba e Corona, 2010). A agenda do mercado global e a desintegração dos sistemas de bem-estar baseados no Estado têm efeitos complexos mas importantes nas relações de gênero, como o declínio na viabilidade das famílias de dona de casa/provedor na classe trabalhadora, e a reconstrução de modelos culturais de maternidade para que incluam sustento econômico às famílias (Connell, 2009b).

Tem havido menos atenção nos estudos de gênero aos grupos privilegiados pelas relações de gênero nas instituições mais poderosas da economia global neoliberal e da ordem política. Entre as 500 maiores empresas transnacionais, em 2007, 2% tinham mulheres como executivas-chefe (CEOs); isso significa que em 98% os homens assumiam tal posição. Essa é uma arena institucional fortemente masculinizada; mas que tipo de masculinidade? Temos alguns conhecimentos iniciais sobre isso, em estudos sobre as relações de gênero entre quadros gerenciais de empresas transnacionais e negócios locais envolvidos na economia internacional (Olavarría, 2009), e em estudos mais gerais como o *Ruling Class Men* (Homens da classe dominante), de Donaldson e Poynting (2007). Há estudos sobre a construção pública da masculinidade na política neoliberal, como o trabalho de Messerschmidt (2010) sobre as presidências de Bush e o ataque estadunidense ao Iraque. Há muito a ser feito para preenchermos o quadro empírico, ligando esses estudos à teoria, e ligando as teorizações do gênero à compreensão contemporânea do neoliberalismo e do Estado de segurança moderno.

Para tais tarefas é importante perceber que o neoliberalismo em escala mundial não é uma questão de privatização ou pacotes de não regulamentação nas economias do Norte Global descendo rumo ao Sul Global. O neoliberalismo se instaurou primeiro no Sul, sob a ditadura de Pinochet, no Chile, os programas de ajustes estruturais e a reconfiguração das finanças mundiais foram contemporâneos a, e não mais tardios do que os regimes neoliberais de Thatcher e Reagan. O neoliberalismo visto do Sul sempre foi sobre comércio global e estratégias de desenvolvimento orientadas ao mercado, tanto quanto sobre privatização e não regulamentação (Dados e Connell, 2011).

A mudança para estratégias de desenvolvimento orientadas ao comércio guarda relações complexas com as ordens de gênero locais. Ao arrastar novos grupos de mulheres trabalhadoras para indústrias de exportação, tal mudança criou algumas oportunidades para a autonomia econômica das mulheres, ou pelo menos para que se distanciassem um pouco das normas do provedor e da dona de casa, criando também pressão para mudança nas masculinidades. O investimento público na educação das mulheres, como estratégia para a criação de uma força de trabalho mais competitiva em mercados mundiais, abriu caminhos para a educação superior e ocupações profissionais para mulheres de classe média, embora ainda não tanto quanto para os homens de classe média. Ainda assim, a sustentação baseada na renda vinda dos mercados, em vez de na redistribuição por meio do Estado, em geral, favorece os homens. O gerenciamento empresarial transnacional, como já apontado, é um mundo fortemente masculinizado em que a riqueza e o poder se acumulam numa escala sem precedentes nas mãos, sobretudo, de homens.

Ainda estamos num estágio inicial de compreensão dessas dinâmicas. Também estamos num estágio inicial de reconstrução das teorias do gênero a partir de uma perspectiva do Sul. Penso que as duas tarefas estejam conectadas, porque apenas uma teoria do gênero que incorpore sistematicamente a experiência e o pensamento do mundo da maioria [*majority world*] será poderosa o suficiente para compreender as dinâmicas do gênero em escala global. Penso também que tal trabalho seja de importância vital, uma vez que o fazer e desfazer das relações de gênero ao redor do planeta é parte significativa das questões mais urgentes de nosso tempo.

# 2
# OS CORPOS DO SUL E AS DEFICIÊNCIAS

Nenhum homem é uma ilha, inteiramente isolado; todo homem é um pedaço de um continente, uma parte de algo maior. (...) A morte de qualquer homem me diminui, porque sou parte da raça humana [*mankind*]. Portanto nunca queira saber por quem os sinos dobram; eles dobram por vós.[10]

Assim escreveu o grande poeta inglês John Donne. Como padre, Donne estava primeiramente preocupado com a alma de seus leitores. Mas suas palavras também se aplicam a seus corpos, e aos nossos. Somos seres corporificados, "parte de algo maior", profundamente envolvidos num todo.

Neste capítulo eu exploro a mundialidade desse envolvimento como um todo, começando pelos conceitos fundamentais sobre essa corporificação, e o lugar da ciência na sociedade global. Então,

---

10 O trecho pode ser encontrado em português na seguinte edição: DONNE, John. *Meditações*. São Paulo, Landmark, 2007. O texto que abre este capítulo é uma tradução direta da citação que a autora faz da obra original de John Donne, a seguir: "*No man is an Island, entire of itself; every man is a piece of the Continent, a part of the main... Any man's death diminishes me, because I am involved in Mankind. And therefore never send to know for whom the bell tolls; it tolls for thee*".

reflito sobre as maneiras em transformação segundo as quais a deficiência está envolvida em processos-chave que formaram essa sociedade: a colonização, o capitalismo global e o patriarcado. Por fim, considero algumas questões sobre a política da deficiência [*disability*] e da debilitação [*impairment*] em larga escala.

## CORPORIFICAÇÃO SOCIAL E ONTOFORMATIVIDADE

No passado, as ciências biomédicas e as ciências sociais caminhavam juntas com uma divisão do trabalho que separava de maneira simples os estudos de corpos dos estudos de processos sociais. De vez em quando, havia alguma briga sobre qual das duas coisas era mais importante – "natureza" *versus* "cultura"[11] – em estudos sobre a inteligência ou os papéis sexuais. Era comum que a determinação biológica fosse vista como fundamental. Um paradigma biomédico reinava nas políticas públicas sobre questões ligadas à deficiência, e em grande medida ainda reina. No recente relatório World Report on Disability (Relatório Mundial sobre a Deficiência) da Organização Mundial da Saúde (World Health Organization, 2011), por exemplo, as deficiências são compreendidas essencialmente como fatos físicos sobre os corpos, com pouca atenção aos processos sociais que as produzem.

A abordagem sócio-construcionista da deficiência, que desafiou o modelo biomédico nas décadas de 1980 e 1990, era parte de uma ampla revisão, sendo realizada sobre os corpos em sociedade. Ideias semelhantes estavam sendo operadas no feminismo, na sociologia, nos estudos sobre ciência e tecnologia, nos

---

11 No original, *nature* versus *nurture*, uma expressão que em vez de "cultura" (em inglês, *culture*) utiliza *nurture*, termo que equivale de alguma maneira a "nutrição" ou "criação".

estudos culturais, na saúde pública, nas pesquisas sobre sexualidade e em outras áreas. Foram impostos desafios aos modelos biomédicos sobre causas e efeitos, à classificação a-histórica dos corpos, e ao poder de profissionais sobre grupos marginalizados. A capacidade das estruturas sociais e discursos culturais em definir corpos e moldar a experiência corporal foi reconhecida.

Em particular, o poder dos processos sociais em criar hierarquias entre corpos, exaltando alguns e tornando abjetos outros, tem sido mostrado amplamente (Haug, 1987; Kirk, 1993; Soldatic e Biyanwila, 2010). Através dos continentes e séculos, pessoas com deficiência têm sido consideradas sem valor, objetos de dó e nojo, tragédias ou simplesmentes descartáveis. Algumas culturas, porém, creem que elas detenham poderes especiais de cura, como xamãs, ou que sejam visionárias. Frequentemente submetidas a violência e abuso, as pessoas com deficiência também podem ser integradas a suas comunidades e podem receber um *status* de valor (Shuttleworth, 2004).

Como forma de resistir à dominância biomédica sobre as políticas públicas para pessoas com deficiência, o "modelo social" da deficiência foi construído, particularmente por acadêmicos britânicos. Tal modelo defendia que

> Não importa qual seja a deficiência do indivíduo, ou qual sejam as diferenças aparecentes em relação à "norma" sancionada socialmente, sua capacidade de operar em sociedade é primeiramente determinada pelo reconhecimento social de suas necessidades, e pelo oferecimento de ambientes que lhes permitem agir. (Meekosha, 2004: 723)

Uma forte ênfase na determinação pelos sistemas sociais, porém, também tem problemas – especialmente quando traduzida para o Sul Global. Na emergência recente de uma perspectiva dos "estudos críticos da deficiência", ambas as deficiências e debilitações [*impairment*] do corpo são vistas como dimensões importantes da experiência vivida (Meekosha e Shuttleworth, 2009; Paterson e Hughes, 1999). Na ciência biomédica, como Krieger (2005) deixa claro, há hoje evidências abundantes e variadas sobre a importância dos processos sociais na produção de configurações corporais [*bodily outcomes*], de ferimentos a doenças crônicas. A biologia e a sociedade não podem ser separadas; mas também não podem simplesmente ser colocadas juntas. Uma interconexão mais profunda e mais complexa precisa ser reconhecida. Roberts (2000) sumariza a questão quando fala em "co-construção" do biológico com o social.

Numa perspectiva estendida, em algum momento dos últimos 100 mil anos, a história social substituiu a evolução biológica como processo principal de mudanças na superfície terrestre. Reconhecer isso não implica um retorno à questão "natureza *versus* cultura" [*nurture* vs. *nature*] porque a história social não independe dos corpos humanos. Precisamos de um conceito, que chamamos de *corporificação social*, para nos referirmos ao processo coletivo e reflexivo que envolve os corpos em dinâmicas sociais, e as dinâmicas sociais nos corpos. Quando falamos em "deficiência", enfatizamos o primeiro lado da corporificação social, ou seja, a forma como os corpos participam das dinâmicas sociais; quando falamos em "debilitação", enfatizamos o segundo lado, ou seja, a forma como as dinâmicas sociais impactam sobre os corpos.

Para compreender a corporficiação social é preciso reconhecer a agência dos corpos; não apenas sua materialidade como objetos, mas igualmente seu poder produtivo em relações sociais. Fertilidade, trabalho, crescimento, envelhecimento, debilitações, mobilidade e vulnerabilidade são importantes internamente aos processos sociais, e não como condições externas que influenciam a sociedade a partir de outro reino da realidade. Tipos específicos de debilitação podem carregar significados muito distintos e evocar diferentes práticas sociais. Isso está bem documentado no estudo de Bergh (2011) na Serra Leoa, onde os corpos amputados são marcadores de uma história nacional envolvendo violência, e têm acesso a programas de auxílio, enquanto as deficiências intelectuais permanecem escondidas do imaginário público. Reconhecer a historicidade dessas interações traz nossa atenção para as dinâmicas sociais. Há muitas teorias nas ciências sociais, algumas de fato muito influentes, que são fundamentalmente estáticas em sua visão sobre o processo social. Alguns exemplos são a sociologia reproducionista, a teoria da performatividade de gênero, a teoria dos sistemas e a teoria do equilíbrio econômico (Connell, 1996). Para uma compreensão de processos sociais em escala mundial, precisamos de algo diferente: uma abordagem que parta do caráter ontoformativo do processo social.

Isso significa um enfoque sobre o poder de criar realidades sociais ao longo do tempo histórico. Estruturas sociais estão sempre em processo de construção, contradição e transformação. Seu poder como determinantes de configurações corporais [*bodily outcomes*] é reconhecido, por exemplo, no relatório mais recente da OMS sobre os "determinantes sociais da saúde" (CSDH, 2008). Seu poder determinador não deriva de uma mágica operada por sistemas, mas, precisamente, das dinâmicas históricas nas quais estão envolvidas.

A ontoformatividade do processo social constantemente envolve corporificação social. A corporificação social não é mero reflexo, nem apenas uma reprodução, nem somente uma citação. É um processo que gera, a cada momento, novas realidades históricas: novas possibilidades corporificadas, experiências, limitações e vulnerabilidades para as pessoas envolvidas. Assim, é preciso compreender a deficiência como algo que surge no tempo. As pessoas com deficiência estão, de fato, envolvidas num processo político de redescoberta de sua própria história (Longmore e Umansky, 2001).

## PERSPECTIVAS DO SUL SOBRE A COMPREENSÃO DE TEORIAS

As ciências biomédicas e as ciências sociais, conhecidas hoje, foram construídas na metrópole global, o grupo de países capitalistas ricos da Europa ocidental e da América do Norte, antigamente centros de impérios e hoje o "coração" da economia global. Não foi apenas lá que as ciências historicamente se moldaram como agora as conhecemos; a metrópole segue sendo o centro da atividade científica hoje. É lá que estão as universidades e institutos de pesquisa de maior prestígio no mundo, de onde vem a maior parte do financiamento para a ciência, em que ocorre a maior parte das inovações em relação ao método, onde estão quase todos os mais importantes periódicos científicos.

Para os cientistas que vêm de outras partes do mundo, o centro continua importante. A sua maioria pega de lá seus conceitos, métodos e problemas; muitos vão à metrópole para realizar trabalhos avançados ou treinamentos e têm carreiras fortemente marcadas por suas conexões com a metrópole. Essa é a situação que Hountondji (2002) chamou de "extroversão" e Alatas (2006) chamou de "dependência acadêmica".

Em geral isso não é tratado como uma problemática. A ciência é vista como algo universal, então supostamente seus conceitos e métodos se aplicam a qualquer lugar. Se esse é o caso, não importa de onde vem a ciência.

No entanto, para um número crescente de acadêmicos, isso importa (Chakrabarty, 2000; Mohanty, 2003; Connell, 2007a; Harding, 2008). A ciência não é algo que existe fora da cultura e da sociedade que a produz. Teorias que surgem na metrópole global estão condicionadas a perspectivas do mundo disponíveis na metrópole, nas circunstâncias históricas em que os cientistas da metrópole trabalhavam à época. Por exemplo, as formas estáticas e reproducionistas das ciências sociais, já mencionadas, surgiram entre intelectuais da metrópole que procuravam olhar problemas internos a suas sociedades, sem referência à sua posição global. Precisamos fazer melhor do que isso. Um dos motivos para fazer melhor é que uma forma universal de conhecimento não pode se basear apenas na experiência de uma minoria privilegiada. Na melhor das hipóteses, a metrópole perfaz menos do que um sexto da população mundial. A maior parte das pessoas com deficiência – 80% numa estimativa (World Health Organization, 2003) – está no Sul Global. Um segundo motivo é que um projeto intelectual abstido de lidar com a maioria das culturas no mundo, e muitos de seus intelectuais criativos, se empobrece radicalmente. Esta não é uma base boa para enfrentarmos os problemas que assombram a sociedade atual.

Podemos transpor os limites do pensamento da metrópole de muitas maneiras. Uma delas é nomear e desdobrar os tipos metropolitanos de pensamentos nos quais o poder global da metrópole está implicado. Esse é o projeto dos "estudos pós--coloniais", cuja contribuição mais conhecida é a obra *O orientalismo*, de Said (1978).

Outra forma de fazê-lo é valorizar e aprender a partir das formas de conhecimento não ocidental que escaparam à destruição da metrópole global. Esse é o projeto do "conhecimento local", que envolve debates sobre a articulação dos sistemas de conhecimento locais e metropolitanos (Odora Hoppers, 2002).

Uma terceira estratégia é examinar as formas de conhecimento que surgiram em resposta ao poder das metrópoles, entre intelectuais de sociedades colonizadas. Esse é o projeto que chamo de "teorias do Sul" (Connell, 2007a). Ele parte de uma rica literatura produzida na periferia global sobre a experiência dos colonizados e a dinâmica do neocolonialismo e da globalização contemporânea.

Esses argumentos gerais se aplicam aos estudos sobre a deficiência, como mostrado por Meekosha (2011). Uma vez que a maior parte das pessoas com deficiência vive nas periferias globais, o reconhecimento de sua experiência deve mudar os contornos dos estudos sobre a deficiência. Enquanto no campo do conhecimento, os estudos sobre a deficiência, hoje, têm o mesmo foco, no Norte Global, que podemos encontrar nos demais campos das ciências humanas. Ele também clama por uma renovação em direção à escala mundial, empírica e conceitualmente.

Essa renovação requer uma convergência entre o argumento sobre a corporificação social e o argumento sobre as perspectivas do sul. Precisamos analisar a corporificação social em escala mundial e reconhecer a ontoformatividade das práticas sociais corporificadas em escala mundial; é preciso fazê-lo balizando-nos pelas perspectivas do Sul Global.[12]

## A CONQUISTA COLONIAL E SUAS CONSEQUÊNCIAS: A POLÍTICA GLOBAL DA DEBILITAÇÃO

Durante quatro séculos, os reinos militarizados e as repúblicas do norte e ocidente europeus, do Atlântico Norte, anteriormente um posto avançado da cultura mediterrâneo-asiática,

---

12  O texto original incluía a seguinte passagem encerrando o parágrafo, por tratar-se de um artigo escrito para um número temático específico de um periódico científico: "*This issue of Third World Quarterly is dedicated to such re-thinking of disability research*" (Este número da revista *Third World Quarterly* é dedicado a essa reformulação das pesquisas sobre deficiência). O trecho foi retirado para adaptar o texto brasileiro ao contexto de publicação em formato de livro.

expandiram seu alcance político e econômico às Américas, ao sul asiático, à Oceania e à África, até que virtualmente todo o mundo fosse colocado em sua órbita.

Historiadores mostraram que o imperialismo "ocidental" foi um processo desigual e turbulento (Bitterli, 1989). Em alguns lugares houve destruição quase completa de sociedades tradicionais (por exemplo, nos casos da Ilha de São Domingos, da Nova Inglaterra ou da Tasmânia). Em outros, chegou-se a uma acomodação maior entre as culturas (como na Indonésia ou na Índia). Em cada continente, porém, houve violência massiva. Novas tecnologias trouxeram morte e mutilação aos colonizados: os navios e seus canhões, artilharia, bala, metralhadoras e aviões bombardeiros. Lembramos o horror dos ataques aéreos em Guernica graças a Picasso. Mas o bombardeamento de civis na verdade começou muito antes nas colônias, em que a Grã-Bretanha, a Espanha e a França usavam aeronaves para bombardear rebeldes coloniais apenas dez anos após o famoso voo dos irmãos Wright (Lindqvist, 2001). Os britânicos chamavam isso de "controle aéreo".

A violência no mundo colonizado aumentou ao final do período formal dos impérios, nas guerras de independência nas Américas, no Vietnã, na Argélia e na partilha da Índia. Mas não terminou com a independência. Intervenções violentas do poder neocolonial continuaram no Vietnã, na Palestina, no Afeganistão, na Chechênia, na América Central e no Iraque. Muitos Estados pós-coloniais viram-se em golpes, guerras civis ou de fronteira num legado da colônia, frequentemente com armamento e apoio dos poderes da metrópole. Entre eles estão o Paquistão, a África central e as ditaduras do cone sul da América do Sul.

Não quero me alongar na violência, mas sua escala precisa ser reconhecida. Uma das dinâmicas-chave na construção da sociedade global foi a corporificação social do poder – um uso da força que, além de deixar indivíduos deficientes, coletivamente lesionou populações inteiras. Meekosha (2011) tem razão ao falar que o "sofrimento social" produzido pela colonização é uma preocupação necessária aos estudos sobre a deficiência em escala global.

O notável estudo de Das (1995) sobre a violência da partilha da Índia, em *Critical Events* (Eventos Críticos), mostra como o sofrimento social não era aleatório, mas estruturado por divisões etnorreligiosas e por relações de gênero. Os corpos das mulheres se tornaram um terreno em que grupos conflitantes de homens brigavam por poder e vingança. Em outros contextos, os corpos de mulheres foram a arena da culpa pelo sofrimento social, como no caso da culpabilização das mães indígenas por debilitações causadas a crianças, como no caso da Síndrome Alcoólica Fetal (Salmon 2007).

Embora a violência direta tenha sido uma de suas formas mais espetaculares, ela não foi o único processo de produção de debilitações. Boa parte da colonização consistiu em tomar controle da terra, movendo populações locais de seu território ancestral ou tornando-os uma força de trabalho despossuída ali. A obra *Native Life in South Africa* (Vida nativa na África do Sul), de Plaatje's (1916), traz uma documentação clássica sobre esse processo. Em outros casos, como na expansão ao oeste nos Estados Unidos, a despossessão era mais central. Populações ainda traumatizadas por esses eventos, e pelos desastres subsequentes como raptos de crianças, restabelecimento forçado e moradias precárias – a mesma experiência de muitas comunidades locais na Austrália – estão sujeitas a altas taxas de doenças crônicas, *diabetes*, otite média, doenças hepáticas e níveis de violência, que produzem debilitações e lesões.

Embora sejam histórias complexas[13], a conquista e a desposessão produziram populações sem terra, muitas das quais passaram a viver em agrupamentos informais ao redor de cidades inchadas. Talvez um bilhão de pessoas em todo o mundo tenham hoje acesso precário à renda, à segurança, à educação ou aos serviços de saúde. Muitas das pessoas com deficiência estão entre a parcela mais pobre, sem terra, e constituem uma parte extremamente vulnerável da população.

A conquista colonial, ao trazer uma crise às ordens sociais segundo as quais a corporificação vinha sendo organizada, e ao criar novas hierarquias de corpos (como a hierarquia racial durante o imperialismo do final do século XIX), transformou o modo como as diferenças corporais, debilitações/lesões e habilidades eram socialmente construídas. Significados religiosos e culturais da deficiência, solidariedade baseada em comunidades e parentesco, formas de vida e costumes locais de apoio – tudo isso estava sujeito a perturbações.

O modelo médico emergente sobre a deficiência no mundo ao norte do Atlântico foi exportado para as colônias. Unido à cultura dos colonizadores, esteve desde sempre sujeito a encontrar-se numa posição antagônica em sua relação com os conhecimentos locais e tradicionais sobre os corpos. Debates contemporâneos sobre conhecimentos locais e tradicionais, sua racionalização, e sua relação instável com a ciência "ocidental" (Hountondji, 1997) são relevantes, portanto, para qualquer projeto de empoderamento de grupos de pessoas com deficiência na periferia global.

---

13 No original, havia aqui entre vírgulas a seguinte colocação: "*which will be known to readers of Third World Quarterly*" (que serão apresentadas aos leitores da revista *Third World Quarterly*).

## O CAPITALISMO GLOBAL E SUAS CONSEQUÊNCIAS

Durante o século XX, os sistemas coloniais foram extintos (embora o colonialismo da Rússia e dos Estados Unidos tenha permanecido). O sistema de competição entre impérios foi substituído por uma economia corporativa de alcance mundial, multicentrada, com mercados internacionais integrados e fluxos massivos de capital. Um sistema estatal internacional foi construído, em que os principais componentes eram as organizações das Nações Unidas, como o Banco Mundial e a Organização Mundial de Saúde, e um aparato militar/policial/de segurança internacional centrado nos Estados Unidos. Alguns dos antigos impérios permaneceram influentes, de novas maneiras. Muitos deles se uniram na União Europeia, e os Estados Unidos emergiram nos anos 1990 como a única superpotência militar.

Desde seus estágios iniciais no capitalismo mercantil e agrícola, a nova ordem econômica dependia da regulação e da destruição de corpos. Isso se tornou notório na "revolução industrial" dos séculos XVIII e XIX. O texto *Condition of the Working Class in England in 1844* (A situação da classe trabalhadora na Inglaterra\*), de Engels, é o relato mais famoso de uma série que documentou o trabalho exaustivo, mas rigidamente controlado em fábricas com máquinas a vapor, as minas de carvão que as supriam, os precários arranjos de moradia e poluídas cidades industriais que as cercavam.

O processo de extração de lucro a partir do trabalho de outras pessoas, institucionalizado em larga escala pelo capitalismo, também era uma forma de corporificação social. Era significativamente estruturado pelo gênero. Os corpos de homens da classe trabalhadora eram consumidos – estressados, lesionados ou levados à exaustão – num processo que construía a masculinidade hegemônica nas comunidades da classe trabalhadora ao mesmo tempo em que criava lucro para seus empregadores (Donaldson, 1991).

O colonialismo criou forças de trabalho em minas e plantações, em que esses processos ocorriam significativamente: a escravidão atravessando o Atlântico, o trabalho precário de migrantes e o trabalho forçado de indígenas e populações locais. A escala das mortes e debilitações ou lesões em empreendimentos coloniais como as minas de prata de Potosí, nos Andes, fonte principal da riqueza real espanhola, era ainda pior do que as fábricas de Engels.

O capitalismo global substituiu essas forças de trabalho pelo trabalho livre, mas em circunstâncias em que muitos estão desesperados para obter renda. Uma "corrida ao fundo do poço" nas indústrias que têm inserção internacional, como a indústria têxtil e as montadoras de microprocessadores, resulta em salários baixíssimos, longas horas e condições físicas danosas. As *maquiladoras* no norte do México e suas competidoras na Tailândia, no Vietnã e no sul da China são exemplos bem conhecidos. O sofrimento social produzido por essa forma de desenvolvimento industrial vai além dos problemas da saúde industrial. No norte do México, para dar apenas um exemplo, isso engloba a chocante brutalidade dos femicídios em Ciudad Juárez (Ravelo Blancas, 2010).

Enquanto isso, os regimes neoliberais, cuja lógica deriva da competitividade global, enfraqueciam os sindicatos que poderiam oferecer alguma proteção a esses trabalhadores. Também enfraqueciam, sob pressão do FMI ou por iniciativas das classes dominantes locais, sistemas públicos de bem-estar que apoiavam os trabalhadores cujos corpos traziam essas consequências. A agenda neoliberal, que procura expandir o alcance do mercado e diminuir o papel do Estado, é hoje sentida em todas as áreas dos serviços públicos. Ela impactou os serviços a pessoas com deficiência, entre outros, forçando privatizações, encorajando serviços direcionados ao lucro, enfatizando a competição e impondo controle direto em nome da responsabilidade e da confiabilidade [*accountability*].

Num aspecto cultural mais profundo, a ordem capitalista desenha uma fronteira entre duas categorias de corpos: aqueles cujo trabalho gera lucro e aqueles que não o fazem. É claro que sempre houve diferenças nas contribuições de diferentes pessoas à produção social e ao consumo. Na maior parte das culturas, porém, reconhece-se que praticamente cada um na comunidade tem alguma contribuição, sejam velhos ou jovens, vigorosos ou não. No capitalismo, sistema em que o valor é definido nitidamente pelo dinheiro, a produtividade é um conceito aplicado apenas a trabalhadores na economia monetária.

Isso molda a compreensão sobre a deficiência. A produtividade das pessoas com deficiência no mercado de trabalho, ou sua exclusão do mercado de trabalho, torna-se uma maneira-chave de defini-las. Sob regimes trabalhistas que reivindicam o fim do cuidado paternalista e da dependência – na verdade regulando novamente a relação entre o bem-estar social e o mercado de trabalho – alguns corpos de pessoas com deficiência são definidos aptos para o trabalho, e outros merecedores de assistência (Soldatic e Meekosha, 2012). Permitir a participação no mercado de trabalho passa a ser uma forma central de tratamento ou reabilitação. Para reforçar essa visão sobre a deficiência, são exigidos níveis crescentes de vigilância. A globalização do capitalismo neoliberal ampliou essa lógica sobre a deficiência para todo o mundo.

O capitalismo é um sistema dinâmico. Assim tem sido em todos os seus estágios de crescimento, do mercantil ao industrial, e as economias mais ricas, hoje, são frequentemente chamadas de pós-industriais. O capitalismo aparece sob diferentes formas: na China comunista em simbiose com uma ditadura partidária, nos Estados Unidos e na Índia com oligarquias populistas, na Arábia Saudita com um patriarcado puritano, na Escandinávia com uma socialdemocracia se debatendo. E segue se desenvolvendo.

Entre os pontos de crescimento do capitalismo estão novas formas de extrair lucro dos corpos: a biotecnologia, por exemplo, entre outras. Há uma "economia internacional dos tecidos" (Waldby e Mitchell, 2006) que inclui o envio de sangue e órgãos de corpos do terceiro mundo para corpos do primeiro mundo. Há uma "commoditização" e uma redefinição dos corpos das mulheres na mídia eletrônica global, por meio da pornografia e das indústrias da beleza e das celebridades. A indústria da beleza também é globalizante: atualmente ela tem presença em alguns países em desenvolvimento na forma de indústria da cirurgia plástica (Aizura, 2009).

Tanto a economia dos tecidos quanto a redefinição dos corpos têm efeitos sobre a deficiência: a primeira ao manufaturar, literalmente, corpos debilitados nas periferias globais (os "doadores"), a segunda ao circular fantasias sobre o corpo perfeito e incitar desejo entre os ricos globais para que comprem a perfeição. Ambas produzem, como um lado negro da busca pela saúde e pela desejabilidade [*desirability*], uma categoria de "pessoas-lixo" (para usar uma expressão tradicional australiana) que podem ser vistas como desprezíveis e descartáveis.

## O PATRIARCADO GLOBAL MODERNO E SUAS CONSEQUÊNCIAS

Um dos maiores efeitos do colonialismo e da globalização foi a mudança nas ordens de gênero das sociedades colonizadas. As forças de trabalho coloniais eram segregadas por gênero. Missionários e governos destruíram costumes locais que ofendiam suas próprias normas. O poder metropolitano e sua riqueza criaram suas próprias pressões normativas em nome da modernização. Num estudo influente, Mies (1986) acompanhou a construção das normas do tipo provedor/dona de casa em todo o mundo como efeito do colonialismo. Na era pós-colonial, a mídia global circula imagens "ocidentais" de desejabilidade sexual numa escala enorme. Empresas transnacionais seguem usando forças de trabalho segregadas por gênero, frequentemente criando novos padrões de empregabilidade para mulheres jovens.

O gênero é uma estrutura de relações sociais na qual as capacidades reprodutivas dos corpos humanos são postas na história, e na qual todos os corpos, férteis ou não, são definidos por sua colocação na arena reprodutiva (Connell, 2009). Como em todas as demais formas de corporificação social, isso acontece de diferentes maneiras. A maior parte das ordens de gênero, contudo, é patriarcal, ou seja, constrói privilégios para os homens e subordinação para as mulheres, enquanto grupos. Conforme as ordens de gênero locais foram subsumidas numa economia global, um patriarcado modernizado foi se tornando internacionalmente hegemônico.

Falando sem rodeios, ordens sociais patriarcais tendem a definir as mulheres em termos de sua capacidade de procriar. Elas são valorizadas como mães, ou mães em potencial, especialmente mães de filhos homens. Isso pode restringir rigidamente a sexualidade e a mobilidade das mulheres. Chakravarti (2003) mostra como o sistema indiano de castas, como hierarquia de grupos endógamos, faz com que o controle da sexualidade das mulheres seja vital, criando uma obsessão com a pureza. Na cultura de massas do Norte, em contraste, há uma exibição obsessiva da atratividade e desejabilidade heterossexual das jovens mulheres em seu período de fertilidade máxima. Assim operam a pornografia, a cultura das celebridades voltada à mídia e a indústria da "beleza".

A corporificação social inclui o impacto do colonialismo e do neocolonialismo no próprio processo reprodutivo. A Síndrome Alcóolica Fetal é um exemplo disso, sendo um caso em que a debilitação é produzida mais frequentemente entre grupos étnicos locais e subordinados; não é o álcool sozinho que produz o padrão de debilitação, mas o álcool associado à privação social e econômica (O'Leary, 2004).

Guerras e economias neocoloniais deixam um legado de debilitações de nascimento: no Vietnã, como um resultado de químicos desfolhantes; no Iraque, com munição à base de urânio empobrecido, utilizada por forças estadunidenses; nas fábricas *maquiladoras* com poluentes do processo de manufatura.

A definição patriarcal das mulheres quanto a sua capacidade de procriar pode gerar consequências nefastas. A Unicef estima que em áreas do Sul Global onde a pobreza e as tradições locais incentivam o casamento precoce, pelo menos dois milhões de meninas passaram a viver com alguma deficiência como um resultado de fístulas obstétricas (dado citado em Frohmader e Meekosha, 2012). As mulheres com outras deficiências podem ser vistas como possuidoras de uma fertilidade perigosa, e algumas são submetidas a esterilizações ou abortos forçados (Center for Reproductive Rights, 2010).

Onde há escassez de comida, as mulheres provavelmente recebem menos alimento do que os homens. As mulheres com deficiência têm mais chances de estar em situação de pobreza do que os homens na mesma condição; têm menos chances de acesso à educação e a empregos remunerados. Nos lugares em que filhos são mais valorizados do que filhas, bebês do sexo feminino [*female*] podem ser assassinados, deixados para morrer de fome ou – agora que os milagres da medicina moderna permitem que sejam detectados – abortados ainda na condição de fetos. O uso dos corpos das mulheres como uma arena para os conflitos dos homens também foi anteriormente mencionado neste capítulo. A violência contra mulheres com deficiências foi bem documentada no Norte e no Sul Globais (Women with Disabilities Australia, 2007).

"Gênero" é um termo muitas vezes lido como sinônimo de "mulheres". Mas os homens também estão envolvidos em relações de gênero, e os padrões de masculinidade são construídos por meio da corporificação social (Connell 2005). O modo como o trabalho fabril está ligado à masculinidade da classe trabalhadora já foi mencionado. A violência militar também é generificada, envolvendo padrões específicos de masculinidade e a destruição, cada vez mais mecanizada, dos corpos de homens. A guerra na metrópole deixa rastros, não apenas de lesões físicas entre os homens, mas igualmente de comprometimento psicológico, alcoolismo e violência doméstica. É provável que consequências semelhantes tenham se seguido às guerras da conquista e a conflitos civis nas periferias.

Acima de tudo, "gênero" é o padrão de relações sociais envolvendo mulheres e homens. Ordens de gênero patriarcais designam a maior parte do trabalho de cuidado às mulheres. Na epidemia de HIV/Aids na África Subsaariana, por exemplo, a maior parte desse tipo de trabalho é realizada, informalmente, pelas mulheres, incluindo as mulheres que vivem com HIV (ver Evans e Atim, 2011). As mulheres muitas vezes precisam se tornar provedoras, além de cuidadoras. Há outras dinâmicas de gênero no contexto da referida epidemia, notavelmente nos relacionamentos heterossexuais, em que a pobreza e a dependência das mulheres, ou a violência, e a posição de fazer demandas [*entitlement*] dos homens, criam amplas vias para a transmissão do vírus para jovens mulheres (Epstein et al., 2004).

Há também uma dinâmica de gênero no trabalho profissionalizado de cuidados: a enfermagem, por exemplo, torna-se cada vez mais uma profissão globalizada (Wrede, 2010).

## CONCLUSÃO: ENCONTROS CORPORIFICADOS EM ESCALA MUNDIAL

Tentei mostrar que processos sociais e estruturas conhecidas devem ser entendidos como algo corporificado, e que o destino dos corpos precisa ser visto por meio das dinâmicas sociais. Isso é facilmente sentido na esfera local, em que temos estudos vívidos e bem enfocados sobre processos corporificados de gênero e classe, com todas as suas contradições íntimas (p. ex., Messerschmidt, 2004). Contudo, isso também se aplica em escala mundial, e é preciso pensar sobre os corpos em números gigantescos e em dinâmicas sociais de complexidade assustadora.

As ciências sociais e humanidades têm se preocupado um pouco demais com as realidades virtuais, as redes e as identidades. Ao abrir revigorantes abordagens para dilemas do corpo e da corporificação, os estudos sobre a deficiência podem apontar outro caminho para esses campos do conhecimento.

Os estudos sobre a deficiência na metrópole contestaram de maneira poderosa o modelo médico ao priorizarem a experiência das pessoas com deficiência. Trataram as pessoas, em si mesmas, como fonte de autoridade. Fazer isso em escala mundial é um movimento transformador. Novos atores sociais são trazidos à tona, novas questões sobre a produção das deficiências são levantadas. Questões estratégicas são adicionadas a esse caldeirão.

Por exemplo, um importante tema dos trabalhos de ciências sociais sobre a deficiência na metrópole é o papel do Estado. O Estado é uma chave para o poder dos modelos médicos: tem sido provedor de serviços, definindo ou negando direitos. Em abordagens pós-estruturalistas, as percepções da deficiência têm sido lidas por meio das lentes da governamentalidade [*governmentality*] e da normatividade (Tremain, 2005). Em estudos do neoliberalismo, o uso do poder estatal sempre esteve em questão.

Questões em torno da relação entre deficiência e Estado tomam outra forma quando pensamos na esfera internacional e no Estado pós-colonial. A ONU tem sido sede das afirmações de direitos mais importantes no mundo, incluindo os direitos das pessoas com deficiência. Mas suas ações envolvem coalizões instáveis entre governos, burocracias e ONGs. No mundo em desenvolvimento – dada a vontade das elites locais de rejeitar os regimes de direitos humanos como imposições neocoloniais, e dos poderes metropolitanos de atropelar direitos humanos na busca por lucro e segurança – são em geral as ONGs, e não os Estados, que seguem as agendas de direitos. As ONGs, contudo, mesmo as mais influentes (como a Oxfam, por exemplo), são restringidas pelo ambiente neoliberal que as finacia, e são influenciadas pela cultura profissional do Norte Global.

A política entre grupos de pessoas com deficiência também toma muitas vezes diferentes formas no Sul Global, em comparação com o Norte. Não se trata apenas de uma questão de diferenças culturais. Como enfatizei anteriormente, a história da corporificação social no mundo colonizado é diferente. As estruturas econômicas contemporâneas e o montante de recursos são diferentes, as oportunidades políticas e necessidades também. Consideremos os prospectos frágeis das políticas de identidade na China de hoje, para termos um exemplo. As jovens mães aborígenes que vivem com a Síndrome Alcoólica Fetal na Austrália, cuja experiência foi documentada por Salmon (2007), conseguiram se beneficiar do modelo médico; o mesmo pode ser dito da mobilização das pessoas com deficiência na China. Em alguns contextos, a ação prioritária que busca beneficiar grupos de pessoas com deficiência consiste simplesmente em parar com a violência; isso seria verdade também para o Congo atual. Em outros contextos, a reforma de prédios e edificações pode ser algo mais urgente.

Os recursos disponíveis a grupos de pessoas com deficiência também diferem, muitas vezes, daqueles encontrados na metrópole. Países da periferia podem ter recursos importantes. Alguns, como a borracha ou o petróleo, os tornam vulneráveis à intervenção destrutiva: o caso do Congo é um exemplo clássico, o da Nigéria, mais contemporâneo. Mas também há recursos sociais, mecanismos locais de cuidado, que podem sobreviver às perturbações da história recente. As sociedades organizadas em vilarejos tinham sua própria brutalidade e suas próprias ferramentas de triagem, que podiam resultar em negligência ou infanticídio de crianças com deficiência. Mas também protegiam algumas delas, e ofereciam certa resiliência. O mesmo ocorre com as moradias informais das novas megacidades. Podem permanecer ali recursos sociais – como habilidades, costumes, parentesco, redes, compreensões culturais – dos quais as pessoas com deficiência podem se beneficiar.

Comunidades locais são capazes de mudar a cultura e de inventar novas estratégias. Um exemplo é o número crescente de famílias da classe trabalhadora que, na Índia, têm transformado as divisões generificadas do trabalho conforme oportunidades, para mulheres, surgirem na força de trabalho. O conhecimento social, local ou tradicional é capaz de promover desenvolvimento, e a política em torno da deficiência pode encontrar recursos ali que não estão disponíveis nas metrópoles ou nas agências internacionais.

Para ultrapassar a compreensão sobre a deficiência definida nas metrópoles, assim como seus modelos de políticas voltadas a pessoas com deficiência, esse é um dos pontos mais importantes. O mundo colonizado e o mundo pós-colonial têm recursos intelectuais. Oferece ideias, princípios, agendas de pesquisa, formas de arte e religiões que podem informar as lutas para superar a marginalidade, prevenir danos e fazer com que as vozes de pessoas com deficiência sejam ouvidas (ver De Clerck, 2011).

Comecei com a citação de um autor cristão. Gostaria, então, de encerrar o capítulo com um autor muçulmano e um princípio islâmico. O autor é Ali Shariati (1986:43-4), sociólogo e teólogo, ao falar sobre o Islã enquanto uma religião socialmente engajada:

> O Islã é uma religião realista e ama a natureza, o poder, a beleza, a riqueza, a abundância, o progresso, e a completude de todas as vidas humanas. Seu profeta é um homem da vida, da política, do poder e mesmo da beleza. Seu livro, mais do que estar preocupado com a metafísica ou a morte, volta-se para a natureza, a vida, o mundo, a sociedade e a história... Convida as pessoas a se submeterem a Deus, e clama por uma revolta contra a opressão, a injustiça, a ignorância e a desigualdade.

Para Shariati, o princípio teológico fundamental da unidade e da indivisibilidade de Deus (*tawhid*) tem como corolário a unidade da espécie humana [*human kind*] e um princípio poderoso de igualdade. Nenhum ser humano tem o direito de se colocar como um deus sobre outros seres humanos. E nenhum homem, ou mulher, é uma ilha.

# 3
# COMO OS REGIMES DE GÊNERO MUDAM DENTRO DO ESTADO

É uma verdade, reconhecida universalmente, que vivemos uma era de mudanças no gênero. Identidades de gênero, performance de gênero e relações de gênero supostamente estão em voga. Sr. Bingley, embora possua grande fortuna, talvez não esteja mais à procura de uma esposa[14].

Se o processo de mudanças no gênero pode ser balizado para que siga uma agenda consciente de reforma, é uma questão importante e difícil. Políticas públicas de igualdade de gênero são precisamente uma tentativa de fazê-lo. Neoliberais assumem abertamente que a "engenharia social" é impossível, ou errada. Feministas debatem sobre como efetuar essas mudanças e sobre como avaliar as experiências daqueles que tentaram (Eisenstein, 2009).

Este argumento centra-se no principal mecanismo de baliza das sociedades modernas, o Estado. Um volume considerável de pesquisas feministas mostrou de que forma as agências estatais[15] e as políticas públicas regulam a vida das mulheres,

---

14  Referência ao livro *Orgulho e Preconceito*, de 1813, da escritora Jane Austen (1775-1817).

15  *State agencies*, em inglês, pode se referir a diversos tipos de instituições governamentais. Embora não haja correspondente exato para o termo

tanto na família quanto na esfera pública (Borchorst, 1999). Esse enfoque das pesquisas foi ampliado englobando também a influência do Estado nas relações de gênero de maneira geral, incluindo a vida generificada dos homens (Connell, 2003). Em discussões anteriores sobre o Estado patriarcal, era comum apresentar "o Estado" como uma unidade. Porém, os Estados hoje são aglomerações complexas de agências diferenciando-se em relação ao gênero e muitas vezes buscando agendas distintas. O impacto do Estado nas relações de gênero dependerá, então, parcialmente no que ocorre dentro dessas agências estatais. Sabemos, desde os trabalhos de Joan Acker (1990) e Clare Burton (1987), que as organizações são portadoras de relações de gênero. Toda organização pode ser caracterizada por seu regime de gênero, por exemplo, no padrão de relações de gênero que estrutura as práticas de gênero de seus participantes.

Também sabemos que agências estatais não são estáticas enquanto organizações. De fato, elas são fortemente afetadas por mudanças estruturais.

A corporativização[16] [*corporatization*] e a privatização do

---

no Brasil, optou-se por manter a ideia de "agências estatais". Vale ressaltar, porém, que o termo não indica apenas agências reguladoras como é o caso, no Brasil, da Anac (Agência Nacional de Aviação Civil), também pode incluir estruturas conhecidas aqui como secretarias especiais, ministérios, coordenações, gabinetes, entre outros.

16  Processo de transformação organizacional que instaura os princípios que regem as empresas e o ambiente corporativo como definidores das práticas em ambientes de outros tipos. Outro termo comumente usado é *managerialism*, aqui traduzido como "gerencialismo". Para uma discussão sobre processos desse tipo no Brasil, ver as seguintes referências: Meyer, Bernardo & Meyer Junior, Victor. "Managerialism" na Gestão Universitária: Uma análise de suas manifestações em uma instituição empresarial. *Revista Gestão Universitária na América Latina – GUAL*, v. 6, n. 3, 2013 // Ball, Stephen J. Profissionalismo, gerencialismo e

setor público, conhecidas como "reforma do bem-estar social" ou "reforma do serviço público"[17] [*welfare reform*] e a "nova gestão pública"[18] [*new public management*] são os elementos mais visíveis de uma agenda de reformas mais ampla. Como Anna Yeatman (1990) apontou, há um jogo entre as reformas do gênero e outras agendas de mudança em instituições estatais.

Pesquisas mostram que, tomadas como um todo, as agências estatais têm duas conexões com o balizamento das mudanças de gênero. Elas estão engajadas nesse processo por serem agências estatais, ou seja, por possuírem poder legal e financeiro em relação à sociedade sobre a qual atuam. Entretanto, se engajam por serem agências estatais, ou seja, organizações com seus próprios regimes e dinâmicas de e outros padrões de mudanças.

Para compreendermos como essa relação dupla opera, e que implicações estratégicas aportam, é essencial compreendermos como a mudança nas relações de gênero

---

performatividade. *Cadernos de Pesquisa* 35/126, 2013. // Pinho, José Antônio Gomes de. Reforma do aparelho do Estado: limites do gerencialismo frente ao patrimonialismo. *Organizações & Sociedade* 5/12, 2014.

17  O termo *welfare reform* é usado em português como sinônimo de "reforma previdenciária". No entanto, não se trata, no texto da autora, de referência apenas ao setor previdenciário, mas a todo o serviço estatal que configura o "bem-estar social" ou a "assistência social" (dois termos também usados para traduzir *welfare*) – como programas de distribuição de renda (caso do Bolsa Família), educação pública (bolsas como Prouni ou Fies, além das próprias escolas e universidades públicas), sistema único de saúde, entre outros.

18  Para uma discussão específica sobre esse processo no Brasil, ver Abrucio, Fernando Luiz. "Trajetória recente da gestão pública brasileira: um balanço crítico e a renovação da agenda de reformas". *Revista de Administração Pública*, v. 41, spe, p. 67-86, 2007.

é vivida internamente nessas agências estatais. Isso não é algo fácil de perceber. Muitas pesquisas se baseiam em dados estatísticos sobre os números de mulheres e homens em diferentes funções organizacionais. Isso revela tendências amplas, mas não mostra os mecanismos que as produzem, nem suas complexidades internas. Ao mesmo tempo, estudos de caso de foco muito restrito deixam os leitores incertos em relação ao quão disseminados estão esses mecanismos e complexidades.

Este capítulo tenta fazer uma ponte sobre esse abismo. Traz, assim, resultados de diversos estudos de caso, conduzidos num mesmo formato, inseridos em programas de pesquisa maiores que nos dão informações sobre o setor como um todo. O projeto Gender Equity in Public Institutions (Equidade de Gênero em Instituições Públicas) foi um programa de pesquisas amplo, conduzido por uma equipe da Universidade de Sydney e do setor público de Nova Gales do Sul[19]. Uma parte do projeto foi um estudo de campo que examinou os regimes de gênero de ambientes de trabalho específicos em cinco agências.

O grupo de agências pesquisadas incluía *central agencies* e *line agencies*[20], cobria uma variedade de setores da economia e funções governamentais, e continha variações importantes em relação aos seus tamanhos. De cada agência foram escolhidos

---

19  Região da Austrália.

20  Em inglês, assim como na própria estrutura de Estados que foram colônias do Reino Unido, há uma diferenciação entre agências "centrais" [*central agencies*], ou seja, espaços estatais ligados mais diretamente ao poder executivo, e agências "secundárias" [*line agencies*], provedoras de serviços diretos à população. No Brasil não fazemos essa divisão, motivo que embasa a opção aqui feita por manter os termos originais em inglês ao longo do capítulo.

um ambiente mais ligado à administração central ou à elaboração de políticas públicas, e outro mais ligado ao trabalho operacional ou ao provimento de serviços. O trabalho de campo foi realizado de maio de 2001 a outubro de 2002. Foram feitas e transcritas 107 entrevistas focadas. Elas cobriram quatro dimensões das relações de gênero – poder e autoridade, divisão do trabalho, relações emocionais, e cultura e comunicação (Connell, 2009a). Elas também exploraram programas de equidade de gênero, equilíbrio entre trabalho e vida fora do trabalho e padrões de carreira. As entrevistas enfatizaram práticas e experiências, e não apenas atitudes. A maior parte das entrevistas durou entre 40 e 80 minutos. Com o consentimento dos entrevistados, foram gravadas em fitas. Como o equilíbrio de gênero varia muito em ambientes de trabalho pequenos, não foram feitas tentativas para entrevistar números iguais de mulheres e homens em cada ambiente. Foram entrevistados, em cada ambiente, 58 mulheres e 49 homens. Em dois desses ambientes de trabalho um dos pesquisadores também passou aproximadamente três semanas observando participativamente.

As transcrições passaram por um cuidadoso processo de análise, desenhado para aprofundar a compreensão desses espaços de trabalho, e para evitar interpretações idiossincráticas. Cada entrevista foi resumida e indexada, segundo um plano baseado no quadro conceitual da pesquisa. O mesmo plano de indexação foi aplicado às anotações de campo da observação participante. Para cada um dos dez ambientes, um estudo de caso foi escrito integralmente. Rascunhos de relatórios sobre os espaços estudados foram discutidos com representantes das agências em questão, para corrigir erros, sendo posteriormente lapidados pelo comitê diretor do projeto. Nessas reuniões, comparações entre os diferentes espaços começaram a surgir. Um relatório mais geral dos estudos foi elaborado, e também lapidado com os representantes das agências.

## TEMPOS DE MUDANÇA

Participantes de todos os ambientes de trabalho estudados estavam cientes de que vivemos uma época de mudanças. Os funcionários mais antigos, em especial, apresentavam uma percepção marcada de "antigamente" e "agora" em relação aos padrões de gênero mais gerais da sociedade. Quando eles e elas eram jovens, a situação era aquela que sabemos: as expectativas profissionais das mulheres eram extremamente limitadas, todos os chefes eram homens, o nível educacional era distinto, as mulheres tinham de usar saia para trabalhar e tinham de flertar para conseguir o que queriam. Uma mulher de um escritório central da agência de serviço social lembra, como muitas das suas colegas mais velhas:

> Eu fiz um curso de secretariado, porque não sabia o que queria fazer. Minha mãe disse, "bem, se você souber anotar e digitar você sempre terá emprego"... Eu não pensei que realmente terminaria sendo secretária, fazendo tarefas de secretariado toda minha vida. Mas não conseguia pensar em outra coisa pra fazer.

Agora as mulheres mais jovens podem. As oportunidades de trabalho para as mulheres são vistas como mais diversas, as mulheres são mais livres para se expressar, há mulheres em posições de poder, os homens mais comumente ajudam com as tarefas domésticas, há menos assédio e sexismo às claras. Para muitos de nossos e nossas participantes, a sociedade australiana passou, na última geração, de uma sociedade altamente segregada e hierárquica em relação ao gênero a uma sociedade muito mais integrada e igualitária.

Muitos e muitas participantes descreveram mudanças no setor público que correspondiam a esse quadro mais amplo de mudanças sociais. Observaram que o emprego das mulheres hoje é diverso, que os grupos como o da área de digitação desapareceram, que as mulheres hoje estão presentes em posições gerenciais, que o os códigos de vestimenta são mais flexíveis, e que os "clubes do Bolinha" estão em declínio. Resumindo, muitos espaços de trabalho no setor público da região de Nova Gales do Sul foram desgenerificados. Barreiras ocupacionais antigas foram removidas, e a segregação física de homens e mulheres acabou.

Em alguns casos, essa desgenerificação está claramente ligada a uma mudança no processo de trabalho e na estrutura organizacional. Dois dos ambientes de trabalho estudados faziam parte de uma agência de infraestrutura em que uma forma tradicional de trabalho pesado e sujo feito por homens trabalhadores de colarinho azul[21] havia sido automatizada ao longo da última década. A força de trabalho dessa agência foi drasticamente reduzida. Com um novo processo de trabalho centrado em controle computacional, antigas divisões de trabalho caíram por terra. Uma nova categoria ocupacional de trabalho foi criada, aberta às mulheres tanto quanto aos homens. Ao mesmo tempo, uma hierarquia burocrática repleta de camadas complexas foi simplificada numa estrutura "plana", que não mais baseia a autoridade no tempo de serviço, mas em qualificações profissionais. Ambas as mudanças minaram o poder organizacional de estilos mais antigos de masculinidade que são comuns na engenharia e na indústria pesada (Donaldson, 1991).

Uma mudança quase tão profunda quanto essa ocorreu no trabalho administrativo. Uma vez que todas as agências do setor público têm escritórios, essa mudança foi vivida em

---

21 Expressão que denota funções de trabalho que exigem emprego de força física.

todas as agências participantes e na maior parte dos ambientes específicos de trabalho. O antigo processo de trabalho centrava-se na produção e arquivamento de documentos em papel: cartas, fichas, minutas, e assim por diante. Uma categoria de trabalhadoras, em sua maioria mulheres (digitadoras e secretárias), produzia, arquivava e buscava documentos, sob as instruções de gerentes e profissionais, em sua maioria homens.

O advento dos editores de textos, bancos de dados e e-mails, desde os anos 1970, mudou essa condição. O setor de digitação foi abolido. A secretária e a arquivista praticamente desapareceram (parcialmente substituídas pela "assistente", que em geral é uma pessoa jovem em busca de experiência, em vez de uma mulher numa função para sua vida). Gerentes e profissionais fazem a maior parte de seu trabalho de digitação.

Em um dos ambientes de trabalho estudados, parte de uma agência central, nosso pesquisador realizou uma observação participante numa sala em que um grupo misto de administradores, em estações de trabalho próximas umas das outras, passavam horas, todos os dias, olhando para suas telas de computadores individuais. De certa maneira, essa é uma cena em que os gêneros se misturam. O trabalho, anteriormente entendido como masculino (administrativo), foi combinado com o trabalho, anteriormente compreendido como feminino (secretariado), numa função única.

Mudanças desse tipo colocaram em questão os padrões da masculinidade da classe média. As antigas estruturas hierárquicas exigiam certas qualidades. O "bom burocrata" podia ser definido (para sintetizar pontos de diferentes participantes) como alguém que trabalha duro, é leal à organização, respeita a senioridade, é paciente em relação ao tempo de subir na carreira, e escrupuloso com o processo. Ele deveria estar apto a dar e receber instruções de maneira clara, preocupado com o interesse público, deveria conhecer o campo específico em que seu departamento trabalhasse, e também a cena do setor público como um todo. Estar em um casamento e ter uma esposa que o apoiasse eram mais ou menos pressupostos.

A reforma do serviço público abriu o mundo em que esse modelo de masculinidade burocrática era hegemônico. Nem todos os nossos respondentes se surpreenderam com os resultados. A frase "bom burocrata" veio de um participante que pensa que a mudança no setor público distribuiu papéis de liderança a pessoas que: "Não são do mesmo calibre dos bons burocratas que víamos antigamente".

Há certamente uma mudança nas características esperadas de gerentes, uma mudança que aparece na maioria dos ambientes de trabalho e em todas as agências. Como descrito pelos próprios gerentes, o trabalho, hoje, enfatiza consultas, negociações, conexões [*networking*], circulação de informações, formação de equipes, facilitação e encorajamento dos trabalhos de outros. É menos preso a regras e mais fluido. A paciência e a senioridade são substituídas pela realização de conexões em rede [*networking*] e o planejamento de carreira; a expedição de instruções é substituída pela persuasão e comunicação; e o conhecimento administrativo específico é substituído por habilidades genéricas de gerenciamento. Essa é uma fórmula em que as mulheres se enquadram, alguns e algumas de nossos respondentes acreditam que elas sejam melhores do que os homens em certas partes desse pacote.

No entanto, um processo de trabalho mais fluido pode ser intensificado prontamente, o que é visto em uma gama de ambientes de trabalho investigados no estudo. Gerentes estão sujeitos/as a intensas (embora flutuantes) pressões sobre seu tempo. Frequentemente trabalham até mais tarde, precisam cumprir prazos muito curtos. Portanto, o novo gerenciamento do setor público, mesmo que oficialmente desgenerificado, na prática, acaba muitas vezes sendo uma continuidade do desequilíbrio fortemente genericiado entre trabalho e lar, descrito por Judy Wajcman (1999) no setor privado. A divisão central de gênero mudou levemente: em vez de separar mulheres e homens, agora separa mulheres com filhos, e homens e mulheres sem responsabilidades de cuidado com crianças (ou mulheres que podem repassar a outras e outros tais responsabilidades). Em outros aspectos, o quadro da crescente integração de gênero também precisa ser qualificado. Na agência de infraestrutura mencionada acima, fomos alertados, no que concerne a esse quadro, por participantes, de que não deveríamos exagerar em sua descrição. Apesar das reformas, essa agência ainda emprega majoritariamente homens. Em uma das agências de serviço social, os pesquisadores encontraram um grupo de pessoas que trabalhava em digitação de rotina, inserção de dados e recuperação de dados de uma base. Eram todas mulheres. Esse foi um dos ambientes de trabalho mais fortemente segregados por gênero em todo o estudo. Em ambos os casos, um padrão de segregação de gênero sobreviveu às transformações técnicas do processo de trabalho. Esse é um alerta útil de que não devemos superestimar o impacto direto da "tecnologia" nas mudanças de gênero, um ponto muito bem marcado por Wajcman (2004).

Em outros espaços de trabalho, as mulheres participantes apontaram para a continuidade do sexismo dentro e fora do setor público, e mencionaram homens arrogantes e opressivos ainda operando nas gerências. Além do local de trabalho, para muitas pessoas ativas no setor público, as divisões do trabalho na família mudaram muito pouco. As mulheres ainda realizam o grosso do cuidado com as crianças e as tarefas domésticas, e os homens são consumidores desses serviços.

Resumindo: a mudança nos padrões de gênero é vivida como um fato na vida cotidiana de trabalho em todo o setor público de Nova Gales do Sul, em todos os níveis, do trabalho manual ao trabalho com políticas públicas. Fazem parte dessas mudanças, relativamente disseminadas, a automação do trabalho industrial masculinizado, a transformação do trabalho administrativo, o desaparecimento da "secretária", e a crescente fluidez do trabalho gerencial. Essas mudanças, no entanto, não são uniformes entre os espaços de trabalho. Elas estão muito aquém de uma completa desgenerificação ou igualdade. No nível do trabalho basal realizado nas agências, todas se mostraram, ainda, como instituições generificadas.

## GÊNERO COMO UM PROBLEMA NA VIDA ORGANIZACIONAL – E COMO UM NÃO-PROBLEMA

Ao pensarmos em novos direcionamentos para as políticas de igualdade de gênero, como argumentam Carol Bacchi e Joan Eveline (2010), é importante sabermos de que maneira o gênero se torna reconhecido como um problema a ser resolvido pelas organizações.

Em alguns dos locais estudados, havia problemas organizacionais reconhecidos claramente como questões de gênero. A maior parte deles pode ser classificada em três tipos.

O primeiro tipo diz respeito aos homens, individualmente ou em grupos, que têm dificuldade em aceitar as mudanças de gênero em seus locais de trabalho. Eles tinham, especialmente, dificuldade com a chegada de mulheres a postos diferentes dos tradicionais de apoio. Em outros ambientes de trabalho, ligados à prestação de serviços, houve conflitos consideráveis desse tipo. A gerência baniu a pornografia, incluiu mulheres em ambientes de trabalho totalmente masculinos, baniu o assédio etc. Em algumas unidades dessa agência, ocorreu uma mudança forte em direção a relações de gênero cooperativas. Em outras, houve pouca mudança. Os homens evidentemente viam o trabalho como inadequado para as mulheres, ou as viam como intrusas num espaço masculino. Tinham-nas como criadoras de constrangimento e dificuldade, carentes de habilidades, força ou comprometimento ncessários, e perturbadoras da solidariedade nas unidades de trabalho. Mesmo nas unidades em que mulheres e homens agora são combinados com sucesso como um grupo, alguns homens, individualmente, mantiveram sua oposição.

O segundo tipo diz respeito às mulheres gerentes. Embora o princípio de que mulheres possam ocupar posições de gerência seja hoje incontestável, na prática, a autoridade das mulheres pode ser contestada, desafiada, ignorada ou questionada de muitas formas. Por exemplo, uma gerente mulher, em uma das quatro agências, era tratada com desdém por um colega homem em posição equivalente. Ele diminuía suas propostas em reuniões por suas costas e recusava-se a se comunicar com ela, até que foi obrigado a participar de um processo de mediação. Em outro ambiente de trabalho, um funcionário homem se recusava a aceitar direções de uma supervisora mulher, passando sempre por cima dela para confirmar as instruções com um superior homem. Em um terceiro caso, um espaço de trabalho mais reestruturado numa agência regulatória, as mulheres são hoje proeminentes gerentes-sênior. Entretanto, são vistas por parte da força de trabalho, em especial pelos homens, como tendo sido promovidas rápido demais, e portanto com pouca habilidade e experiência.

A emoção nessas disputas é significativa. É difícil citar exemplos porque pessoas específicas poderiam ser identificadas por eles, mas o tom geral é encontrado na história de um homem sobre outra agência, de fora do estudo:

> Notei que, especialmente as mulheres que chegam a posições seniores, a primeira coisa que elas querem é exercer sua autoridade... Eles tinham colocado uma mulher lá como diretor da

[Unidade], agora ela ficou totalmente selvagem. Ela disse pra ele, sabe, "vai se danar, você é um inútil, eu te carrego nas costas desde que comecei aqui". E daí pra baixo. Com sorte, ela disse isso na frente de outra pessoa... e isso culminou em seis ou oito meses de abuso e *bullying*.

Houve bastantes comentários desse tipo – alguns mais hostis do que esse –, indicando um problema contínuo no estabelecimento da autoridade das mulheres na gerência. Ao mesmo tempo, encontramos uma boa quantidade de situações, às vezes nas mesmas agências, em que as mulheres efetivamente foram aceitas e respeitadas pela força de trabalho que comandavam. Não há uma rejeição uniforme da parte dos homens.

O terceiro tipo de questão diz respeito a participantes, em uma quantidade razoável dos locais estudados, que percebem que eles ou elas e seus ou suas colegas sofreram discriminação de gênero. Essa reclamação é feita por homens tanto quanto por mulheres. Há, no entanto, uma diferença nas reclamações de cada grupo. As mulheres reclamam de assédio e sexismo nas formas mais tradicionais. Alguns exemplos disso são piadas misóginas (atualizadas em relação a um ponto: agora elas vêm por e-mail), apalpações e toques, olhares, comentários sobre sua aparência e seu corpo, e o fato de não serem levadas a sério como colegas de trabalho. Os homens que reclamam de discriminação sentem que estão contra algo novo e até mesmo sinistro. Eles acreditam que suas gerentes são feministas que precisam provar algo contra os homens, que há uma força oculta organizada para coloar mulheres nos melhores cargos, que eles são "vítimas da sororidade", como disse um respondente homem (que se distancia dessas reclamações). Tais reclamações são notavelmente menos específicas do que as reclamações das mulheres, mas sentimentos fortes estão visivelmente envolvidos.

Foi fácil para os pesquisadores identificarem esses problemas de gênero. Mesmo assim, quando perguntados sobre quais problemas de gênero existiam em seus locais de trabalho, a maioria dos participantes, na maioria destes locais, relatou haver poucos ou nenhum.

Em alguns casos, a resposta ia mais adiante e os entrevistados e entrevistadas elogiavam o local de trabalho, pela sensitividade de gênero e pelas relações positivas entre homens e mulheres. Já outros locais foram caracterizados como pacíficos, sem conflitos abertos e sem assédio sexual. Esta parece ser uma descoberta importante. Na maior parte do tempo, na maior parte do setor público, o gênero é visto como um não-problema.

Isso não ocorre porque os participantes não conseguiam "ver" questões de gênero. As mesmas pessoas comentaram sobre problemas de gênero – mas os identificavam em outro lugar. Conflitos de gênero eram vistos como algo do passado, numa história organizacional que agora havia sido superada. Ou eram localizados em outras unidades, agências, ou em outros setores da sociedade. Aqui, por exemplo, uma mulher que trabalha como consultora de políticas públicas, numa agência central, diz:

> Não neste ambiente de trabalho, é óbvio, você só precisa olhar em volta, há tantas mulheres...
> Então não vejo nenhum problema. Me dou bem aqui, é um local muito cooperativo para se trabalhar, as pessoas são bem preparadas para compartilhar conhecimento e experiência, sendo homens ou mulheres. Nunca encontrei nenhum machismo, se posso dizer assim, sabe, de ser deixada de fora. Já vivi isso no passado...
> Quando você trabalha desenvolvendo políticas públicas, o gênero não tem influência, na minha opinião.

Também nos contaram muitos episódios que foram vistos como problemas de gênero, mas não como problemas organizacionais. Por exemplo, comentários sexistas de um homem eram frequentemente discutidos por uma mulher como um problema de um indivíduo preconceituoso. Este é um exemplo de uma agência de infraestrutura:

> Há poucas pessoas aqui, poucos homens aqui, que ainda tem, sabe, um tipo mesmo de "Você está bem, querida?", "Como vai", tapinha na bunda, um tom realmente machista e sexual em tudo que dizem. É um pé no saco. Eles não são gerentes sênior nem nada, só a equipe de trabalho.

Boa parte dos problemas de gênero é tratada, informalmente, como uma questão individual. Nesse local de trabalho, por exemplo, as mulheres expressam autoconfiança em sua habilidade de lidar com o comportamento machista desses homens, agora que o sexismo bruto da antiga cultura de trabalho praticamente se foi. A mulher que acabei de citar seguiu descrevendo como lidou com as críticas de um gerente homem sobre sua participação num programa de desenvolvimento de equipes para mulheres:

> Eu não engolia nenhum lixo quando ele fazia comentários, mandava ele "praquele" lugar – não exatamente daquele jeito, mas, sabem, colocava ele no lugar ele. É engraçado porque, desde então, ele não me disse mais nada.

O fato de a equidade de gênero e a não discriminação serem agora políticas oficiais pode resultar, ironicamente, em falta de disposição para articular problemas de gênero. Um comentário sexista de um homem pode ser julgado por uma mulher como uma questão muito pequena para acionar os mecanismos de combate à discriminação. Quando isso é colocado junto às tendências de diminuir a importância da dimensão de gênero dos problemas, de tratar questões ligadas ao gênero como "escolhas" pessoais (em especial aquelas relativas ao equilíbrio entre trabalho e vida fora do trabalho) e de pisar em ovos nas interações pessoais, podemos obter um quadro de políticas de gênero quase subterrâneas na vida organizacional. De fato, um/a participante atento/a falou sobre o gênero como sendo algo "cada vez mais disfarçado" na vida da agência, apesar de ter efeitos reais.

## A DIREÇÃO DA MUDANÇA – RUMO A UM LOCAL DE TRABALHO NEUTRO EM RELAÇÃO AO GÊNERO

O quadro da mudança mais ampla de gênero é visto por algumas pessoas como indicação de que a agenda de reformas foi bem-sucedida. Um homem de meia-idade resume sua experiência com tais mudanças:

> Eu gostaria de pensar que estamos um pouco mais iluminados agora. Penso que está provado que as mulheres podem fazer praticamente todos os trabalhos que os homens também podem, que não existem indústrias dominadas pelos homens nesse sentido – talvez a construção civil.
>
> Mas penso que, do ponto de vista desta agência e mesmo do local de trabalho hoje, é aceito que temos mulheres [no quadro profissional de funcionários], que elas chegam e fazem um trabalho tão bom quanto o que os homens fazem.

Isso é correto, no sentido de que quase não há ocupações, setores ou níveis organizacionais em que as mulheres estejam inteiramente ausentes. Como nossos estudos mostram, algumas das ocupações mais tipificadas por gênero foram totalmente abolidas, ou abertas a todos os postulantes. Algumas formas de trabalho, anteriormente associadas ao gênero, foram misturadas para formar processos de trabalho integrados em relação ao gênero. Mas para onde está indo essa mudança? Os participantes mais jovens sentem que as coisas já foram diferentes alguma vez, mas têm menos noção das lutas de gênero. Entre as mulheres mais jovens em funções profissionais ou administrativas, há em geral uma sensação de que a igualdade de gênero acabou completamente. Algumas reforçam que nunca viveram discriminação de gênero, negam que haja um "teto de vidro" e constroem seus planos de carreira na expectativa de chegarem ao topo da mesma maneira que os homens.

Isso se relaciona ao tema de "não é uma questão de gênero" na última seção. Uma pessoa participante descreveu como certa tarefa na agência reguladora em que trabalha era realizada de formas diferentes por um grupo exclusivamente masculino e um grupo exclusivamente feminino; e seguiu a descrição, comentando que isso não ocorria "porque eram homens... não era uma questão de gênero" – era apenas uma preferência! Um jovem homem que trabalhava no mesmo local, quando perguntando sobre o estado das relações de gênero ali, respondeu: "Não ligo se uma pessoa é homem ou mulher... [e] se um homem e uma mulher não se gostam, não tem nada a ver com seu sexo, é só uma diferença de personalidade, sabe".

Há algo aqui que ultrapassa o pano de fundo das questões de gênero. Há uma rejeição da possibilidade, em si, de uma discordância de gênero, ou de interesses e práticas divergentes segundo o gênero. Há um elemento evidente de negação do gênero em alguns dos discursos atuais.

A neutralidade de gênero também pode ser vista como um ideal de ética. Esse ponto de vista foi colocado de maneira eloquente por uma mulher em posição sênior em uma agência de

serviço social: "No dia em que o gênero não for mais uma questão, e que as pessoas forem aceitas pelo que são e por quem são, em sua gloriosa individualidade, é onde queremos chegar".
O comum a essas afirmações é a meta implícita de *um local de trabalho neutro em relação ao gênero*. Nas evidências encontradas nesta pesquisa, a ideia de uma neutralidade em relação ao gênero acabou substituindo a ideia de "igualdade de gênero" ou do "avanço das mulheres" como orientação geral para uma reforma de gênero.

A neutralidade de gênero é buscada de muitas maneiras: em práticas de recrutamento que prezem por oportunidades iguais, nas definições dos cargos, na geografia do escritório, no código de vestimenta e mesmo em um estilo comum de fala – focado em tarefas e no profissional. Nos diferentes espaços, um novo estilo de gerenciamento também reforça a neutralidade de gênero. A mudança de um sistema gerencial hierárquico, apegado às regras e obcecado com senioridade, para um modelo empreendedor, que enfatiza a construção de redes [*networking*] e a negociação, quebrou o antigo modelo de masculinidade burocrática, muitas vezes na história mais recente dessas agências.

O novo modelo gerencial é, por sua vez, apoiado pelo crescimento de uma visão mais individualista do mundo. No ponto de vista neoliberal, as diferenças em relação às situações e ações das pessoas são vistas como essencialmente desdobramentos das escolhas que elas fizeram como indivíduos. Assim, diz-se que "não era uma questão de gênero", mas apenas uma preferência. É fácil enxergar como jovens mulheres com alta qualificação profissional em uma agência corporativista podem simplesmente negar que haja qualquer teto de vidro, e nutrir expectativas de trilhar seus próprios caminhos para um futuro totalmente em aberto.

## REFLEXÕES

Os esforços feitos pela geração mais recente para uma reforma que visasse oportunidades iguais tem um importante impacto na vida do setor público. Caminhos foram abertos às mulheres, culturas organizacionais sexistas foram desafiadas e algumas questões sobre homens e masculinidades foram levantadas. Da maneira como veem os e as participantes, essas mudanças foram parte de um reajuste mais amplo nas vidas de homens e mulheres. Contudo, essas mudanças não foram uniformes e tampouco foram suaves. Este estudo providencia evidências abundantes dessa heterogeneidade, e às vezes turbulência, das mudanças de gênero nas estruturas estatais.

Em diversos espaços de trabalho estudados, a transformação de uma antiga divisão do trabalho segundo o gênero e de antigas hierarquias de gênero aconteceram a partir de reestruturações: organizações "horizontais", uma nova engenharia dos processos de trabalho e aglomerações de ocupações. Essas reestruturações não necessariamente transformam as relações de gênero. Ficou claro em alguns dos espaços estudados que as divisões de gênero sobreviveram à cirurgia organizacional. Mas os levantes ocorridos provavelmente tornaram mais fácil de ser levado adiante um programa para uma reforma de gênero se houvesse, também, vontade política.

O novo estilo de administração pública sabe-se inclusivo em relação ao gênero, e valoriza habilidades tradicionalmente vistas como femininas, como as habilidades de comunicar-se, de desenvolver empatia e de oferecer apoio. Trata-se também de um estilo muito mais individualista do que o estilo antigo de se fazer administração pública, estando de acordo com as visões neoliberais sobre a vida organizacional. Dessa perspectiva, a ideia de espaços de trabalho neutros em relação ao gênero oferece uma resolução aceitável para os dilemas em torno da igualdade de gênero.

No entanto, a neutralidade de gênero é difícil de ser atingida na prática – ou então é presumida onde na verdade não existe. Em alguns espaços investigados vimos divisões do trabalho fortemente generificadas e pudemos ver, em relação à divisão das ocupações, fortes divisões de gênero sendo reproduzidas para as próximas gerações. Em outros, encontramos concentrações mais moderadas de homens e mulheres que ainda refletiam a tendência a esse tipo de divisão.

Não se trata de mera questão de apego às tradições; *novas* divisões do trabalho segundo o gênero estão sendo elaboradas. Entre as unidades mais segregadas em relação ao gênero que encontramos estavam locais em que havia uma entrada massiva de informações em bancos de dados, e em que grupos exclusivamente femininos faziam as tarefas de rotina, o trabalho entediante com menos prospecto de promoções. Havia novas tecnologias e novos processos de trabalho, mas em outros aspectos o quadro era muito similar às seções de datilografia do passado.

Por trás de tudo isso está a divisão generificada do trabalho doméstico, que continua intransigente. Seu impacto é profundo nos homens e mulheres que trabalham como servidores públicos, assim como aqueles que estão no setor privado. A divisão doméstica do trabalho mina a neutralidade de gênero da nova administração pública de maneira audaz. A tendência de que o processo de trabalho gerencial se expanda indefinidamente faz com que a capacidade de dedicar tempo ilimitado à organização seja um pré-requisito para tornar-se um gerente eficaz, colocando-se em posição de ser promovido/a. Assim como na administração do setor privado, isso é muito mais facilmente feito por pessoas que têm esposas.

Assim, o engajamento duplo do Estado na mudança de gênero, como meio de direcionar a sociedade, mas também como arena de mudança, ganha foco. A sensação de que "o gênero está em outro lugar", notada anteriormente, é parcialmente produzida a partir de uma agência estatal em que a neutralidade de gênero é assumida, em direção a um mundo social em que a neutralidade de gênero definitivamente não é uma realidade.

Servidores públicos estão constantemente lidando com relações de gênero no mundo exterior. Alguns exemplos são intervenções policiais em disputas domésticas, tribunais industriais reforçando igualdade salarial, escolas lidando com escolhas de currículo e assédio sexual entre alunos e agências de serviço social lidando com a pobreza generificada. Para três a cada dez locais de trabalho investigados, essas questões são centrais, e a maior parte dos demais lida também com questões de gênero em algum nível.

Dessa maneira, problemas de gênero originados fora das paredes das agências públicas tornam-se parte de sua responsabilidade. As relações de gênero encontradas assim são às vezes opressivas, os problemas são complicados, os conflitos são difíceis de se resolver. Assim como no caso da divisão doméstica do trabalho, essas são questões em que a ideia de uma organização neutra em relação ao gênero oferece pouca luz.

Quanto mais a perspectiva neoliberal torna-se dominante, mais difícil é justificar uma medida de igualdade que não consista em aumentar as "escolhas" possíveis. A ideia de um local de trabalho neutro em relação ao gênero é altamente aceitável porque é a única maneira de conciliar o princípio da igualdade de gênero com o quadro geral do pensamento neoliberal. Num espaço de trabalho neutro em relação ao gênero todos são livres para escolher, não como homens ou mulheres, mas como indivíduos. Que haja pessoas sem possibilidade de escolha, ou cujas escolhas foram efetivamente feitas à sua revelia, e que, portanto, precisam de soluções estruturais para um problema de igualdade – essa ideia dificilmente poderá ter algum espaço.

Então uma dificuldade significativa para as políticas de igualdade de gênero é criada justamente pelo padrão atual de administração pública. Ao focar a criação de um espaço de trabalho neutro em relação ao gênero, as políticas de igualdade de gênero efetivamente *reduzem* a capacidade de o Estado contribuir com a igualdade de gênero na sociedade.

Não estamos em um ponto no qual todas as outras possibilidades estão mortas. O trabalho de campo mostrou espaços em que os princípios da igualdade de gênero estão imbricados na cultura organizacional. Esse foi particularmente o caso em que amplos princípios de igualdade acompanharam o comprometimento com uma ideia de serviço público. A crença no *serviço público* como uma base ética do funcionalismo público, e não na performance, é uma das vantagens escondidas mais poderosas do governo moderno. Ela opera, de uma forma ou outra, em muitos espaços aqui estudados, e em alguns deles foi impressionante observar.

Essa ética, no entanto, está em risco na agenda do mercado. A batalha sobre as questões de gênero no setor público não está de maneira alguma terminada. Parece, porém, que há uma grande probabilidade de que ela tome outra forma no futuro, colocando em xeque a própria capacidade diretiva do Estado.

# parte II

# HOMENS E MASCULINIDADES

# 4
# OS **CONTROLADORES** DE ACESSO MUDAM: **HOMENS**, MASCULINIDADES E **IGUALDADE** DE GÊNERO

## INTRODUÇÃO

A igualdade entre homens e mulheres é um princípio legal e internacional desde a Declaração Universal dos Direitos Humanos, de 1948, e tem apoio popular em muitos países. A ideia de que os *homens* possam ter um papel específico em relação a esse princípio apareceu apenas recentemente.

A igualdade de gênero foi inserida na agenda política por mulheres. A razão é óbvia: são as mulheres as preteridas pelos padrões vigentes de desigualdade de gênero; e a elas, portanto, cabe a reivindicação de reparações. Mas os homens estão necessariamente envolvidos. O caminho para uma sociedade com igualdade de gênero envolve uma profunda mudança institucional, além de uma mudança na vida cotidiana e na conduta pessoal, ou seja, esse caminho demanda apoio irrestrito da sociedade.

Ademais, as próprias desigualdades de gênero em relação a bens econômicos, poder político, autoridade cultural, e os meios de coerção que as reformas de gênero pretendem modificar, significam efetivamente que homens (com frequência, grupos específicos de homens) controlam a maior parte dos recursos necessários para implementar as reivindicações de justiça das mulheres. Homens e meninos são, de maneiras significativas, controladores de acesso da igualdade de gênero. Uma pergunta estratégica é: eles estão dispostos a abrir as portas?

Este capítulo delineia a emergência de uma discussão mundial sobre homens e a reforma pela igualdade de gênero, e avalia as perspectivas de estratégias de reforma que envolvem homens. Para isso, temos de examinar como homens e meninos têm sido compreendidos, a política dos "movimentos masculinistas", os interesses divididos, de homens e meninos, em relações de gênero, e o que as pesquisas apontam quanto à cambiante e conflituosa construção social de masculinidades.

Este capítulo constituiu-se a partir da elaboração prática de políticas, além da pesquisa. De 2003 a 2004, estive envolvida nas discussões das Nações Unidas sobre "o papel dos homens e meninos na conquista da igualdade de gênero". Isso culminou em uma reunião em 2004 que gerou o primeiro documento político de nível mundial contemplando essa questão. Discutirei os detalhes mais adiante.

## HOMENS E MASCULINIDADES NA ORDEM MUNDIAL DE GÊNERO

Nos anos 1990, na metrópole global, houve uma onda de preocupação popular quanto aos homens e meninos. O poeta estadunidense Robert Bly publicou o livro *Iron John: A Book about Men* (João de Ferro: Um Livro sobre Homens\*) (1990), que foi um sucesso enorme de vendas e desencadeou uma onda de imitações. O livro de Bly fez sucesso porque ofereceu, em linguagem profética, soluções simples para problemas que, cada vez mais, incomodavam a nossa cultura.

Questões específicas sobre homens e meninos também atraíram a atenção do público nos países ricos. As respostas masculinas ao feminismo e às políticas de igualdade de gênero foram debatidas na Alemanha e na Escandinávia (Metz-Göckel e Müller, 1985; Holter, 2003). Nos países anglófonos, houve entusiasmo pela "nova paternidade" e dúvidas quanto a mudanças reais no envolvimento dos homens com suas famílias (McMahon, 1999). Houve angústia popular quanto ao suposto "fracasso" dos meninos na escola, e muitas propostas para programas especiais para meninos (Frank e Davison, 2007). A violência dos homens contra as mulheres foi assunto de intervenções práticas e discussões prolongadas (Hearn, 1998), e a relação dos homens com a justiça está em debate (Collier, 2010). Além disso, o debate sobre a saúde e a doença masculina sob uma perspectiva de gênero é cada vez mais amplo (Hurrelmann e Kolip, 2002).

Acompanhando esses debates, houve um crescimento formidável de pesquisa sobre as identidades e práticas de gênero dos homens, sobre masculinidades e os processos sociais que as constroem. Periódicos acadêmicos foram criados para a pesquisa especializada, muitas conferências ocorreram e há cada vez mais literatura internacional. Temos agora um conhecimento científico muito mais sofisticado e detalhado das questões sobre homens, masculinidades e gênero do que jamais se teve (Connell, 2005).

Esse conjunto de preocupações é verificado no mundo todo. Discussões sobre violência, patriarcado e maneiras de mudar a conduta dos homens ocorreram em países tão diversos quanto Índia, Alemanha, Canadá e África do Sul. Questões sobre sexualidade masculina e paternidade foram discutidas e pesquisadas em toda a América Latina. Um centro para homens, com uma agenda de reforma, foi estabelecido no Japão, onde ocorreram conferências, e os debates na mídia sobre padrões tradicionais de masculinidade e vida em família continuam (Menzu Senta, 1997). Um "seminário itinerante" discutindo questões sobre homens, masculinidades e igualdade de gênero fez uma turnê na Índia (Roy, 2003). Esforços de pesquisa também se propagaram pelo mundo. Diferentes construções de masculinidade foram registradas por pesquisadores em cada um dos continentes, literalmente.

A primeira síntese global, na forma de um livro-texto, com pesquisas sobre homens e masculinidades em todo o mundo, foi publicado em 2005 (Kimmel, Hearn e Connell, 2005).

A rápida internacionalização dessas discussões reflete o fato – cada vez mais reconhecido no pensamento feminista – de que as próprias relações de gênero têm uma dimensão internacional. Mudanças nas relações de gênero ocorrem em escala mundial, embora nem sempre na mesma direção ou na mesma velocidade.

As dinâmicas da ordem mundial de gênero afetam os homens tão profundamente quanto as mulheres, embora esse fato tenha sido menos discutido. Estudos como o trabalho etnográfico de Matthew Guttman (2002) com comunidades pobres no México mostram em detalhes como as vidas de grupos específicos de homens são moldadas por dinâmicas políticas e econômicas presentes mundialmente.

Diferentes grupos de homens têm diferentes posições nessas dinâmicas. Não existe uma só fórmula para abarcar "os homens e a globalização". Existe, de fato, uma crescente polarização entre os homens em escala mundial. Estudos sobre homens de classes dominantes (Donaldson e Poynting, 2007) mostram uma minoria privilegiada com poder e riqueza impressionantes, enquanto números muito maiores enfrentam pobreza, deslocamento cultural, ruptura de relacionamentos familiares e uma renegociação forçada dos significados da masculinidade.

As masculinidades são padrões socialmente construídos de práticas de gênero. Esses padrões são criados por meio de um processo histórico com dimensões globais. A pesquisa "etnográfica" à moda antiga, que situava os padrões de gênero puramente em contexto local, não condiz com a realidade. A pesquisa histórica, tal como o estudo de Robert Morrell (2001b) sobre as masculinidades dos colonizadores na África do Sul e o estudo de T. Dunbar Moodie (1994) sobre os colonizados, mostram como uma cultura de gênero é criada e transformada numa relação com a economia internacional e com o sistema político do império. Existem muitas razões para pensar que esse princípio também vale para as masculinidades contemporâneas.

## TROCANDO DE TIME: HOMENS E MENINOS EM DISCUSSÕES DE IGUALDADE DE GÊNERO

Nas documentações de políticas de igualdade de gênero tanto nacionais quanto internacionais as mulheres são o tema do discurso. As agências ou reuniões que formulam, implementam ou monitoram políticas de gênero costumam ter nomes que se referem a mulheres. São chamadas: "Departamento de Políticas para Mulheres", "Gabinete para a Igualdade das Mulheres", "Espaço da Mulher" ou "Comissão sobre o Status da Mulher". Esses organismos têm o mandato claro de atuação em prol das mulheres. Eles não têm um mandato igualmente claro de atuar em prol dos homens. Os principais documentos de políticas relacionadas à igualdade de gênero, tais como a Convenção sobre a Eliminação de Todas as Formas de Discriminação contra a Mulher, da ONU, de 1979, frequentemente não apontam os homens como grupo e raramente discutem os homens em termos concretos.

No entanto, os homens estão presentes como pano de fundo em todos esses documentos. Em cada declaração sobre a desvantagem das mulheres há uma comparação implícita com os homens como grupo privilegiado. Nas discussões sobre violência contra mulheres, os homens aparecem ora implicitamente ora explicitamente como agressores. Nas discussões de gênero relacionadas a HIV/Aids, os homens comumente são vistos como o problema, como os agentes de infecção.

Quando os homens estão presentes somente como uma categoria de fundo em um discurso de política sobre mulheres, é difícil levantar questões sobre os interesses, problemas ou a diversidade de homens e meninos. Isso poderia ser feito tanto assumindo uma postura reacionária de afirmação dos "direitos dos homens" quanto se posicionando totalmente fora de um arcabouço de gênero.

A estrutura das políticas de igualdade de gênero, portanto, criou uma oportunidade para políticas antifeministas. Oponentes do feminismo perceberam que questões sobre homens e meninos são um terreno fértil. Isso pode ser visto claramente nos Estados Unidos, onde muitos autores, como Christina Hoff Sommers (2000), em nome de da defesa de homens e meninos, amargamente acusam o feminismo de ser injusto. Essas ideias não estimularam movimentos sociais, com a exceção de um movimento de pequeno porte (embora ativo e, por vezes, violento) de "direitos dos pais" em relação ao divórcio. Os argumentos, no entanto, mostraram-se muito atraentes para a grande mídia neoconservadora, que lhes deu circulação internacional.

Alguns formuladores de políticas tentaram dar conta dessa cisão ao remodelar as políticas de igualdade de gênero como políticas paralelas para homens e mulheres. Alguns formuladores de políticas de saúde na Austrália, por exemplo juntaram um documento sobre "saúde masculina" a um documento sobre "saúde feminina" (Schofield, 2004). De modo semelhante, em alguns sistemas escolares, uma estratégia de "educação de meninos" foi adicionada a uma estratégia de "educação de meninas" (Lindgard, 2003). Esse tipo de atitude reconhece o âmbito mais amplo das questões de gênero. Mas essa abordagem corre o risco de enfraquecer o entendimento de igualdade da política original. Ele se esquece do caráter relacional do gênero e, portanto, tende a redefinir mulheres e homens, ou meninas e meninos, simplesmente como diferentes segmentos de mercado para um serviço qualquer. Ironicamente, o resultado pode ser a promoção de mais segregação de gênero, e não menos.

Por outro lado, trazer os problemas dos homens para dentro de um arcabouço existente de políticas para mulheres pode enfraquecer a autoridade que as mulheres já conquistaram nessa área da política. No campo de gênero e desenvolvimento, por exemplo, alguns especialistas argumentam que "incluir os homens" – dado o contexto mais amplo em que os homens ainda têm o maior controle da autoridade institucional e de bens – pode minar, ao invés de ajudar, o esforço em prol da igualdade de gênero (White, 2000).

O papel dos homens e meninos em relação à igualdade de gênero surgiu como uma questão em discussões internacionais na década de 1990 (Valdés e Olavarría, 1998; Breines, Connel e Eide, 2000). A mudança se tornou visível na Quarta Conferência Mundial sobre a Mulher, sediada em Pequim, em 1995. O Parágrafo 25 da Declaração de Pequim[22] comprometeu os governos participantes a "Encorajar os homens a participarem plenamente de todos os atos favoráveis à igualdade". A detalhada Plataforma de Ação que acompanhou a Declaração destacou

---

22   Disponível em português no site ONU Mulheres: <http://www.onumulheres.org.br/pequim20/>

e reafirmou o princípio de poder e responsabilidade compartilhados entre homens e mulheres, e argumentou que as questões das mulheres somente poderiam ser enfrentadas "em associação com os homens" para alcançar a igualdade de gênero (pp. 1, 3). A Plataforma de Ação ainda especifica áreas em que a atuação de homens e meninos é necessária e possível: educação, socialização de crianças, cuidado de crianças e trabalho doméstico, saúde sexual, violência de gênero e o equilíbrio entre responsabilidades de trabalho e de família (pp. 40, 72, 83b, 107c, 108e, 120, 179).

Os governos participantes seguiram uma abordagem parecida na 23ª sessão especial da Assembleia Geral da ONU, no ano 2000, que tinha o objetivo de revisar a situação cinco anos após a tão dividida conferência de Pequim. A Declaração Política dessa sessão afirmou ainda mais fortemente a responsabilidade dos homens: "[Os Estados-membros das Nações Unidas] enfatizam que os homens devem se envolver e assumir responsabilidade conjunta com as mulheres para a promoção da igualdade de gênero" (p. 6). Continuou sendo o caso de os homens ficarem às margens de um discurso político pertinente às mulheres. A iniciativa de 2003-2004 foi uma tentativa de mudar essa situação, de focar o papel dos homens nas políticas de igualdade de gênero.

## INTERESSES DIVIDIDOS: APOIO E RESISTÊNCIA

Há algo de surpreendente na problematização mundial de homens e masculinidades porque, de várias formas, a posição dos homens não mudou muito. Os homens continuam sendo a grande maioria dos executivos, profissionais de alto escalão e ocupantes de altos cargos políticos. Em todo o mundo, os homens ocupam nove em cada dez cargos de gabinete em governos nacionais, quase a mesma proporção de cadeiras no congresso e a maioria dos empregos de alto escalão em agências internacionais. Os homens, coletivamente, recebem aproximadamente o correspondente a duas vezes o salário das mulheres e também se beneficiam do trabalho não remunerado das mulheres, sem falar do apoio emocional.

O Programa de Desenvolvimento das Nações Unidas agora incorpora regularmente uma seleção dessas estatísticas em seu relatório anual sobre desenvolvimento humano no mundo, dentro de um "índice de desenvolvimento relacionado a gênero" e um "indicador de empoderamento de gênero". Isso produz um resultado dramático, uma espécie de "tabela de campeonato" de países ordenados quanto a igualdade de gênero, o que mostra que a maioria dos países do mundo está longe de ser igualitário em relação a gênero. Fica claro que, globalmente, os homens têm muito a perder ao lutar pela igualdade de gênero porque os homens, coletivamente, continuam a coletar dividendos patriarcais.

Mas essa maneira de retratar a desigualdade pode ocultar tanto quanto revela. Existem múltiplas dimensões nas relações de gênero, e os padrões de desigualdade nessas dimensões podem ser diferentes. Se olharmos separadamente para cada uma das subestruturas de gênero, encontraremos um padrão de vantagens para homens, mas também um padrão vinculado de desvantagens ou de toxicidade[23] (Connell, 2003c).

Em relação à divisão do trabalho entre gêneros, por exemplo, os homens recebem a maior parte da renda na economia monetária e ocupam a maioria dos cargos gerenciais. Mas os

---

23  A autora utiliza o termo "toxicidade" em trabalhos anteriores, como o que cita, para referir-se à noção de que os padrões de gênero também são nocivos, de alguma maneira, aos homens – ainda que eles sigam coletando os "dividendos patriarcais" e que disponham de privilégios sociais quanto a seu gênero.

homens também são a força de trabalho predominante na maioria das profissões de alto risco, sofrem a maioria dos acidentes industriais, pagam a maior parte dos impostos e sofrem maior pressão social para permanecer empregados. No domínio do poder, os homens controlam coletivamente as instituições de coerção e os meios de violência. Mas os homens também são os principais alvos da violência militar e dos ataques criminosos, e muitos mais homen do que mulheres são presos ou executados.

Seria possível tentar fazer uma planilha para entabular custos e benefícios da ordem de gênero atual para os homens. Mas isso seria enganoso. As desvantagens são, de modo geral, as *condições* das vantagens. Por exemplo, os homens não podem ter poder político sem que alguns tornem-se agentes de violência. Os homens não podem se beneficiar do trabalho doméstico e dos cuidados das mulheres sem que muitos homens percam um sentimento de ligação com os filhos pequenos.

Igualmente importante é que os homens que mais se beneficiam não são os mesmos que pagam pela maioria dos custos desses benefícios. Como se dizia antigamente: os generais morrem na cama[24]. Em uma escala global, os homens que se beneficiam de riquezas corporativas, segurança física e planos de saúde caros são um grupo muito diferente do que os homens que lavram os campos e cavam as minas dos países em desenvolvimento. Classe, raça, diferenças nacionais, regionais e geracionais atravessam a categoria "homem", distribuindo os

---

24 A frase *Generals die in bed* (Os generais morrem na cama\*) ficou conhecida em todo o mundo anglófono ao se tornar título de um best-seller de 1930, escrito pelo canadense Charles Yale Harrison. O romance conta o cotidiano e os horrores das trincheiras na Primeira Guerra Mundial a partir do ponto de vista dos soldados, e foi baseado na experiência do autor quando jovem.

ganhos e custos das relações de gênero de maneira muito desigual entre os homens. Não é de se surpreender que homens reajam de maneiras muito diferentes entre si às políticas de igualdade de gênero.

Há, inclusive, um histórico considerável de apoio à igualdade de gênero entre homens. Intelectuais do século XIX, desde Said Ahman Khan na Índia até John Stuart Mill na Grã-Bretanha, defenderam a educação e a emancipação da mulher. Muitas das vitórias históricas dos movimentos de mulheres foram conquistadas junto com homens que detinham autoridade organizacional ou política à época. Por exemplo, a introdução de medidas de Oportunidades Iguais de Emprego, na região australiana de Nova Gales do Sul, ocorreu com o forte apoio do *premier* e do presidente de um inquérito para reforma do setor público, ambos homens (Eisenstein, 1996).

Os exemplos de maior destaque de ativismo organizado pró-igualdade entre homens têm a ver com violência de gênero. A Campanha do Laço Branco [*White Ribbon*], focada na educação de um público composto de homens e meninos, começou no Canadá, mas tornou-se internacional[25]. Desde os anos 1990, existem grandes pesquisas e campanhas de ação sobre a questão da violência. Professores homens em sistemas educacionais de diferentes países também têm se envolvido ativamente com a criação de programas educativos para meninos e jovens com o objetivo de apoiar a igualdade de gênero.

E quanto ao estado da opinião geral? Pesquisas na Europa não demonstraram consenso entre homens contra ou a favor da igualdade. Por vezes, um padrão de terços aparece, segundo o qual cerca de um terço dos homens apoia mudanças em

---

25 Um texto explicativo sobre a Campanha do Laço Branco, suas origens e sua chegada ao Brasil encontra-se em <http://blogueirasfeministas. com/2011/12/um-laco-branco-pela-nao-violencia-a-mulher/>.

direção à igualdade, um terço é contra e um terço está indeciso ou no meio-termo (Holter, 1997; 131-4). Não obstante, dados de pesquisa dos Estados Unidos, da Alemanha e do Japão mostram uma tendência, em longo prazo, de aumento no apoio à igualdade de gênero, principalmente entre a geração mais jovem (Möhwald, 2002).

Também há provas significativas da *resistência* dos homens e meninos a mudanças nas relações de gênero. O levantamento da pesquisa revela níveis substanciais de dúvida e oposição, principalmente entre homens mais velhos. Pesquisas em locais de trabalho e administrações corporativas registraram muitos casos em que homens mantêm uma cultura organizacional fortemente masculinizada e hostil às mulheres. Em muitos casos, há oposição ativa a medidas de igualdade de gênero ou sabotagem silenciosa (Collinson e Hearn, 1996). Pesquisas em escolas também descobriram casos em que meninos exercem o controle da vida social informal e são hostis com meninas e com meninos que são vistos como diferentes (Holland, Ramazanoglu, Sharpe e Thomson, 1998).

Alguns homens aceitam mudanças como princípios, mas na prática ainda têm comportamentos que sustentam desigualdades de gênero. Em sociedades com forte segregação de gênero pode ser difícil para os homens reconhecer alternativas ou entender as experiências das mulheres (Kandiyoti, 1994; Fuller, 2001; Meuser, 2003). Empresários e homens no governo, por sua vez, comumente rejeitam medidas de igualdade entre gêneros porque rejeitam qualquer ação do governo que apoie a igualdade, por serem a favor de uma suposta ação desimpedida do mercado.

As razões por trás da resistência dos homens incluem o dividendo patriarcal mencionado anteriormente e as ameaças à identidade que ocorrem junto com as mudanças. Se as definições sociais de masculinidade enfatizam o *status* de provedor e de ser "forte", os homens acabam por se ofender com o progresso profissional das mulheres porque faz que eles pareçam menos dignos de respeito.

A resistência também pode significar a defesa ideológica da supremacia masculina. Pesquisas sobre violência doméstica sugerem que a maioria dos agressores tem posturas muito conservadoras quanto ao papel da mulher na família (Ptacek, 1988). Em muitos lugares no mundo, existem ideologias que justificam a supremacia masculina com base em religião, biologia, tradições culturais ou missão organizacional (por exemplo, nas forças militares). É um erro ver essas ideias simplesmente como "tradicionais" e, portanto, ultrapassadas. Elas podem ter sido ativamente modernizadas e renovadas.

## MOTIVOS PARA TER OTIMISMO

As discussões públicas sobre homens e meninos são, muitas vezes, inconclusivas. Mas elas já avançaram muito, junto a pesquisas, para desmantelar uma crença muito propagada que impediu o avanço de uma reforma de gênero. Essa crença é a de que os homens não *conseguem* mudar, de que são "assim mesmo", de que estupro, machismo, brutalidade e egoísmo são características naturais dos homens.

Agora temos acesso a muitos exemplos documentados da diversidade de masculinidades e da capacidade que homens e meninos têm de sustentar a igualdade. Por exemplo, pesquisas de histórias de vida[26], no Chile, demonstraram que não há uma masculinidade chilena unitária. Ainda que haja um modelo hegemônico amplamente difundido pelos estratos

---

26 "História de vida" é uma metodologia específica de pesquisa bastante utilizada nas áreas de ciências sociais e história. Ver Connell, 2010.

sociais, existem muitos homens que desviam dele, e há um descontentamento significativo com os papéis tradicionais (Valdés e Olavarría, 1998).

Embora meninos nas escolas tenham um padrão dominante ou hegemônico de masculinidade, existem também outros padrões presentes, alguns dos quais envolvem relações mais igualitárias e respeitosas com as meninas. Há uma pesquisa muito interessante na Grã-Bretanha, por exemplo, que mostra como meninos descobrem e exploram modelos alternativos de masculinidade na medida em que crescem (Mac e Ghaill, 1994; O'Donnell e Sharpe, 2000).

Pesquisas em educação e psicologia demonstram a existência de flexibilidade pessoal face aos estereótipos de gênero. Homens e meninos podem usar estrategicamente definições convencionais de masculinidade, em vez de serem rigidamente dominados por elas. É até mesmo possível ensinar meninos (e meninas) na escola a fazer isso, conforme demonstram experiências em salas de aula na Austrália (Davies, 1993; Wetherell e Edley, 1999).

Talvez a mais extensa ação social envolvendo homens e mudança de papéis de gênero seja que ocorreu na Escandinávia. Ela incluiu determinações de licença-paternidade que foram amplamente adotadas, o que está entre as mais dramáticas das demonstrações de disponibilidade dos homens para mudar práticas de gênero. Øystein Holter resume a pesquisa e a experiência prática em uma importante declaração:

> A "experiência" nórdica mostrou que a *maioria* dos homens consegue mudar suas práticas quando as circunstâncias são favoráveis... Quando reformas ou políticas complementares são bem feitas e direcionadas a um processo de mudança em andamento, o apoio ativo dos homens a um *status* de igualdade de gênero aumenta. (Holter, 2003: 126)

Muitos grupos de homens, isso é claro, têm as ferramentas para a igualdade e as mudanças nos papéis de gênero. Mas quais são as razões para essa mudança que os homens provavelmente serão capazes de enxergar? Declarações iniciais frequentemente assumiam que os homens têm o mesmo interesse que as mulheres em escapar de papéis restritivos quanto ao sexo (p. ex. Palme, 1972). As experiências subsequentes não confirmaram essa visão. No entanto, homens e meninos muitas vezes têm razões substanciais para apoiar as mudanças.

Primeiramente, homens não são indivíduos isolados. Homens e meninos vivem em relacionamentos sociais, muitos com mulheres e meninas: esposas, parceiras, mães, tias, filhas, sobrinhas, amigas, colegas de classe, colegas de trabalho, colegas profissionais, vizinhas e por aí vai. A qualidade da vida de cada homem depende, em grande medida, da qualidade desses relacionamentos. Podemos, assim, falar de *interesses relacionais* dos homens na igualdade de gênero.

Por exemplo, uma grande parte dos homens é pai, e mais ou menos metade de seus filhos é menina. Alguns homens são pais solteiros e tornam-se muito envolvidos em sua criação – uma prova importante da capacidade deles de cuidar (Risman, 1986). Mesmo em parcerias intactas com mulheres, muitos homens têm relacionamentos próximos com seus filhos, e pesquisas psicológicas demonstram a importância desses relacionamentos (Kindler, 2002). Em muitos lugares do mundo, homens jovens estão explorando modelos mais envolvidos de paternidade (Olavarría, 2001). Para garantir que suas filhas cresçam em um mundo que oferece a jovens mulheres segurança, liberdade e oportunidades para a realização de seus talentos, essa é uma razão poderosa para que os homens apoiem a igualdade de gênero.

Em segundo lugar, os homens podem querer evitar os efeitos tóxicos da ordem de gênero sobre eles. James Harrison (1978) há muito tempo publicou um "Aviso: O papel do sexo masculino pode danificar sua saúde". Desde então, pesquisas em saúde registraram problemas específicos de homens e meninos. Entre eles, a morte prematura por acidente, homicídio e suicídio; acidentes ocupacionais; níveis mais altos de abuso de drogas, principalmente álcool e tabaco; em alguns países, a relativa resistência dos homens de procurar assistência médica quando necessária. Tentativas de afirmar uma masculinidade robusta e dominante sustentam alguns desses costumes tóxicos (Hurrelmann e Kolip, 2002).

As pressões sociais e econômicas sobre os homens para competir no ambiente de trabalho, para aumentar suas horas de trabalho pago, e às vezes para assumir um segundo emprego estão entre as mais fortes barreiras à reforma de gênero. O desejo de um melhor equilíbrio entre trabalho e vida é comum entre homens trabalhadores. Por outro lado, onde há altos índices de desemprego, a falta de um trabalho remunerado pode exercer uma pressão deletéria sobre homens que cresceram com a expectativa de se tornarem provedores. Essa, por exemplo, é uma questão de gênero importante na África do Sul pós-*apartheid*. A abertura de caminhos econômicos alternativos e um movimento em direção ao que discussões alemãs chamaram de "masculinidades multiopcionais" podem ajudar muito a aumentar o bem-estar dos homens (Widersprüche, 1998; Morrell, 2001a).

Em terceiro, homens podem apoiar mudanças nos papéis de gênero porque são capazes de ver sua relevância ao bem-estar da comunidade em que vivem. Em situações de pobreza generalizada e escassez de emprego, por exemplo, em cidades de países em desenvolvimento, a flexibilidade na divisão do trabalho entre os gêneros pode ser crucial para a subsistência de um lar. O filme recente de Rahul Roy, *City Beautiful*, oferece um exemplo notável desse dilema para as famílias de classe trabalhadora na Índia.

A redução da rigidez das masculinidades também pode trazer benefícios para a segurança. As relações de gênero são, como argumenta Cynthia Cockburn (2010), casualmente relacionadas à militarização e à guerra. Homens, assim como mulheres, estão interessados na manutenção da paz.

Finalmente, os homens podem apoiar a reforma dos papéis de gênero porque a igualdade de gênero decorre de seus princípios políticos ou éticos. Eles podem ser religiosos, socialistas ou ter crenças democráticas de maneira ampla. J. S. Mill baseou sua defesa da igualdade de gênero nos princípios liberais clássicos; Ali Shariati apoiou-se nos princípios do Corão. A ideia de direitos humanos iguais ainda tem credibilidade entre grandes grupos de homens.

## MOTIVOS PARA O PESSIMISMO

A diversidade entre homens e masculinidades reflete-se na diversidade dos movimentos de homens. Um estudo nos Estados Unidos descobriu múltiplos movimentos com agendas diferentes para a reformulação da masculinidade, operando nos terrenos de igualdade de gênero, direitos dos homens e identidades étnicas ou religiosas (Messner, 1997). Não há uma posição política unificada para os homens e nenhuma representação oficial dos interesses dos homens.

A experiência mais abrangente entre qualquer grupo organizado de homens quanto a questões de gênero e políticas sexuais é a dos homens homossexuais – em campanhas contra a discriminação, no movimento de liberação gay [*gay liberation*], e nas reações da comunidade à pandemia de HIV/Aids. Homens gays foram pioneiros em áreas como a assistência comunitária aos doentes, a educação comunitária para práticas sexuais responsáveis, representação no setor público e superação da exclusão social (Kippax et al., 1993; Altman, 1994). Embora a tolerância tenha aumentado, homens homossexuais muitas vezes enfrentam resistência, e algumas vezes violência séria por parte de outros homens. Movimentos explicitamente reacionários existem, mas não exercem, geralmente, muita influência. Homens se mobilizando enquanto homens para lutar contra mulheres tendem a ser vistos como doentios ou fanáticos. Muito mais relevantes para a defesa das desigualdades de gênero são os movimentos e as instituições em que os interesses dos homens são indiretamente promovidos – entre eles as igrejas, organizações étnicas, partidos conservadores e movimentos nacionalistas.

Um caso particularmente importante de política de gênero indireta é o neoliberalismo, a ideologia econômica dominante hoje em dia. O neoliberalismo é, em princípio, neutro em relação a gênero. O "indivíduo" não tem gênero e o mercado oferece vantagens ao empreendedor mais esperto, não a homens ou mulheres em si. Mas o neoliberalismo não luta pela justiça social em relação a gênero. Na Europa Oriental, a restauração do capitalismo e a chegada da política neoliberal foram acompanhadas de uma aguda deterioração da posição das mulheres. Em países ocidentais ricos, o neoliberalismo dos anos 1980 adiante atacou o Estado assistencialista, do qual muito mais mulheres do que homens dependem; apoiou a desregulação dos mercados de trabalho, resultando na crescente casualização de trabalhadoras mulheres; diminuiu os empregos no setor público, o setor da economia em que mulheres predominam; diminuiu as taxas de tributação individual, a principal fonte de transferência de verba a mulheres por meio de impostos; e arrochou a educação pública, o caminho principal das mulheres rumo ao mercado de trabalho. No entanto, no mesmo período, houve uma expansão da agenda de direitos humanos, o que é, no geral, uma vantagem para a igualdade de gênero.

O neoliberalismo pode funcionar como um tipo de política de masculinidade em grande medida por causa do papel poderoso do Estado na ordem de gênero. O Estado constitui relações de gênero de muitas maneiras, e todas as suas políticas de gênero afetam homens. Muitas políticas convencionais (por exemplo, questões de segurança e de economia) lidam substancialmente com homens ou servem aos interesses dos homens, sem que esse fato seja reconhecido (Bezanson e Luxton, 2006).

Isso aponta para uma esfera da política institucional em que os interesses de homens e mulheres estão fortemente em jogo, sem a publicidade criada pelos movimentos sociais. Agências do setor público (Schofield e Goodwin, 2005), empresas do setor privado (Connell, 2010) e sindicatos (Franzway, 2001) são todos locais de poder masculinizado e de disputa em relação à igualdade de gênero. Em cada um desses locais, alguns homens podem até se comprometer com a igualdade de gênero, mas em todo caso, será uma postura aguerrida. Para que a igualdade de gênero aconteça, é importante que se tenha o apoio de homens em altos escalões organizacionais, mas isso é raramente alcançado.

Uma razão para a dificuldade em aumentar a oposição de homens ao machismo é o papel de homens muito conservadores como autoridades culturais e administradores. Grandes organizações religiosas no Cristianismo, no Islã e no Budismo são controladas por homens que, por vezes, excluem as mulheres completamente. A Igreja Católica, por exemplo, se recusa veementemente a aceitar mulheres como sacerdotes, e o Papa recentemente denunciou o próprio conceito de "gênero". Organizações midiáticas transnacionais tais como o império de Murdoch (dono dos canais e do grupo Fox) também ativamente promovem ideologias conservadoras de gênero.

Os interesses de homens e mulheres também são centrais no crescente complexo de esportes comerciais. Com seu foco esmagador nos atletas homens; sua celebração da força, da dominação e do sucesso competitivo; sua valorização de comentaristas e executivos homens; e a frequente marginalização das mulheres, o complexo esportes/negócios se tornou um local cada vez mais importante para a representação e a definição de gênero. Isso nem se trata de patriarcado tradicional. Isso é novidade, a associação de corpos exemplares à cultura empreendedora. Michael Messner (2002), um dos principais sociólogos do esporte, formula bem o efeito ao dizer que os esportes comerciais definem a renovada centralidade do homem e uma versão particular da masculinidade.

Em uma escala mundial, movimentos reacionários explícitos têm importância limitada. Não obstante, um grande número de homens, está envolvido com a preservação da desigualdade de gênero. O patriarcado é defendido de maneira difusa. Existe o apoio às mudanças vindo de um número igualmente grande de homens, mas a articulação desse apoio é uma luta árdua. Esse é o contexto político com o qual as novas iniciativas em prol da igualdade de gênero têm de lidar.

## RUMOS A SEGUIR: UM CONTEXTO GLOBAL

Convidar os homens a erradicar os privilégios dos homens e reformular masculinidades para sustentar a igualdade de gênero parece, para muitos, um projeto estranho ou utópico. No entanto, esse projeto já está em curso. Muitos homens em todo o mundo estão empenhados em reformas de gênero, pelas boas razões discutidas anteriormente.

A diversidade das masculinidades complica o processo, mas também é um dado importante. Na medida em que essa diversidade se torna mais conhecida, homens e meninos podem enxergar mais facilmente uma gama de possibilidades para suas próprias vidas, enquanto homens e mulheres cada vez menos vêem a desigualdade de gênero como imutável. Também passou a ser possível identificar grupos específicos de homens que poderiam se juntar às alianças em prol da mudança.

Políticas públicas para a igualdade de gênero se apoiam na ideia de uma aliança entre homens e mulheres. Alguns grupos dentro do movimento feminista, principalmente aqueles cujas lutas dizem respeito à violência perpetrada por homens, têm reservas quanto a trabalhar com homens ou nutrem um ceticismo profundo quanto à disposição dos homens em mudar. Outras feministas argumentam que alianças entre mulheres e homens são possíveis, e até mesmo cruciais nesse processo. Em alguns movimentos sociais, por exemplo, o ambientalismo, há uma ideologia forte de igualdade de gênero e um ambiente favorável para que homens apoiem mudanças nos papéis de gênero (Connell, 2005; Segal, 1997).

Nos governos locais e centrais, alianças práticas entre mulheres e homens foram importantes para alcançar reformas como regras de contratação sem discriminação de gênero. Mesmo ao lidar com a violência dos homens contra mulheres, houve cooperação entre grupos de mulheres e grupos de homens, por exemplo, no trabalho de prevenção. Essa cooperação pode ser uma inspiração para trabalhadores de base e uma poderosa demonstração do interesse comum de homens e mulheres em uma sociedade pacífica e igualitária (Pearse, 1997). O conceito de aliança é importante em si para a preservação da autonomia dos grupos de mulheres, para eliminar a tendência de que um grupo fale pelos demais e para definir um papel político para os homens que tenha alguma dignidade e possa atrair apoio generalizado.

Dado o espectro das políticas masculinas, não temos como esperar que haja consenso quanto à igualdade de gênero. O possível é que o apoio à igualdade de gênero se torne hegemônico entre os homens. Nesse caso, grupos que apoiam a igualdade seriam os proponentes de uma agenda de debate público sobre as vidas dos homens e os modelos de masculinidade.

Já ocorre uma grande mudança cultural em direção a uma consciência histórica de gênero, um reconhecimento de que costumes de gênero passaram a existir em momentos específicos e que sempre podem ser transformados por meio de ação social. O que se necessita agora é de um senso generalizado de agência entre homens, um entendimento de que essa transformação é algo de que eles podem fazer parte como proposição prática.

Desse ponto-de-vista, a reunião de 2004 da Comissão sobre a Situação das Mulheres (Commission on the Status of Women – CSW) da ONU foi profundamente interessante. A CSW é uma das agências da ONU mais antigas, datando dos anos 1940. Efetivamente um comitê permanente da Assembleia Geral, ele se reúne anualmente, e sua prática tem sido considerar dois temas principais em cada reunião. Para a reunião de 2004, um dos temas definidos foi "o papel de homens e meninos na conquista da igualdade de gênero". A seção do secretariado da ONU que apoia a CSW, a Divisão para o Avanço das Mulheres, assumiu o trabalho de base. A Divisão ofereceu, em junho e julho de 2003, um seminário online para o mundo todo sobre o papel dos homens e meninos, e, em outubro de 2003, organizou a reunião um grupo especialista no assunto em Brasília (DF).

Nas reuniões principais da CSW, o trabalho de base feito pela Divisão é apresentado e as delegações dos 45 países-membros atuais, as agências da ONU e muitas das organizações não governamentais participantes fazem declarações de abertura. A agenda de eventos paralelos é lotada, a maioria organizada por ONGs, porém alguns por delegações ou agências da ONU. E há um processo diplomático em que as delegações oficiais negociam o rascunho de um documento à luz das discussões da CSW e do posicionamento de seus governos quanto a questões de gênero.

Esse é um processo necessariamente politizado, e que pode vir abaixo. Em 2003, o debate da CSW sobre a questão da violência contra a mulher chegou a um impasse. Em 2004, ficou claro que parte das ONGs participantes não estavam satisfeitas com o foco nos homens e meninos, algumas delas se atendo ao discurso sobre homens exclusivamente como perpetradores de violência. Durante as duas semanas de negociação, no entanto, as delegações conseguiram chegar a um consenso quanto à declaração política, conhecida como "Conclusões Acordadas".

Reafirmando o compromisso com a igualdade das mulheres e reconhecendo o potencial de ação dos homens e meninos, esse documento faz recomendações específicas passando por áreas de políticas diversas tais como educação, criação de filhos, mídia, mercado de trabalho, sexualidade, violência e prevenção de conflitos. Essas propostas não têm força alguma no direito internacional – o documento é essencialmente um conjunto de recomendações para governos e outras organizações. Não obstante, ele foi o primeiro acordo internacional desse tipo, que trata os homens sistematicamente como agentes nos processos de igualdade de gênero. Ele criou uma referência para futuras discussões sobre igualdade de gênero, apresentando a igualdade de gênero como um projeto positivo para os homens.

Um relato dessas discussões, e exemplos de projetos de ação em todo o mundo estão, agora, disponíveis em um documento amplamente distribuído chamado *The role of men and boys in achieving gender equality* (O papel de homens e meninos na busca da igualdade de gênero) (Division for the Advancement of Women, 2008). O processo das Nações Unidas conecta-se com as possibilidades sociais e culturais que emergiram das três últimas décadas de políticas de gênero entre os homens. A igualdade de gênero é um empreendimento para homens que pode ser criativo e alegre. É um projeto que compreende altos princípios de justiça social, resulta em uma vida melhor para as mulheres por quem esses homens nutrem afeto, e resultará em uma vida melhor para a maioria dos homens em longo prazo. Esse pode e deve ser um projeto que gera energia, que encontra expressão na vida cotidiana e nas artes assim como na política formal, e que pode iluminar todos os aspectos da vida dos homens.

# 5:
# A MÁQUINA POR DENTRO DAS TORRES DE VIDRO: MASCULINIDADES E O CAPITAL FINANCEIRO

O conhecimento das masculinidades no mundo corporativo é um problema central para a pesquisa sobre gênero contemporânea; e sem dúvida para entender a sociedade global como um todo. A emergência de uma abordagem das ciências humanas e sociais para as masculinidades (Connell, 2005) e de uma teoria feminista das organizações (Acker, 1990; Martin, 2006) tornou possível uma abordagem adequada.

Um *corpus* crescente de pesquisa contempla a situação dos homens e da construção das masculinidades em organizações e especificamente em posições administrativas (Collinson e Hearn, 1996; Connell, 2008). Esse tipo de pesquisa usa principalmente entrevistas e métodos etnográficos para descrever situações locais. Embora a maior parte dos estudos venha da metrópole global (Europa ocidental e América do Norte), essas pesquisas também vêm de outras partes do mundo. Um exemplo notável é a pesquisa sobre o crescimento, a exportação e a fragmentação do modelo de "homem assalariado" [*salaryman*] na masculinidade japonesa (Taga, 2005). Está claro que as masculinidades executivas estão inseridas nas rotinas da vida cotidiana organizacional, no trabalho de administração e nas ideologias do mundo corporativo. Também fica claro que as masculinidades executivas não são fixas, mas estão sujeitas a mudanças – com as circunstâncias econômicas, com as mudanças nas tecnologias, e em resposta aos desafios colocados pelas mulheres.

A mudança mais dramática recente no contexto é a internacionalização da vida econômica, comumente chamada de "globalização". Há ampla literatura e uma grande quantidade de confusão conceitual quanto a essa ideia (Connell, 2007c). A relação entre processos de globalização e a ordem de gênero tem sido tema de discussões na teoria feminista desde o clássico de Mies, *Patriarchy and Accumulation on a World Scale* (Patriarcado e acumulação em escala mundial) (1986). Uma linha de pensamento central nessa área – em contraste com ambas as teorias econômicas, ortodoxa e marxista – é aquela segundo a qual a globalização é um fenômeno inerentemente generificado (Chow, 2003; Acker, 2004). Desta forma, entender as masculinidades executivas se torna muito importante, pois a conduta generificada dos detentores do poder econômico tem consequências em grande escala. E, como instituições financeiras foram centrais nos estágios mais recentes da globalização (Duménil e Lévy, 2004), a compreensão das masculinidades executivas no setor financeiro é estratégica.

Administradores de alto escalão são pouco acessíveis aos pesquisadores e pesquisadoras. Algumas das pesquisas mais relevantes lançam mão de métodos indiretos, estudando as representações de executivos na mídia (Hooper, 2000) ou publicações já prontas (Donaldson e Poynting, 2007). Contudo, os executivos de empresas transnacionais podem ser entrevistados, especialmente aqueles em postos mais baixos (Wajcman, 1999; Connel e Wood, 2005). O estudo aqui apresentado concentra-se nos executivos de nível intermediário, da geração da qual sairá o *próximo* grupo de líderes globais. Ele é parte de um programa cooperativo que envolve pesquisas na Austrália, no Chile, no Japão e na África do Sul (Olavarría, 2009; Taga et al, 2011).

## MÉTODO

Entrevistas gravadas de história de vida foram realizadas com administradores de uma gama de indústrias em duas cidades australianas entre maio de 2006 e julho de 2007. Oito entrevistas envolveram executivos da indústria financeira e compõem o assunto deste capítulo. A faixa etária deles vai de 30 a 40 e poucos anos. Dois deles alcançaram o cargo de presidentes de empresas subsidiárias (CEO, *chief executive officer*, uma expressão estadunidense que substituiu a noção de "*general manager*" ou "gerente geral" na Austrália), e os outros ocupam cargos administrativos menores.

As entrevistas foram totalmente transcritas, e estudos de caso foram feitos para cada participante em separado. A pesquisa aplica um método de análise de casos a que chamo de história de vida teorizada (Connell, 2005). Faz-se uma tentativa de entender cada história de vida, usando uma grade derivada da teoria de gênero, *antes* de uma síntese em nível de grupo. Generalizações sobre esse grupo e seu mundo organizacional são, portanto, baseadas em um conjunto de casos analisados em detalhe, interpretados no contexto de um conjunto maior de dados de entrevistas envolvendo outras indústrias e outros países (para mais detalhes sobre o método, e exemplos de estudos de caso, veja Connell, 2010).

As entrevistas delinearam as carreiras dos participantes e também pediram que falassem sobre suas práticas de trabalho e sobre suas práticas familiares atuais. Isso forneceu detalhes suficientes para estudar as dinâmicas de formação do gênero no grupo. Para proteger o anonimato dos participantes, somente excertos dos estudos de caso foram publicados. Nomes de pessoas e das empresas para as quais trabalham são pseudônimos.

## O CENÁRIO ECONÔMICO

A Austrália tem uma economia pequena, rica, dependente e que se apoia em exportações agropecuárias e principalmente minerais. A elite empresarial do país é interligada e politicamente poderosa (Murray, 2006). O setor financeiro se concentra em um oligopólio apoiado pelo governo formado por quatro grandes bancos e um pequeno grupo de grandes empresas de seguros. Nas últimas décadas, cresceu em torno dessa estrutura um setor dinâmico de bancos comerciais, empresas de financiamento hipotecário, fundos de pensão, consultores financeiros, corretores de ações, e outras firmas. Muitas das instituições menores foram prejudicadas pela retração financeira mundial. Nossas entrevistas foram feitas pouco tempo antes de a retração se tornar visível.

Duas mudanças de longo prazo vinham transformando o antigo setor bancário e de seguros. A primeira foi a mudança de um serviço que era interno a uma elite com posses, como eram os bancos no início do século XIX, a processos em massa que envolveram praticamente toda a população de países ricos, e crescentes segmentos no resto do mundo. Poupanças, contas correntes, cartões de crédito, depósitos a prazo, pagamentos de salários, seguros de vida e aposentadoria, seguros de automóveis e de imóveis e "gerenciamento de patrimônio" representam um emaranhado de transações por meio das quais as empresas financeiras angariam recursos imensuráveis. Eles emprestam esse dinheiro, então, para corporações, pequenas empresas, famílias e governos e tiram seus lucros por meio de taxações sobre o fluxo.

O controle desse tipo de negócio demanda técnicas estatísticas que hoje são computadorizadas. Michael, um executivo de médio escalão na OzIns, uma grande empresa local de seguros, coordena um núcleo de treze contadores. Seus computadores estão sempre captando dados sobre fluxos imensos de capital e os adequando às demandas de reguladores, estratégias de taxação, estratégias de preços, arranjos legais sob os quais a firma opera, e relações entre os diversos núcleos da firma. Assim, eles transformam informação crua nos formatos requeridos pelo alto escalão. Michael descreve o trabalho de sua equipe da seguinte forma:

> Basicamente, a responsabilidade deles, se posso dizer, é direcionar à empresa quaisquer dados que tenhamos, todos os sistemas que apontam para nós, toda informação recebida – seja lá o que for –, pegar esse núcleo duro de dados e fazer o que for necessário para deixá-lo em um formato que possa ser usado em relatórios.

Michael tem de se preocupar com como as bases de dados da firma operam, e essa é uma grande questão, considerando que eles registram muitos milhões de transações por ano.

A segunda mudança foi o impacto dos mercados financeiros globais, que se aceleraram nos anos 1980 pela adesão da política australiana ao neoliberalismo e a desregulação de sua economia. A indústria financeira australiana, historicamente dependente do mercado financeiro de Londres, se tornou um mosaico complexo de corporações transnacionais e firmas locais. As carreiras individuais de executivos muitas vezes vão e voltam entre corporações transnacionais e locais, e isso tende a homogeneizar os regimes de gênero em todo o setor.

## ORGANIZAÇÕES FRACTAIS E TRABALHO ADMINISTRATIVO

O neoliberalismo não é somente uma ideologia econômica que exalta o mercado; é também uma agenda de mudanças sociais que envolve a reorganização dentro de instituições

(Braedley e Luxton, 2010). A promoção do empreendedorismo, o ataque aos sindicatos, o declínio da democracia industrial, o movimento em direção às práticas empregatícias "flexíveis", a terceirização e a reinstalação da prerrogativa gerencial constituem uma agenda ampla de reforma organizacional.

Aqui vai um exemplo memorável de terceirização. Ciaran, agora um gerente de médio escalão especializado em sistemas de computadores na EuroFin, uma grande empresa financeira transnacional, em um momento anterior de sua carreira trabalhou para uma consultoria administrativa transnacional famosa, a InterCons. Essa firma foi contratada por um grande banco australiano para desenvolver novas aplicações de TIC (Tecnologia da Informação e Comunicação).

> Eles queriam introduzir uma nova taxa. E era para ser um segredo, tinha de ser feito antes do Natal – logo antes do natal é quando têm a maior quantidade de empréstimos pessoais, e eles queriam introduzir uma taxa rapidamente. Eles tinham alguns critérios, sabe como é, você pode deixar a zero para alguns credores mais expressivos ou ela poderia variar de 5% até 8% dependendo dos valores dos empréstimos. Esse é somente o tipo de discussão que eu precisei ter com os empresários que estavam conduzindo a manobra. E então eu tive de sentar e pensar em quanto tempo levaria, quem eu tinha de trazer para a operação e em que teríamos de mexer dentro do sistema. E então chegar para eles e dizer "Sim, podemos fazer isso". Acho que eles queriam essa solução para a primeira semana de dezembro, ou algo assim. E [eu] acabei conseguindo. E então eles ficaram muito contentes, e esse tipo de coisa tinha sido feito anteriormente,

em uns seis meses, sendo que eu consegui fazer em três. O que permitiu que eles ganhassem muito dinheiro, e acho que isso me rendeu muito prestígio na InterCons, porque eu fiz exatamente o que um consultor tem de fazer.

O arranjo terceirizado de consultoria tem um efeito anestésico para Ciaran. Esse foi o caso de um banco conseguir tirar uma nova camada de lucro em cima de famílias da classe trabalhadora na época do ano em que estavam mais vulneráveis. Para Ciaran, esse era um problema apenas técnico, que ele como consultor resolveu com eficácia exemplar.

Dentro da organização, o neoliberalismo produz uma geometria fractal, em que o mesmo tipo de estrutura aparece em cada escala sucessiva. Cada núcleo da organização é tratado como uma firma de maximização de lucros, e os outros núcleos são vistos como seus clientes. A geometria fractal desce diretamente ao nível do trabalhador individual. Cada empregado é tratado em si como uma entidade voltada para o mercado. Os empregados são forçados a competir por bônus e há muita maquinação e angústia envolvidas na determinação desses pagamentos para além do salário básico. A "gestão de desempenho" individualizada, focada em estabelecer objetivos individuais mensuráveis, se torna uma característica da hierarquia corporativa em todos os níveis.

Um trecho da entrevista de Simon demonstra como a InterFin combina competitividade com a gestão de desempenho diariamente:

> Na verdade, começamos todas as manhãs com uma reunião de equipe. Antes disso, tem umas papeladas que a equipe precisa atualizar até 8h30 toda manhã. Então preparamos uns Indicadores Chave de Performance (ICPs) ou estatísticas de desempenho de todas as pessoas

da equipe relacionadas ao dia anterior. (*Então todo mundo fica sabendo dos níveis de desempenho de todo mundo?*) Sim, é isso aí. Fica tudo lá numa planilha para todo mundo ver se seu colega do lado só cumpriu 50% das suas metas ontem, ou quantas horas ele passou fazendo alguma coisa.

O que poderia, como resultado de uma geometria fractal, ser fonte divisões e fragmentações se torna assim uma cena de firme controle social. As entrevistas revelam muitos sinais dessa preocupação intensa da administração em manter o controle nessas firmas. Eles incluem relatórios frequentes, reuniões frequentes, escritórios sem divisórias, tentativas conscientes de monitorar e moldar a cultura corporativa, auditorias e investigações para evitar fraude.

Existem ainda muitos sinais de persistência de uma estrutura organizacional mais antiga: a burocracia convencional. Isso envolve uma hierarquia fixa e em vários níveis, claras divisões de funções e um senso de coletividade por toda a organização em vez da competição individual. Jeremy comenta: "O que te faz trabalhar horas extras é simplesmente lealdade aos negócios, é amar o trabalho", e diz que embora ele valha mais para a empresa do que o que lhe pagam, "todos nós apertamos os cintos um pouco, por amor ao departamento, na realidade". Aqui ele *não* está reagindo apenas como um maximizador de lucros neoliberal.

Quase todos os nossos participantes fazem jornadas de dez horas. Contando com o tempo de deslocamento, provavelmente ficam fora de casa por 12 horas diárias durante a semana. Às vezes, quando há alguma pressão específica – por exemplo, quando relatórios semestrais precisam ser entregues ou quando surge alguma crise – eles têm de trabalhar por mais tempo e podem acabar trabalhando também nos fins de semana.

Há muito em comum entre as descrições dos participantes de seus dias no trabalho, então darei somente um exemplo. Edward é presidente de uma subsidiária de serviços financeiros de um grande banco. Quando pedimos que descrevesse seu dia na MajBank, ele respondeu:

> Bom, o trabalho diário revolve principalmente em torno de pessoas, sabe. Quero dizer, gerir pessoas. Então eu tenho uma equipe grande de pessoas. Há, evidentemente, diferentes camadas de gestão, então na verdade é uma questão de dar direcionamento e orientação a eles, no sentido de como estão fazendo seu trabalho... A maior parte do meu tempo na verdade é para conversar com as pessoas sobre seus problemas, como seus negócios estão se desenrolando, como podemos ajudar; é bem simples, na verdade.

Edwards calcula que recebe de 150 a 200 e-mails por dia. Ele passa muito tempo "administrando a relação com o banco", ou seja, negociando com os chefes. Sua firma é nacional, então ele passa o equivalente a dois meses por ano viajando pela Austrália. Ele tem seis subalternos diretos e por volta de mil empregados na firma toda.

Não há nada muito técnico em seu processo de trabalho. Esse fato é notável, porque Edward deu um salto em sua carreira como especialista técnico, um "brilhante *propellor-head*", em suas próprias palavras (um termo jocoso para um especialista de bastidores socialmente incompetente). Agora, para além dos e-mails, ele não dispõe de mais tempo em seu dia para o computador.

Nossos participantes descrevem dois modelos em seus processos de trabalho. O primeiro é um ciclo de repetição e manutenção. As operações financeiras em massa são mantidas o mais estável o possível, e para o gerente isso demanda um constante monitoramento dos processos dentro de seu departamento. Rod, por exemplo, coordena um ciclo mensal de reuniões a que a AmerFin chama de "ritmos de operação" em que diferentes partes da empresa são revisadas a cada vez.

O outro modelo é o "projeto" específico. Esse é visto, por vezes, como característico de uma vida de trabalho neoliberal. Jeremy, por exemplo, não tem nenhum "Direct Report", quer dizer, subalternos permanentes. Ele tem equipes, supervisionadas de acordo com o projeto, compostas de pessoas "todas subalternas de diferentes gerentes e que se tornam recursos (para seu projeto)". O projeto pode ser o desenvolvimento de um novo software, a instalação de um novo lote de hardware, a reestruturação de uma parte da firma, a tentativa de entrar em um novo nicho, ou o desenvolvimento de um novo produto financeiro.

O modelo de organização por projeto é bem comum nessas entrevistas. Mas ele não suplantou totalmente o modelo de ciclos regulares. É difícil entender como as finanças de massa poderiam funcionar se o tivesse. Sem dúvida a situação mais comum é aquela do núcleo de Ciaran, que trabalha tanto com ciclos regulares quanto por projetos.

## O REGIME CORPORATIVO DE GÊNERO: RELAÇÕES COM MULHERES E A REFORMA DE GÊNERO

As masculinidades são produzidas, em parte, pelo trabalho de mulheres. Todos os homens que participaram do estudo são casados, o que é uma norma, embora não universal, para sua geração e sua classe social na Austrália. Nenhum deles é religioso, embora muitos tenham sido criados em famílias religiosas e frequentado escolas religiosas. O casamento parece ser mais uma questão de costume e de *status* civil.

Todas as suas esposas, aparentemente, já estiveram na força de trabalho; algumas têm carreiras profissionais, algumas têm pequenos negócios. Todas as esposas que tiveram filhos abandonaram ou diminuíram o trabalho remunerado depois da chegada do primeiro bebê. Nenhum dos homens entrevistados contesta minimamente esse arranjo. Eles o aceitam como sensato e adequado.

Dentro desse arcabouço normativo, existe espaço para conflitos sobre como fazer esse arranjo funcionar. Isso é claramente perceptível na entrevista de Ciaran. Sua esposa, uma profissional, tirou uma longa licença maternidade para o seu primeiro filho e está tendo dificuldades com isso. Ela tem pedido a Ciaran que ajude mais – o que ele, por sua vez, acha difícil de atender, já que tem um projeto difícil em andamento no escritório. Ele tem pedido conselhos aos colegas de trabalho e está tentando conseguir um novo equipamento de TIC que permita que ele trabalhe mais de casa. O trecho da entrevista, meio em tom de piada, em que ele descreve as frequentes discussões com sua esposa, é tocante:

> Acho que como pessoas educadas e acostumadas a buscar soluções, estamos tentando resolver como administrar isso, qual é a melhor maneira de fazer isso. Porque não temos nenhuma resposta simples. Nós dois gostaríamos de ter um manual de instruções, um diagrama de fluxo ou qualquer coisa assim. Mas não temos nada disso.

Ciaran e seus colegas estão ativamente tentando negociar o trabalho doméstico e de cuidado dos filhos, embora em alguns casos a negociação esteja fechada e o padrão esteja estabelecido. Eles assumem um casamento de companheirismo em vez de um casamento patriarcal. Os resultados da negociação variam – não há uma repetição rígida das divisões por gênero. No entanto, pressões financeiras (somente os maridos têm acesso a salários de nível executivo) e a ideologia convencional de gênero (muitas vezes mediada pelos avós) limitam a variação.

Esse equilíbrio de forças produz uma situação em que as esposas, na prática, continuam a assumir a maior parte do trabalho doméstico e dos cuidados com os filhos. O local de trabalho neoliberal, e a economia capitalista globalizada em que está inserido, assim, operam contra as mudanças sociais e culturais em direção à igualdade de gênero. Vemos aqui uma espécie de confirmação do notável estudo de Tienari et al. (2005), que identificou um modelo provedor/dona de casa entre executivos, deslocado do discurso nórdico de igualdade de gênero, quando um grupo de bancos escandinavos se juntou para formar uma corporação multinacional.

Há também a famosa divisão do serviço por gênero nos locais de trabalho. Os homens predominam no alto escalão executivo, em áreas técnicas e no comércio. As mulheres formam a maioria das equipes de serviço ao cliente de baixo escalão e predominam em recursos humanos e outros cargos de serviços. Existe uma divisão do trabalho por gênero no nível pessoal em muitos pontos. Por exemplo, em uma comitiva de gestores de alto escalão, as APs (assistentes pessoais) provavelmente serão mulheres enquanto os gestores sêniores serão quase todos homens.

Não obstante, a maioria dos participantes acredita que suas organizações sejam igualitárias em relação ao gênero. Muitos declaram com confiança que não há discriminação, seja contra homens gays ou lésbicas ou contra mulheres em geral. Simon conta:

> Não vi nada negativo, realmente não vi nada negativo. Não tenho como me colocar no lugar deles, mas não acho que existam muitos problemas com relação a isso. Acho que a diretriz oficial é a

de que somos um local de trabalho seguro e isento de assédio e discriminação. E, sabe, na prática mesmo, acho que não há nenhuma questão.

A norma descrita pelos homens parece ser a de que se sustentem relações profissionais amigáveis – mas não amigáveis demais – entre homens e mulheres no trabalho. Quando os homens reconhecem um desequilíbrio de gênero no alto escalão, como frequentemente acontece, eles acham que é por conta de uma herança histórica.

Assim, é particularmente interessante ouvir o que a única mulher entre os nossos participantes tem a dizer. Martin (2001) demonstrou o quanto é importante ter a perspectiva das mulheres sobre as masculinidades organizacionais. Nossa participante Joyce não tem dúvidas quanto ao fato de haver discriminação de gênero. Ela nota que somente uma das empresas entre as maiores 100 da Austrália tem uma CEO mulher. Em sua própria firma, "não há ninguém no grupo executivo que seja mulher", ou seja, no segundo escalão da administração. No terceiro escalão, que é o dela, "existem algumas de nós". De maneira geral, ela pensa que "esta organização peca terrivelmente com as mulheres e elas debandam..."

Existe algo mais tóxico, também. No início de sua carreira, Joyce trabalhou como negociante de instrumentos financeiros. Ela tem lembranças claras "daquela cultura extremamente machista da sala de negociações", com seus longos almoços e alto consumo de álcool. Nesse meio, comportamento agressivo é "aquilo que se espera, que é o comportamento aceito; e não só é aceito como também esperado":

> Nas salas de negociação, ah, tem muito daquele jeitão machista, daquele ambiente meio "blefe de pôquer". Onde, sabe, eles ficam afirmando sua autoridade – e tirando onda, contando das

mulheres que "pegam" como objetos, essa coisa toda. E tudo isso é totalmente perdoado porque eles fazem muito dinheiro. E faz parte da coisa toda, isso atrai certo tipo de pessoa.

Todas as empresas têm políticas internas para a igualdade de gênero, e a maioria dos participantes as apoia. Mas o seu apoio toma uma forma específica, que não é de maneira alguma um compromisso com as ideias feministas de progresso para as mulheres. Em vez disso, é um compromisso com o princípio de *neutralidade de gênero* na organização.

Rod, por exemplo, depois de dar um relato bastante claro da hierarquia de gênero em sua firma, disse: "Bem, certamente somos uma meritocracia, então, sabe como é, a gente gosta de escolher a melhor pessoa." Sua firma garante que haja ao menos uma mulher candidata para cada cargo, mas a partir daí não há preferência. Rod acredita que nos EUA exista ação afirmativa, "mas, sabe, a gente não faz isso por aqui". Esse apoio morno à neutralidade de gênero como princípio na seleção de candidatos também ocorre no setor público na Austrália (Connell, 2006a). Ele é consistente com o forte invidualismo da ideologia neoliberal, em que cada pessoa tem de ser responsável por suas próprias conquistas.

Dois participantes rompem com essa norma complacente. Entre eles está Joyce, que também já foi gerente de recursos humanos, e que oferece uma crítica contundente à maneira como as políticas de recursos humanos das empresas permitem que o machismo dos gestores homens se estabeleça. O outro é Jeremy, para quem a questão ocasionou uma discussão amarga sobre a atenção injusta dada a grupos minoritários:

> Sou um cara da informática e não uma pessoa sociável. E não dou a mínima se você é mulher, homem ou meio-termo. Minha perspectiva é, se

> você consegue fazer o trabalho, então fantástico; se não, então não me importa se você é negro, branco, sabe, homem, mulher, sei lá, se você não consegue fazer o trabalho, então dê o lugar a quem saiba. Acho que a gente dá muita atenção ao sexo, a esse cenário tipo guerra dos sexos. A gente dá muita atenção pros gays na comunidade, e negros na comunidade, e, sabe, essa coisa toda de os imigrantes ficarem com os empregos mal pagos. E eu só acho que isso é besteira.

Existe uma raiva verdadeira aqui, o que nos lembra que a postura reacionária quanto ao gênero aparece entre os homens mesmo na calmaria da torre de vidro.

As políticas de gênero que atraem o apoio mais acalorado entre nossos participantes são as políticas que beneficiam a família, tais como a licença para pais e mães de recém-nascidos. De novo, o mesmo acontece dentro do setor público (Connell, 2007b). Embora alguns homens estejam começando a tirar licenças curtas no período do nascimento, somente as mulheres tiram longas licenças ou passam a trabalhar meio período com a chegada de um bebê. As políticas favoráveis à família, assim, *reforçam* em vez de contestar a divisão do trabalho por gênero como um todo entre a classe média australiana, na qual as mulheres continuam sendo responsáveis por cuidar dos filhos e os homens mantêm carreiras ininterruptas.

## A CORPORIFICAÇÃO DA MASCULINIDADE EXECUTIVA

A questão da corporificação é um grande tema na política do gênero e na pesquisa contemporânea sobre gênero (Harcourt, 2009a); e a corporificação da masculinidade é um tema significativo para os estudos da masculinidade (Connell,

2000: 67ff.). Os almoços regados a álcool e os pôsteres pornográficos da antiga sala de negociações assinalam um estilo de corporificação do masculino que certamente não desapareceu na Austrália, contudo agora é visto como antiquado.

O mundo dos negócios na Austrália foi influenciado por uma tendência internacional entre a classe média de preocupação constante com a própria forma física. As suas condições de trabalho são inerentemente insalubres. Essas pessoas passam muitas horas olhando para a tela do computador, falando ao telefone ou sentadas em reuniões, em prédios com ar condicionado, sob estresse em relação ao desempenho. Mas sua capacidade de continuar recebendo altos salários depende de certo grau de saúde e vitalidade, e, nos altos escalões, da capacidade de aguentar as tensões de viagens frequentes e conflitos organizacionais.

A ansiedade que agora preenche os corpos dos homens da classe média é expressa com franqueza por Ciaran:

> Eu não quero engordar. A gente sabe que está comendo umas coisas erradas no momento, porque é simplesmente mais fácil e rápido, com o bebê. E a última coisa que qualquer um de nós quer é ganhar peso inútil. Então a gente sai e faz caminhadas longas, por exemplo, fizemos caminhadas de duas horas com ele no fim de semana, ele no carrinho e a gente andando... Somos os dois muito preocupados com isso, nem eu, nem ela queremos ser uma dessas pessoas enormes de gordas com filhos.

As torres de vidro em que os nossos participantes trabalham muitas vezes têm academias de ginástica das empresas. Embora nenhum de nossos participantes as use com regularidade, Ciaran está planejando fazê-lo e acha que os outros deveriam fazer o mesmo.

Dois participantes tiveram de lidar com problemas sérios de saúde. Os outros estão lidando com efeitos menos dramáticos do envelhecimento. Nenhum deles é mais tão jovem, embora alguns ainda sejam razoavelmente jovens; e estão, de maneiras variadas, desacelerando, engordando, achando mais difícil sair da cama de manhã, deixando de beber tanto, substituindo o golfe por esportes em grupo. Alguns estão tendo dificuldade de se entender com essas mudanças.

O aspecto da corporificação que se sobressai nessas entrevistas é a paternidade. O envolvimento "mão na massa" de Simon é o mais ativo, e constituiu uma mudança drástica em sua vida:

> E isso realmente mudou tudo de duas maneiras.
>
> A primeira é que você se dá conta de que, caramba, preciso trabalhar mais, porque meu papel é de provedor, de sustentar a família. E se eu não fizer isso, não estou fazendo o meu trabalho.
>
> E a segunda coisa é: eu preciso mesmo encontrar um equilíbrio, para que possa passar mais tempo com ele agora – antes que ele se torne um adolescente sabichão e não queira mais passar tempo comigo.

Simon, na realidade, tomou uma decisão com o potencial de mudar sua vida. Ele sai do escritório às 16h30 toda tarde, muito antes de todos os outros participantes, pra ir pra casa ficar com a família. A *presença* corporal, que Simon valida, é o que os outros pais têm dificuldade de oferecer – porque eles viajam muito, ou trabalham até tarde, ou estão enfrentando problemas no trabalho, ou passaram por uma separação. A ideologia liberal não oferece nenhuma ajuda com esse tipo de problema, e nenhuma solução normativa apareceu na Austrália.

## CONCLUSÃO:
## O CAPITAL FINANCEIRO E A MASCULINIDADE PATRIARCAL MODERNIZADA

A principal dinâmica revelada nessas entrevistas pode ser representada por um modelo em três etapas da trajetória da formação da masculinidade na máquina social da administração no capital financeiro contemporâneo.

### Fase I: entrando na máquina

Como o trabalho não é particularmente qualificado, as corporações em crescimento podem recrutar a esmo. Neste estudo, os pontos de partida das trajetórias pessoais incluem uma família que morava em uma fazenda no *outback*[27], um rapaz de classe trabalhadora que entrou para o exército, uma escola da classe dominante, uma família classe média moradora dos subúrbios. A maioria tem origens de classe média, mas não todos. Dos oito, apenas um teve direcionamento para as finanças desde cedo.

Dadas as múltiplas masculinidades que sabemos que existem nas sociedades contemporâneas, é provável que as pessoas tragam, à máquina corporativa, diferentes histórias de formação de gênero. Não disponho de espaço neste capítulo para dar mais detalhes, mas podemos notar que isso introduz algumas diferenças nas emoções, assim como diferenças de origem cultural ao mundo corporativo.

A característica mais comum da Fase I é a participação em uma profissão técnica ou um treinamento masculinizado. A maior parte das habilidades e qualificações dos nossos participantes é em ciências ou engenharia, e nenhum tem formação em humanas ou serviços sociais. Muitos tinham ou

---

27 Termo utilizado para nomear o bioma desértico que ocupa uma vasta área no interior australiano.

desenvolveram habilidades particulares em sistemas de computadores ou aplicativos. Como comentou Ciaran, essas áreas não são conhecidas por suas boas relações de gênero.

### Fase II: operando a máquina

Eu chamo a gestão intermediária de "máquina" para enfatizar sua despersonalização e generalização, assim como seu caráter incansável. Nesta fase, a especialização técnica se torna menos importante. Edward não passa mais muito tempo online. Mesmo Simon, alguns níveis abaixo de Edward e ainda gerenciando um núcleo de TIC, reconhece que ele não é mais um programador de ponta. Usando o superficial jargão americanizado tão comum hoje em dia na InterFin, ele se define como o "*coach*[28] da equipe".

Fornecendo uma linguagem, uma rotina atarefada, um ambiente físico distinto e um isolamento mediado pela tecnologia (a torre de vidro), a máquina separa as pessoas do seu meio social de origem. Isso contribui para que certo tipo de masculinidade desbanque outros. Por meio desse desenraizamento, e de seus poderosos formatos organizacionais (principalmente o fractal, voltado para o lucro e a lógica da consultoria), a máquina deixa os executivos anestesiados quanto às consequências sociais daquilo que fazem. O capital financeiro, portanto, tende a criar um mundo social autossuficiente por meio do qual essa lógica do lucro pode ser exercida sem controles.

Trabalhar com sucesso nessa máquina, e assim ascender ao verdadeiro poder corporativo, é difícil para qualquer um que não tenha uma esposa que vá subordinar sua própria vida profissional e cuidar da casa, das crianças e de suas necessidades emocionais. As pessoas até tentam fazer diferente. Joyce tentou,

---

28 Treinador, técnico (como no futebol).

com um marido que tinha sua própria carreira; mas a carreira dela ficou em suspenso depois da primeira gravidez e agora parece estar estagnada. Ciaran e sua esposa estão batalhando enquanto tentam não se subordinar a essa norma, tentando chegar a um acordo possível. Jude, tentando operar segundo a lógica da máquina, sofreu consequências desastrosas quando sua esposa se recusou a aceitar a posição que lhe caberia; o casamento ruiu e a carreira de Jude ficou estagnada. A máquina, de maneira silenciosa, não perdoa a vida de seus operadores.

### *Fase III: voando mais alto – ou não*

Depois de um período operando a máquina, os caminhos divergem novamente. Uma minoria segue em direção ao verdadeiro poder no topo do universo corporativo. Entre os nossos oito, são dois – Rod e Edward – que estão nessa situação. Ciaran poderia ir muito além, se sua presente batalha familiar fosse resolvida de maneira que sua esposa adotasse a posição de apoio e permitisse que Ciaran usasse seu tempo e energia para a vida corporativa.

Mas os outros não estão subindo rumo ao topo. Jeremy e Jude estão claramente fora da corrida pelo alto escalão, e já chegaram ao seu teto possível. Michael e Joyce provavelmente estão fora da corrida, embora talvez consigam algum tipo de promoção com o tempo. Simon está em processo de se retirar da corrida por estar comprometido com ser um bom pai.

Não pode ser um acidente que os dois participantes claramente a caminho do topo sejam também os dois praticantes mais ortodoxos de uma masculinidade modernizada patriarcal. Isso *não* significa que eles são os mais conservadores em termos de atitudes de gênero. Eles têm consciência das desigualdades de gênero e apoiam a versão neoliberal neutra de "igualdade de oportunidades". Mas, para além disso, eles não têm compromisso algum com a reforma de gênero. Eles criaram famílias do tipo provedor/dona de casa, se sentem confortáveis ao exercer autoridade e têm preferências de lazer convencionalmente masculinas. Eles trabalharam para a máquina, e agora a máquina trabalha pra eles.

Não há dúvida sobre que modelo de masculinidade é o hegemônico aqui; Rod e Edward o incorporam. Essa hegemonia não é algo pelo qual eles tiveram de lutar, em uma reação direta a outras masculinidades ou às mulheres. O maquinário da gestão coloca poder e prestígio em suas mãos de maneira impessoal. A luta é, por outro lado, para moldar sua vida e seus relacionamentos de maneira a ser um competidor efetivo dentro da máquina. Somente alguns daqueles que agora estão no nível intermediário ascenderão ao topo. Nesse sentido, a vida corporativa se assemelha à seleção feroz que ocorre nos esportes comerciais, segundo a análise de Messner (1992).

A posição hegemônica nesse regime de gênero é uma masculinidade recém-modernizada, produzida por diversas mudanças que suplantaram a masculinidade burguesa das gerações anteriores. Em escala mundial, não existe uma só narrativa da modernidade, mas um complexo processo global envolvendo ondas de modernização (Domingues, 2008). Na Austrália, as mudanças na ordem de gênero envolvem uma mistura de dificuldades locais e influências internacionais. Isso inclui o impacto do movimento feminista, a integração internacional do capital financeiro e a reforma organizacional neoliberal. A última onda de modernização inclui a tolerância a homens e mulheres homossexuais no ambiente de trabalho; a aceitação das mulheres em posições de autoridade; e a capacidade de trabalhar confortavelmente em um ambiente bem equipado com computadores.

No entanto, essas mudanças são estritamente limitadas; a torre de vidro não é um cenário de igualdade de gênero. Autoridade, casamento heterossexual e o controle das emoções continuam sendo centrais à configuração das práticas que constituem a masculinidade executiva. Nem mesmo vemos entre esse grupo de executivos da indústria financeira uma aceitação da "masculinidade de negócios transnacional", mais progressiva, cuja hipótese foi levantada em nosso trabalho anterior (Connell e Wood, 2005).

Não há uma alternativa bem definida para essa configuração hegemônica. A maior parte dos casos se aproxima a ela de muitas maneiras e se afasta de outras – mas se afasta em diferentes direções. Há uma penumbra em volta desse modelo hegemônico ao invés de outro centro de gravidade.

A posição das mulheres nos negócios pode ser entendida nos seguintes termos, levando em conta a pesquisa de Wajcman (1999) sobre o que é "administrar como um homem". Se elas conseguem emular *parte* do pacote da masculinidade local hegemônica, as mulheres são capazes de funcionar na máquina. Mas sem o pacote completo, é improvável que cheguem ao topo. Em nosso estudo, Joyce foi capaz de sobreviver por um tempo no ambiente *hipermasculinizado* da sala de negócios, demonstrando eficientemente suas habilidades e seus conhecimentos técnicos, apesar da anomalia de seu corpo feminino [*female*]. Mas esse espaço não tinha como acomodá-la enquanto mãe.

Muito pouco daquilo que foi expresso aqui parece ser particular às empresas de *finanças*. Ainda assim, o capital financeiro é diferente, em sua lógica, do capital industrial ou do capital mercantil, e tem um papel particular na economia contemporânea global. Será que isso traz consequências à masculinidade? O capital financeiro cria alguns vórtices de masculinidade, quer dizer, áreas em uma organização onde há um processo concentrado de formação de masculinidade. A sala de negociações é um deles, cuja importância vem da centralidade do livre mercado para o capitalismo neoliberal como um todo.

No entanto, a maioria das trajetórias de carreira em nossos estudos de caso não passa pela sala de negociações. A maioria das operações de finanças em massa são ordenadas e controladas, e boa parte do trabalho administrativo é dedicado à mantê-las assim. Algo notável sobre os nossos executivos é o grau de abstração de suas operações. Nenhuma parte do sistema capitalista é mais remota do ruído das linhas de montagem, da poeira das minas ou do ranço das redes de *fast food*. A torre de vidro é calma, tem ar condicionado e não tem sindicatos. No entanto, as operações financeiras ali conduzidas estão por trás de todas as linhas de montagem, minas e restaurantes de *fast food* da economia.

Nas corporações financeiras, portanto, as relações de poder social que passam por uma economia capitalista são ao mesmo tempo concentradas e ocultas. É bem possível a qualquer pessoa nesse tipo de ambiente não pensar jamais sobre poder social e enxergar os "projetos" ou tarefas rotineiras simplesmente como problemas técnicos distintos que devem ser solucionados da maneira mais eficiente possível. O lugar estrutural do capital financeiro não pede uma masculinidade combativa. No entanto, o capital financeiro não permite livre experimentação com formas sociais e relacionamentos pessoais, já que, em suas operações abstratas, as limitações de performance ainda são muito grandes.

Dessa maneira, podemos começar a entender a modernização patriarcal na masculinidade hegemônica desse meio. O fato de que a variação desse padrão toma a forma de uma penumbra em vez de masculinidades alternativas bem definidas, pode ter a ver com a natureza do capital financeiro. Sua abstração dos processos de produção tende a separá-lo dos locais de trabalho e das culturas de trabalho, assim como dos subúrbios complexos etnicamente, que geram muito da diversidade das masculinidades na Austrália contemporânea.

# 6:
# CRESCER COMO MASCULINO

Nos debates públicos sobre a masculinidade, algumas das questões mais proeminentes dizem respeito à juventude. Violência entre gangues, abandono da escola, suicídio juvenil, mortes no trânsito, paternidade na adolescência, tudo isso desperta o interesse da mídia de massas e, algumas vezes, reações de governos. Livros sobre como criar meninos estão entre os mais populares na seção de psicologia pop.

A maior parte desses discursos é baseada em perspectivas muito estereotipadas tanto da masculinidade quanto da adolescência. Na perspectiva convencional, meninos e meninas são naturalmente diferentes em sua psicologia, e a adolescência é a época em que a masculinidade interior dos meninos vem à luz. "Manobras arriscadas" impulsionadas pela testosterona se tornam frequentes – por isso essas estatísticas de acidentes no trânsito. Os desejos sexuais masculinos encontram expressão em uma atração natural pelas meninas e nas aventuras sexuais. A energia masculina encontra sua expressão no futebol, nas lutas e nos problemas na escola.

Como o Capítulo 4 mostrou, agora temos pesquisas consideráveis que questionam perspectivas essencialistas e estereotipadas da masculinidade. Parte dessas pesquisas contempla a juventude. Neste capítulo, reunirei resultados encontrados em pesquisas desse tipo com a intenção de repensar questões envolvendo adolescência e masculinidade.

## ADOLESCÊNCIA

O conceito de "adolescência" foi introduzido às ciências sociais do Norte há cem anos por G. Stanley Hall (1904), que retratou a adolescência como uma etapa biologicamente determinada em um ciclo fixo de desenvolvimento humano. Mais ou menos na mesma época, Sigmund Freud tratou a adolescência como uma etapa específica do desenvolvimento psicossexual. A psicanálise mais corrente, desde então, promoveu a ideia de que há uma sequência normativa no desenvolvimento (p. ex. Silverman, 1986).

Psicólogos influentes do meio do século XX se afastaram do determinismo biológico, porém não da ideia de etapas de um ciclo de vida. Para o psicanalista Erik Erikson (1950), a adolescência é uma etapa do crescimento em que problemas de "identidade" vêm à tona. O grande psicólogo cognitivo suíço Jean Piaget tratou a adolescência como uma etapa culminante do desenvolvimento intelectual, sendo o momento em que as "operações formais" predominam – transformando a capacidade da pessoa em crescimento de interagir com o mundo e entendê-lo (Inhelder e Piaget, 1958).

Muitos textos de psicologia pop tomaram emprestada essa ideia de sequências fixas de desenvolvimento. Para eles, a adolescência é uma etapa necessária na formação da masculinidade, logo, os meninos precisam ser "iniciados" por homens mais velhos para garantir a formação correta. Isso é um disparate – e é uma desculpa esfarrapada para desrespeitar mulheres e promover masculinidades fortemente convencionais. Mas é claro que o crescimento acontece durante a adolescência e os homens jovens têm encontros específicos com a ordem social.

Meninos e meninas em fase de crescimento são criadores ativos de suas próprias vidas – tanto individualmente quanto, como argumenta Paul Willis (1990), coletivamente. Eles não estão somente envolvidos passivamente no aprendizado de papéis e de sua "socialização". Ao mesmo tempo, suas atividades são, de fato, práticas sociais. As atividades dos jovens tiram seus significados de um arcabouço social (linguagem, recursos materiais, estrutura social, instituições), e podem ser seriamente restringidas por ele. Isso é ilustrado de forma brilhante pelo livro *Becoming Somebody* (1992) (Tornando-se alguém), de Philip Wexler, uma finíssima (porém, hoje meio esquecida) etnografia da juventude no ensino médio dos Estados Unidos. O estudo de Wexler mostra o desgaste violento de si[29] que pode ocorrer, principalmente entre jovens vivendo na pobreza, sob as pressões de uma instituição autoritária.

Uma das circunstâncias mais importantes da vida dos jovens é a ordem de gênero em que vivem. As masculinidades são construídas ao longo do tempo, a partir de encontros dos jovens com um sistema de relações de gênero. Sabemos que as ordens de gênero diferem entre sociedades e entre grupos sociais, e que mudam ao longo do tempo. Inevitavelmente, haverá muita diversidade nas experiências dos jovens e das masculinidades que eles forjam.

Como as masculinidades são configurações de práticas associadas com a posição social dos homens, as histórias de vida dos meninos são o principal lugar social da construção da masculinidade. No entanto, também é possível a meninas e mulheres se

---

29   No original: *"violent abrasion of the self"*.

envolverem em práticas socialmente definidas como masculinas, como demonstrou o relato comovente de Amanda Swarr (2012) sobre masculinidades lésbicas na África do Sul. E certamente é possível aos meninos se envolver em práticas e adquirir características socialmente definidas como femininas. Podemos esperar isso, quando há uma relação de proximidade entre meninos e suas mães durante seu crescimento. Um estudo excelente feito por Frosh, Phoenix e Pattman (2002) descobriu que os meninos adolescentes em Londres relatavam proximidade emocional com suas mães com mais frequência do que com seus pais. Isso é consistente com as pesquisas na Austrália entre os anos 1950 e 1960 em que as mães apareciam mais do que os pais como as pessoas mais influentes nas vidas de adolescentes, para meninos e meninas (W.F. Connell et al., 1957, 1975). As possíveis complexidades de gênero frequentemente se tornam reais, como vemos nas histórias de vida de adolescentes marginalizados na Austrália, entrevistados por Wayne Martino e Maria Pallotta-Chiarolli (2003).

As vidas e as emoções de meninos adolescentes, portanto, coincidem com as de meninas adolescentes. Mas quando a ideologia de gênero de uma sociedade insiste na diferença absoluta entre masculinidade e feminilidade, cria-se um dilema de desenvolvimento. Uma solução comum para isso – embora não seja a única – é exagerar a performance da masculinidade como um jeito de "fazer a diferença" [*doing difference*][30].

---

30 O verbo "to do", embora tenha o sentido de "fazer", em inglês, também pode significar executar, performar, realizar, mas não serve para o sentido de "produzir" ou "fabricar" (mais propriamente correspondente, em uso, o verbo "to make"). Assim, embora no Brasil utilizemos a expressão "fazer a diferença" para ambos os casos (*doing difference*, como dito por Connell acima, e *to make the difference* como se diz no jargão do trabalho social, das ONGs, etc.), em inglês tratam-se de duas expressões distintas.

## CORPOS JOVENS

A adolescência é uma questão de corporificação do social. As mudanças físicas da puberdade costumavam ser o centro dos manuais sobre adolescência, com as idades médias – e a grande variação de idade – da menarca e do desenvolvimento dos testículos cuidadosamente calculadas. Aprendemos com esses livros sobre o "estirão de crescimento" dos adolescentes, o advento dos pelos pubianos, e as mudanças na produção de hormônios. Essas são as mudanças enfatizadas pelas explicações essencialistas da adolescência. De fato, a adolescência é entendida popularmente como a época em que os hormônios entram em ebulição e os meninos, portanto, fogem do controle.

As mudanças físicas são importantes, mas elas não determinam absolutamente a como se experimenta a adolescência. Essa é uma questão de como as práticas sociais se relacionam com as mudanças e diferenças físicas e dão significados sociais a eventos biológicos.

A experiência sexual costuma ser um motivo de orgulho, e uma reivindicação da honra masculina entre meninos adolescentes. Ainda assim, muitos adolescentes não têm essa experiência. A pesquisa nacional que atualizou o famoso relatório Kinsey[31] nos Estados Unidos descobriu uma média de 18 anos de idade para a primeira relação sexual no país (Laumann et al., 1994). Uma pesquisa nacional australiana mais recente descobriu que a média de idade da primeira relação sexual

---

31  Para maiores informações e uma problematização dos relatórios estatísticos sobre práticas sexuais, ver SENA, Tito. Os relatórios Kinsey, Masters & Johnson, Hite: As sexualidades estatísticas em uma perspectiva das ciências humanas. Tese Doutorado Programa de Pós-Graduação Interdisciplinar em Ciências Humanas. Centro de Filosofia de Ciências Humanas, Universidade Federal de Santa Catarina. Florianópolis, 2007.

vaginal é 18 anos para meninas e 17 para meninos (Rissel et al., 2003). Nesses países ricos, a primeira relação sexual em geral acontece por volta do *fim* da adolescência, e não no início.

Isso pode ser diferente em outros países. Mesmo dentro dessas duas pesquisas, existem diferenças entre classes sociais e entre gerações – na Austrália, por exemplo, a idade de iniciação sexual tem diminuído. A ideia do despertar sexual na adolescência é largamente difundida, mas ela diz respeito experiências reais muito diversas. Por exemplo, o sociólogo australiano Terry Leahy (1992) explorou a experiência muito estigmatizada das relações homossexuais transgeracionais – o que a mídia e os políticos denunciam de maneira aterrorizada como "pedofilia". Ele entrevistou homens que haviam sido os parceiros mais jovens nesses relacionamentos, e descobriu que muitos não se viam como vítimas, mas sim tinham vivido experiências positivas, que eles interpretaram por meio do discurso do despertar adolescente.

Leahy também descobriu entre seus entrevistados um conceito de masculinidade que incluía o *direito* ao prazer sexual. Esse conceito também é encontrado entre a juventude masculina heterossexual. Mark Totten (2000), em um estudo perturbador sobre jovens violentos de 13 a 17 anos no Canadá, descobriu que jovens que batem em suas namoradas, caracteristicamente, acreditam nas prerrogativas dos homens, nas divisões rígidas de gênero, e na subserviência "natural" das mulheres ao desejo dos homens. Eles provavelmente herdaram uma ideologia patriarcal e autoritária de gênero ou de seus pais ou de grupos de amigos homens, ou de ambos.

A ideologia popular trata a heterossexualidade adulta como "natural". Na verdade, tornar-se heterossexual envolve um aprendizado complexo – como lidar com potenciais parceiras, o que pensar sobre si, e também o aprendizado de técnicas sexuais. Tornar-se heterossexual demanda que outras possibilidades sexuais sejam marginalizadas, principalmente o erotismo homossexual. A conhecida etnografia, de Mairtin Mac an Ghaill (1994) do processo de "produção de homens" [*making of men*] em uma escola secundária britânica e a abrangente entrevista de Wayne Martino e Maria Pallotta-Chiarolli (2003) com jovens na Áustralia, concorda quanto a esses pontos. A heterossexualidade é aprendida, e esse aprendizado, para meninos, é um lugar importante de construção da masculinidade.

Contudo, existem outros espaços de produção das masculinidades. A prática corporal que hoje é quase tão importante quanto a sexualidade, nesse sentido, é o esporte (Messner, 2002; Huerta Rojas, 1999). O esporte de equipe, organizado e competitivo, é uma prática social especialmente moderna. É intensamente segregada por gênero e dominada por homens. Esportes como o rugby [*football*][32] também são extraordinariamente populares, com taxas elevadas de participação de meninos adolescentes. Uma atividade de lazer envolvendo corpos em combate ritualizado, assim é apresentada a um grande número de jovens, como um lugar de camaradagem masculina, uma fonte de identidade, uma arena de competição pelo prestígio e como uma carreira em potencial.

Poucos homens de fato realizam uma carreira profissional nos esportes – e aqueles que o fazem provavelmente sofrerão de alguma doença crônica no futuro (Messner, 1992). A prática do esporte envolve lesões. Existe uma pressão social sobre os jovens para demonstrar resistência, negar a dor e continuar jogando mesmo machucado, o que leva esportistas a se

---

32  Na Austrália, o termo *football* é usado para denominar o esporte conhecido no Brasil – e em diversas regiões da própria Austrália – como rugby. O futebol é chamado de "*association football*" ou, eventualmente, de "*soccer*" (termo retirado do inglês estadunidense).

alienarem de suas próprias experiências corporais (White et al., 1995). Isso contribui com um problema generalizado sobre a saúde masculina, que é uma tendência a negar a doença e subutilizar a assistência médica primária. Na vida adulta, a maioria dos homens nem mesmo busca os benefícios do exercício, já que em geral eles se relacionam com o esporte como espectadores, cada vez mais por meio da televisão.

Pesquisas nos setores de saúde e educação produziram muitas informações sobre os anos da adolescência como formadores de outras práticas corporais – como o uso de álcool e a violência. Parte dessas pesquisas subestima a dimensão de gênero, como é o caso das pesquisas sobre *bullying*[33] em escolas. Mas outros estudos sobre a violência na juventude enfatizam, sim, a dimensão de gênero e veem o trabalho educacional sobre questões masculinas como sendo crucial para sua prevenção (Wölfl, 2001).

Na adolescência, a corporificação da masculinidade toma novas formas e se aproxima de modelos adultos. Mas isso não significa, de forma alguma, um processo padrão que segue um caminho predeterminado. De fato, práticas corporais, como o encontro sexual e o esporte organizado, se tornam importantes meios de diferenciação entre meninos e jovens, e espaços de produção das masculinidades hegemônicas e subordinadas.

---

33 Termo utilizado prioritariamente pra descrever o assédio ocorrido entre estudantes no ambiente escolar, mas que eventualmente se emprega a descrição de outros tipos de assédio em locais de trabalho e mesmo na escola (entre um professor e estudante/s, por exemplo). Como em todo caso de assédio, trata-se de uma violência que toca pelo menos a esfera psicológica, podendo ou não se manifestar em exercício físico de violência sobre o corpo, e que pressupõe uma relação desigual de poder. Para um debate maior sobre a questão, ver Marriel, Lucimar Câmara, et al. "Violência escolar e auto-estima de adolescentes." *Cadernos de pesquisa* 36.127 (2006): 35-50.

Ironicamente, as práticas corporais frequentemente adotadas por meninos precocemente em busca do *status* de adultos e do prestígio masculino entre seus colegas são aquelas com os efeitos mais tóxicos sobre seus corpos – fumar, dirigir imprudentemente, praticar a violência física e o sexo desprotegido. Em situação de pobreza da comunidade e de alta prevalência do HIV, como no caso da etnografia de Katharine Wood e Rachel Jewkes (2001) sobre a juventude Xhosa na África do Sul, as consequências desse comportamento podem ser fatais, não somente para os homens jovens como também para as mulheres jovens em suas vidas.

## PODERES E SEDUÇÕES DO MUNDO ADULTO

O mundo adulto encara as pessoas jovens como um fato, como um mundo já feito, e não como produto de seus próprios desejos ou práticas. No entanto, a adolescência é, por definição, o processo de se torar um participante desse mundo adulto. Os poderes desse mundo – o Estado, o mercado, o capital corporativo – estão, portanto, mais próximos, e menos mediados do que estiveram durante a infância. Ao mesmo tempo, os prazeres e liberdades da vida adulta também estão mais ao alcance.

As crianças conhecem o Estado principalmente por meio do sistema educacional, já que, em países ricos, a escola ocupa majoritariamente o dia da maior parte da população desde a média infância até a adolescência tardia. Os poderes coercitivos do Estado ficam claros quando os adolescentes entram em conflito aberto com a escola. Isso acontece com maior frequência com a juventude de classe trabalhadora, e muito mais com meninos do que com meninas. Nas escolas públicas em Nova Gales do Sul, por exemplo, os meninos foram objeto de 85% de medidas disciplinares sérias em 1998 e os números foram ainda mais altos em áreas de classe trabalhadora (*Sydney Morning Herald*, 11 de março de 1999). Muitas pessoas jovens simplesmente não consideram produtivo o tempo que passam na escola. Muitas delas, portanto, veem a entrada no mercado de trabalho como uma solução. Quanto mais pobre a comunidade, mais provável que adolescentes entrem no mercado de trabalho. Onde existe um mercado de trabalho formal fortemente segregado por gênero, a juventude da classe trabalhadora pode aprender sua masculinidade ao participar da "cultura de chão de fábrica", como descrita por Paul Willis (1979) para uma cidade industrial na Grã-Bretanha uma geração atrás. Mas com o aumento do neoliberalismo em todo o mundo, e a migração do campo à cidade, o trabalho informal cresceu; e em alguns países, em grande escala. O trabalho informal frequentemente tem segregação de gênero. Por exemplo, meninos têm maior possibilidade do que meninas de serem recrutados pela parte do mercado de trabalho informal que consiste em tráfico de drogas e pequenos furtos. Essa divisão por gênero do trabalho se reflete em muito maior escala na prisão e condenação de meninos adolescentes (por exemplo, na Austrália, meninos perfazem 88% das condenações de jovens em Nova Gales do Sul; *Bureau of Crime Statistics and Research*, 2002).

Adolescentes também conhecem o mundo corporativo como consumidores. Nos países ricos, de fato, essa é a principal maneira pela qual conhecem a economia. Adolescentes se tornaram um mercado consumidor muito significativo – de roupas, música, revistas, entretenimento, bens eletrônicos como telefones celulares, e mesmo de veículos. O festejado livro de Naomi Klein (2001), *No Logo* (Sem Logo)*, registra o zelo das empresas estadunidenses em monitorar, e suas tentativas de manipular, as mudanças de estilo entre adolescentes.

A maior parte, embora não todos, desses bens de consumo são generificados, isto é, produzidos e vendidos de maneiras diferentes para meninas e meninos adolescentes. A publicidade cria imagens atraentes de adolescentes saudáveis e despreocupados se divertindo dentro das expectativas de seu gênero com o produto adequado ao seu gênero. O consumo de massa, assim, se torna um lugar de reprodução de uma dicotomia normativa de gênero. No entanto, também pode ser um meio para a circulação de inovações de gênero. Um interessante e divertido estudo mais recente interpretou a imensa popularidade dos Beatles como um veículo para a popularização de novos modelos de masculinidade nos anos 1960 (King, 2013).

A aproximação da vida adulta também oferece novas possibilidades de intimidade. Apesar de algumas teorias sociológicas sobre relacionamentos "fluidos", a intimidade continua sendo fortemente estruturada com base em gênero (Jamieson, 1998). Pesquisas feitas há um tempo sobre adolescência em países de primeiro mundo descobriram um padrão persistente de mudança segundo o qual as amizades no início da adolescência tipicamente são entre pessoas do mesmo gênero, mas com o tempo amizades entre gêneros se tornam mais comuns (Connell et al., 1975: 210).

Nada em estudos mais recentes contradiz isso, e parece ser um padrão previsível para uma ordem de gênero com famílias formadas por casais adultos heterossexuais e uma interdição da sexualidade infantil. Em tal ordem de gênero, a adolescência é o período em que casais heterossexuais se tornam um modelo normativo na vida em grupo entre colegas.

No entanto, como mostram Martino e Pallotta-Chiarolli (2003), assim como muitos outros, o que é normativo de forma alguma é também universal. Outros modelos de sexualidade – gay, assexual, incerta, polimorfa – também estão emergindo. Não obstante, casais heterossexuais são os mais comumente formados, e perfazem grande parte da atividade sexual que ocorre ao fim da adolescência. Em muitos cenários culturais, da Grã-Bretanha ao Chile, a paternidade é importante às definições dominantes de masculinidade adulta, e, assim, muitos jovens desejam a paternidade como parte importante de seu futuro (Frosh, Phoenix e Pattman, 2002; Olavarría, 2001).

Alguns adolescentes se tornam pais quase imediatamente depois que começam a ter relações sexuais. Atenção maior é dada às "mães adolescentes", mas os rapazes adolescentes também estão envolvidos. Existem alguns registros sobre pais adolescentes, que deixam clara a diversidade de reações à gravidez de suas parceiras. Elas vão desde choque e confusão, rejeição e tentativas de fugir da responsabilidade, até o envolvimento ativo com a paternidade (Massey, 1991). No Brasil, foi desenvolvido um tipo de educação comunitária para pais muito jovens (Lyra, 1998), focando seu interesse em suas parceiras e seus bebês como forma de mudar os modelos convencionais de comportamento masculino.

## PONTOS DE PARTIDA E PROJETOS

Os pais jovens no estudo de Massey são negros. Eles são parte de um grupo dentro da sociedade estadunidense, principal alvo de racismo, no qual há incidência de pobreza e violência, e a menor média de idade para início da vida sexual. Os jovens envolvidos, portanto, provavelmente constroem suas primeiras relações sexuais em condições de privação e tensão social, muito diferentemente das condições dos adolescentes brancos abastados do mesmo país.

A diversidade entre jovens, as diferentes situações vividas, a variedade e complexidade das masculinidades construídas ficaram bem evidentes com as novas pesquisas. Um exemplo representativo, advindo da sociologia da educação, é o amplo estudo sobre alunos da escola secundária na Irlanda feito por Kathleen Lynch e Anne Lodge (2002). Ele demonstra a importância constante das desigualdades de classe, mas também revela desigualdades determinadas por região, sexualidade, identidade étnica e gênero. Martino e Pallotta-Chiarolli (2003) chamaram a segunda parte de seu livro sobre meninos de "masculinidades diversas" e mapearam ali a diversidade em termos de sexualidade, necessidades especiais, identidade étnica, raça e região da Austrália.

Temos fortes razões, portanto, para enfatizar as diferentes circunstâncias sociais nas quais os jovens enfrentam a ordem de gênero e começam a formar as masculinidades. Por sua vez, seus projetos de masculinidade enfrentam reações diversas das autoridades e instituições.

Assim, meninos afro-caribenhos na Inglaterra (O'Donnell e Sharpe, 2000) enfrentam muito policiamento e preconceito social. Em alguns casos, eles desenvolvem uma identidade étnica e de gênero que é simultaneamente defensiva e agressiva. Como Ann Ferguson (2000) demonstra, para meninos negros nos Estados Unidos, o jogo entre preconceito racial, policiamento e autoridade escolar por um lado, e a formação ativa da masculinidade por outro, leva muitos a uma trajetória de conflito. As respostas disciplinares ao seu comportamento "fora de controle" podem ter consequências educacionais e sociais devastadoras.

Algumas pessoas jovens se deparam com forças ainda mais coercitivas. Por exemplo, jovens da Palestina sob a ocupação de Israel crescem em condições nas quais as forças invasoras rotineiramente espancam e às vezes atiram em homens e meninos adolescentes. A ocupação destruiu a maior parte do arcabouço anterior de autoridade social na sociedade palestina. Ali, resistência e masculinidade se entrelaçam. A conquista do "ser homem" é um projeto definido dentro da coletividade dos jovens por meio de protesto, aprisionamento e violência (Peteet, 2000). E fica claro que processos semelhantes ocorreram entre jovens na África do Sul na luta contra o regime de apartheid (Xaba, 2001). De fato, isso provavelmente acontece em qualquer situação em que adolescentes são recrutados para movimentos de resistência, forças paramilitares ou exércitos.

Em uma pesquisa inusitada, Mike Donaldson (2003), na Austrália, observou a construção da masculinidade em circunstâncias opostas, ou seja, entre famílias muito abastadas. Crescer em uma família muito rica, embora garanta abundância material e um senso de merecimento, não é fácil. Entre as tensões sofridas pela juventude rica estão um isolamento emocional dos pais, um regime deliberado de "endurecimento", um senso de distância do resto da sociedade e uma dificuldade de formar relacionamentos próximos e leais.

Parte desse treinamento ocorre nas escolas particulares de elite. Os projetos de manutenção da riqueza das famílias privilegiadas e a construção das masculinidades de seus filhos são introduzidos por meio das instituições que consolidam as divisões sociais. Esse processo é particularmente claro no magnífico estudo feito por Robert Morrell sobre a sociedade colonial da região de Natal[34], *From Boys to Gentlemen* (2001) (De garotos para homens). No interior pastoral desta colônia, os colonos ingleses proprietários de terras criaram um sistema de escolas secundárias para meninos. Essas escolas, por meio de um regime de hierarquia e brutalidade, definiram uma masculinidade dominante orientada ao privilégio e à violência. Esse modelo de gênero se espalhou pela sociedade branca colonial e contribuiu para a manutenção da dominância racial e da hierarquia de classe ao longo de várias gerações.

Nem todos os meninos, é claro, se tornam cúmplices desse tipo de projeto. É particularmente interessante a documentação de Mac an Ghaill das experiências da juventude gay. O

---

34  Região da antiga Natalia, colônia britânica no sudeste africano.

projeto de formação da masculinidade, para eles, é mais explicitamente sexualizado, pois eles são definidos como desviantes da cultura heteronormativa. Aqui, a *falta* de apoio institucional para a construção da masculinidade é notável: a escola não tem espaço para a "masculinidade gay" em seu repertório cultural. Outros estudos sobre a construção da sexualidade gay, como o notável estudo de histórias de vida feito por Gary Dowsett (1996) e os dados de Martino e Pallotta-Chiarolli (2003), confirmam a imagem de uma educação que não os apoia. A juventude gay precisa de apoio – há evidências de homofobia generalizada entre os colegas, especialmente entre meninos (ver Lynch e Lodge, 2002: 136-8). Regras contra a discriminação raramente são impostas.

## CULTURAS JOVENS, ESCOLAS SECUNDÁRIAS E TRABALHO JUVENIL

Nos casos em que as reações coletivas entre jovens se destacam e tomam formas simbólicas – modos específicos de se vestir, de falar, de se divertir ou um senso de solidariedade – se tornou comum falar em "subculturas da juventude" (ou simplesmente de uma "cultura jovem"). Essa ideia foi desenvolvida por um grupo muito criativo de sociólogos britânicos nos anos 1970 (Hall e Jefferson, 1975; Willis, 1977, Robins e Cohen, 1978). Destacam-se em suas descrições modelos muito marcados de masculinidade, muitas vezes enérgicos, combativos, contra autoridade e homofóbicos. Há uma ênfase na "rigidez" masculina, um desprezo por mulheres e uma raiva das classes mais privilegiadas – muitas vezes expressos na forma de abuso sexual ou de gênero.

As diferentes culturas jovens são importantes para entender a adolescência. O fato de que elas surgem e desaparecem em circunstâncias históricas específicas é uma prova importante contra o modelo biológico-determinista de uma trajetória fixa de desenvolvimento da juventude. O fato de que essas culturas são criadas por eles próprios (e muitas vezes temidas pelo mundo adulto) é um indício importante de que a juventude tem agência na criação de suas próprias vidas. E a atuação coletiva demonstrada em sua criação vai contra o modelo individualizado de crescimento que é comum na psicologia do desenvolvimento.

Hoje há uma literatura de pesquisa internacional muito variada. Um apanhado de "subculturas da juventude" na Austrália (White, 1999) inclui skatistas, entusiastas de automóveis, hip hop, fãs de Spice Girls, fanzines, juventude aborígine, libanesa e vietnamita, jovens presos, lésbicas e juventude gay.

Há uma variedade considerável de masculinidades aqui. A masculinidade nas subculturas não é mais vista sempre como uma masculinidade "durona", de protesto[35]. Inclusive, Joaquim Kersten (1993) descreve uma subcultura no Japão em que o estilo masculino beira o travestismo. A emergência de um estilo *queer*[36] na vida urbana e nas casas noturnas de shows também quebra com as oposições rígidas de gênero.

Tem havido crescente reconhecimento de raça e etnias não como divisões fixas, mas como relações dinâmicas entremeadas com a formação de gênero. Scott Poynting, Greg Noble e Paul Tabar (2003) oferecem um excelente estudo de caso desse processo entre a minoria libanesa de língua árabe na Austrália. Essa comunidade, alvo de preconceito cruel em anos recentes, tem alta taxa de desemprego, uma relação complicada com o sistema educacional e sofre muito abuso policial. Grupos formados exclusivamente por homens

---

35 Ver nota geral de tradução no início do livro, sobre o termo "masculinidade de protesto".

36 Ver nota geral de tradução no início do livro, sobre o termo *queer*.

afirmam a identidade libanesa [*Lebs rule!*[37]], trocam insultos com outras juventudes étnicas e afirmam uma forma de masculinidade baseada em proezas físicas, sucesso heterossexual e capacidade de intimidação. Em face ao racismo, os meninos libaneses exigem respeito dessa maneira e são solidários entre si. Mas, bebendo da fonte de tradições fortemente patriarcais, a dignidade que eles afirmam é masculina e demanda a subordinação das mulheres.

Novamente, a diversidade faz diferença: o *status* de minoria étnica não produz somente um modelo de masculinidade. Mike O'Donnell e Sue Sharpe (2000), por exemplo, descrevem masculinidades entre minorias indianas e paquistanesas na Grã-Bretanha que incluem masculinidades de protesto[38] (o que eles chamam de "subcultura machista" ou "subcultura do macho" [*macho subculture*]) mas também projetos voltados à mobilidade social por meio da educação.

Para grande parte dos meninos, principalmente meninos de classe média, as escolas são as instituições formais mais importantes de suas vidas. O aparecimento de um sistema de educação secundário foi uma condição-chave para a emergência da "adolescência" ou "juventude" como categoria social, segundo historiadores (Irving, Maunders e Sherington, 1995).

Os regimes de gênero dentro das escolas são muito visíveis para os meninos, como demonstrado pela pesquisa de Martino (1994) com estudantes australianos sobre a disciplina de "Inglês"[39] (isto é, gramática e literatura) na escola secundá-

---

37   Expressão em inglês que pode ser traduzida em algo como "Libaneses comandam!"

38   Idem nota de rodapé 14.

39   Note-se que o inglês, no caso, é a língua materna. O equivalente aqui no Brasil seriam as aulas de português (gramática, literatura, redação).

ria. Embora o Inglês seja uma matéria obrigatória, cursada por todos os alunos, os meninos tendem a vê-la como uma matéria voltada para meninas.

Dentro do regime de gênero de uma escola secundária, múltiplas construções da masculinidade são possíveis. Esse fato importante é registrado em muitos estudos (Willis, 1977; Connell et al., 1982; Mac an Ghaill, 1994; Frosh, Phoenix e Pattman, 2002). As diferentes masculinidades não simplesmente coexistem lado a lado. Existem relações concretas de hierarquia, exclusão, negociação e, por vezes, tolerância, entre elas.

Isso é demonstrado vividamente em uma das menores etnografias escolares, *Learning Capitalist Culture* (Aprendendo sobre a cultura capitalista), de Foley (1990). Na escola secundária do Texas rural, que estrela esse estudo, muitos tipos de masculinidade foram encontrados: os *jocks* ou esportistas de ascendência branca/anglo-saxônica, os *vatos* ou latinos que desafiam autoridade, e a "maioria silenciosa", cúmplice, porém inconspícua. Os *jocks* têm o maior prestígio, os *vatos* mantêm uma distância irônica e superior, os *fags*[40] (afeminados ou homossexuais) são alvos de hostilidade, mas a maior parte do *bullying* é praticada por puxa-sacos e não pelos *jocks*. O prestígio, nessa hierarquia, é ligado a prestígio entre as meninas. As *cheerleaders* (líderes de torcida) são o modelo de feminilidade aprovado pela comunidade e só os meninos com maior prestígio arriscam a rejeição e chamam essas meninas para sair. Os outros meninos fantasiam.

As escolas têm muitas características organizacionais em comum, mas seus regimes de gênero podem diferir de maneira significativa. Há uma diferença óbvia entre escolas mistas e aquelas segregadas em termos de gênero. No estudo de Lynch

---

40  Ver nota geral de tradução, no início do livro, sobre o termo *fag* e outros jargões pejorativos.

e Lodge (2002), na Irlanda católica, foram as escolas só para meninos que mostraram ter definições mais marcadas de masculinidade hegemônica.

Os regimes de gênero das escolas podem mudar. Na era dos programas de igualdade entre gêneros, elas são conscientemente alvo de reformas. Tentativas de envolver os meninos na redução do machismo nas escolas vêm sendo feitas há mais de vinte anos (Dowsett, 1985; Novogrodsky et al., 1992). Quando a política antifeminista reacionária surgiu, um de seus resultados foi o surgimento também de programas especiais para meninos, baseados em ideias estereotipadas sobre a masculinidade como algo natural; esses parecem ter surtido pouco efeito (Weaver-Hightower, 2008).

Existe um histórico mais longo de programas especiais para meninos em organizações voltadas para a juventude. Os escoteiros, por exemplo, tentaram levar a masculinidade exploradora para a juventude de classe média da metrópole (Mangan e Walvin, 1987). Foi só recentemente que uma reflexão crítica sobre a masculinidade se tornou possível nesses programas. O programa para a juventude na Alemanha discutido por Heinz Kindler (1993) foi um exemplo pioneiro. Dezenove *workshops* foram criados com o objetivo de aumentar o autoconhecimento entre a juventude, além de sua capacidade de ter bons relacionamentos e seu compromisso com a igualdade de gênero. Eles cobriram tópicos desde carreiras, sexualidade e o corpo masculino até espiritualidade. Nas duas últimas décadas, esses programas se multiplicaram em todo o mundo.

## IMAGINANDO A MASCULINIDADE

Os jovens no programa descrito por Kindler estavam imaginando novas e diferentes maneiras de ser masculino. Isso é algo que a juventude violenta descrita por James Messerschmidt

(2000) e Mart Totten (2000) considera difícil ou impossível de fazer. Reconhecer narrativas alternativas de masculinidade, e diferentes maneiras de ser homem, é um passo crucial para as "maneiras respeitosas de trabalhar com rapazes para reduzir a violência" desenvolvidas e colocas em prática pelo psicólogo David Denborough (1996) em um dos pioneiros exemplos de programa antiviolência.

A criação de narrativas de masculinidade é, evidentemente, comum entre escritores e roteiristas. O que os alemães chamam de *Bildungsroman* – o romance[41] da educação – delineia as complexidades e ambivalências envolvidas no crescimento, e fornece um rico registro cultural das masculinidades. Isso é bem demonstrado na obra-prima do gênero, o *Portrait of the Artist as a Young Man* (*Retrato de um Artista quando Jovem*)\*, de James Joyce. Em outro polo estão as imagens unidimensionais de masculinidade nas histórias de aventura *blood and thunder*[42], primeiro exploradas em milhares de revistas para meninos e agora repetidas nos filmes de ação de Hollywood, cujos meninos e rapazes são o público principal. As narrativas de ficção juvenil e gibis foram usadas por Kimio Ito (1992) para mapear mudanças na identidade de gênero no Japão, principalmente as crescentes tensões e incertezas de meninos e homens.

Mary Rhodes (1994) pediu a adolescentes australianos que criassem histórias em sala de aula. As histórias criadas por grupos, curiosamente, reforçaram imagens dominantes de masculinidade mais do que as histórias criadas individualmente. As histórias criadas individualmente demonstraram maior variedade de tipos

---

41 Romance aqui como gênero literário, novela. No original, *novel of education*.

42 Gênero literário de um tipo específico de folhetim de ficção, ligado a um universo considerado "masculino", repleto de cenas de violência, ação, explosões, guerras. O termo "*blood and thunder*" significa, literalmente, "sangue e trovão".

masculinos. A imaginação também atua em outros contextos. Linley Walker (1997) entrevistou um jovem ladrão de carros em um centro de detenção juvenil australiano. Ele seguia um sistema de regras derivadas de um código antiquado: ganhe seu próprio sustento, proteja mulheres e crianças (ele consertou e devolveu um Mercedes azul roubado por engano de uma mulher) e roube de outros homens. Walker, justificadamente, chama isso de "uma construção fantasiosa de hegemonia masculina" – a masculinidade como uma fantasia de poder.

Margaret Wetherell e Nigel Edley (1999), usando técnicas da psicologia discursiva, propõem que as masculinidades existem não como estruturas consolidadas de papéis, mas como posições imaginárias em um discurso. Homens, na prática, usam essas posições estrategicamente, por vezes adotam-nas, por vezes distanciam-se delas.

Porém, há limites para essa flexibilidade. A maneira pela qual masculinidades são tipicamente imaginadas constrói barreiras fortes em torno de uma zona de comportamento e sentimentos aceitáveis. As entrevistas de Blye Frank (1993) com alunos canadenses da escola secundária de idades entre 16 e 19 anos, descobriu uma hegemonia heterossexual que era imposta pela intimidação de meninos gays e femininos. Pesquisas criminológicas feitas por Steven Tomsen (2002) na Austrália descobriram que assassinatos homofóbicos são frequentemente cometidos por adolescentes ou homens muito jovens, que, ao atacar homens mais velhos que eles acreditam que são gays, sentem que estão defendendo a honra masculina ou punindo os que a burlam. Esses assassinatos são excepcionalmente brutais.

## CONCLUSÃO

Este capítulo propôs uma perspectiva da adolescência e da masculinidade que não assume um ciclo fixo de desenvolvimento, mas que reconhece a realidade do crescimento.

Tudo aponta para a importância de uma abordagem relacional de gênero, que entenda as masculinidades como construções, por vezes provisórias e por vezes em longo prazo, dentro de uma ordem de gênero. O jogo de relações de gênero com outras estruturas de diferença social e desigualdade significa que a construção da masculinidade tem diferentes pontos de partida em diferentes histórias de vida. Isso resulta em uma diversidade de trajetórias, muito bem documentada nas pesquisas modernas.

A adolescência não é uma fase fixa de desenvolvimento; ela é, sim, um período mais ou menos delineado da vida em que certos tipos de encontro acontecem. Corpos em desenvolvimento são reinterpretados e enfrentam desafios, e às vezes são danificados. Instituições, incluindo a escola secundária, são enfrentadas e negociadas, e os poderes do mundo adulto são abordados e confrontados.

Esses encontros formam uma arena de prazer, humor, curiosidade, construção de relacionamentos e sucesso, mas também uma arena de ansiedade e violência. Ao reconhecer a criatividade e a inventividade de pessoas jovens, não podemos nos esquecer de sua pouca idade, e da muitas vezes desajeitada combinação de potências corporais adultas com a falta de experiência e a dúvida. Muitas vezes, erros, hipersimplificações e ódio decorrem daí.

A adolescência é inerentemente transitória. A maioria dos "adolescentes" se vê como jovem adulto ou quase-adulto em vez de membro de uma faixa etária distinta. As masculinidades da adolescência, em geral, são muito relacionadas às masculinidades definidas para adultos nas comunidades a que pertencem – embora não copiem simplesmente os modelos antigos. Há contradição, distanciamento, negociação e às vezes rejeição de velhos modelos, o que permite que novas possibilidades históricas surjam.

# 7:
# PERSPECTIVAS DO NORTE E DO SUL SOBRE A MASCULINIDADE

## O MOMENTO ETNOGRÁFICO

Na época em que a pesquisa contemporânea sobre masculinidades surgiu, análises feministas já haviam demonstrado que quase todo discurso acadêmico se tratava, em certo sentido, de "estudos dos homens" – isto é, uma forma de conhecimento preponderantemente construída por homens, que priorizava os interesses e perspectivas de homens e marginalizava as mulheres. Mas esse conhecimento existia sem a tematização dos homens como possuidores de gênero. De fato, um dos enganos mais comuns das humanidades, das ciências sociais e mesmo das ciências biomédicas era tomar o "homem" como norma, como representante do universal. Homens, assim, eram tratados como não tendo gênero, sendo que "gênero" significava "mulheres".

A crítica feminista dos anos 1970 destruiu a assumção dessa lógica – embora a prática de construção do conhecimento a partir da perspectiva masculina tenha continuado (por exemplo, na economia neoclássica), e a equação de "gênero" com "mulheres" persista na formulação de políticas públicas no mundo todo. A principal consequência científica do movimento de liberação das mulheres foi o crescimento dos estudos da mulher como área acadêmica. Mas, ao mesmo tempo, abriu-se um caminho para a análise dos homens como participantes nas relações de gênero, e para os estudos das configurações das práticas sociais associadas à posição dos homens em relações de gênero, isto é, modelos de masculinidades.

Uma das contribuições pioneiras desse novo segmento foi o livro publicado na Alemanha em 1985 por duas pesquisadoras feministas, Sigrid Metz-Göckel e Ursula Müller, *Der Mann: Die BRIGITTE-Studie*. Ele trouxe uma pesquisa abrangente das relações de gênero com foco na situação dos homens, e ajudou a estabelecer um novo segmento da pesquisa de gênero.

Nas ciências sociais da metrópole global, isto é, da Europa ocidental e da América do Norte, já havia uma estreita linha de pesquisa e discussão sobre o assunto. Estudei os escritos em língua inglesa sobre o assunto com meus colegas Tim Carrigan e John Lee, e publicamos os resultados no mesmo ano em que *Der Mann* apareceu. Descobrimos uma literatura banal e abstrata de cunho sócio-psicológico sobre o "papel masculino", um discurso popular confuso sobre "liberação dos homens" e uma vaga literatura sobre a história das ideias de masculinidade.

Mas, mais interessante do que isso, havia uma literatura psicanalítica sobre as contradições emocionais envolvidas na formação da estrutura do caráter de homens adultos (até mesmo *The Authoritarian Personality*[43][A personalidade autoritária] poderia ser lido como uma análise das formas de masculinidade), e havia uma crítica contundente à masculinidade heterossexual, feita pelo movimento da libertação gay. Havia também, começando, uma literatura etnográfica focada nos homens e na masculinidade, advinda tanto de estudos antropológicos em sociedades não-ocidentais quanto de estudos socialistas-feministas em distintos ambientes de trabalho.

---

43   Obra de Theodor W. Adorno, Else Frenkel-Brunswik, Daniel Levinson e Nevitt Sanford, sem publicação no Brasil.

Nos vinte anos após 1985, essa literatura de pesquisa cresceu com velocidade impressionante. *Der Mann* continuou sendo uma das poucas pesquisas quantitativas abrangentes sobre as práticas de gênero dos homens na vida cotidiana. Mas novos estudos quantitativos de psicologia social baseados em escalas de masculinidade/feminilidade se multiplicaram, e novas escalas de masculinidade foram produzidas. Surgiram historiografias muito superiores, baseadas em cuidadosas análises documentais. Estudos de histórias de vida de homens com profissões específicas, ou em contextos sociais específicos, se multiplicaram. E também proliferaram as análises culturais da construção das masculinidades em textos ficcionais, na publicidade, nos filmes e nos esportes.

Etnografias de comunidades ou localidades específicas com observação participante também se multiplicaram: uma subárea particularmente rica foi a das etnografias de escolas, como cenários nos quais formas de masculinidade são construídas e aprendidas e onde as relações entre elas são negociadas. Estudos sobre a paternidade, sobre violência masculina, sobre masculinidade militar e estudos sobre masculinidade organizacional e executiva emergiram ou se expandiram (não desejo que este artigo fique abafado por uma vasta lista de referências; pode-se encontrar pontos de entrada dessa literatura em Connell, 2005; Kimmel, Hearn e Connell, 2005; e no trabalho de contribuintes desse volume incluindo Hagemann-White, Meuser e Hearn).

Chamo esta fase de "momento etnográfico" da pesquisa sobre masculinidades. A etnografia clássica com observação participante é somente um dos métodos de pesquisa. A literatura como um todo, não obstante, compartilha como a etnografia clássica um foco no registro das especificidades da cultura e das relações sociais em um lugar particular, em certo período. Podemos ver o campo da pesquisa sobre masculinidades se desenvolvendo, nesse período, como uma crescente montagem de documentação etnográfica.

A rica documentação etnográfica foi importante para superar a forte tendência na literatura popular, especialmente na psicologia popular, de tratar "homens" como um grupo homogêneo, e "masculinidade" como uma entidade a-histórica e fixa. Os detalhes etnográficos também chamaram a atenção de pessoas de fora do mundo acadêmico. Ao longo dos anos 1990, houve um grande desenvolvimento de várias formas aplicadas de conhecimento, baseadas nesse momento etnográfico da pesquisa da masculinidade (Connell, 2000). O trabalho feito com a educação de meninos foi uma delas, dada sua urgência a partir do pânico da mídia quanto a uma suposta "falha" dos meninos na educação e o ressurgimento de ideias essencialistas sobre as diversas maneiras de aprender dos meninos[44]. Esforços de prevenção da violência constituíram outra aplicação, tanto no nível da violência pessoal quanto no nível do conflito civil e da guerra. Desenvolveu-se um discurso sobre a saúde masculina, em que a pesquisa sobre masculinidades ofereceu um contraponto à categorização simples predominante nas ciências biomédicas quando falavam de gênero. A clínica psicológica voltada para meninos e homens também se expandiu muito.

Talvez o desenvolvimento mais notável no segmento, no entanto, tenha sido sua rápida transformação em uma área de conhecimento mundial. Na medida em que cresceu a documentação etnográfica na Alemanha, na Escandinávia, na Grã-Bretanha, na América do Norte e na Australásia, estudos sobre os mesmos tipos de questões cresciam na América Latina, no sudeste da África, na região mediterrânea, entre outras áreas. Por exemplo, o programa mais duradouro de pesquisa e documentação sobre homens e masculinidades em qualquer lugar do mundo foi lançado no Chile m meados dos

---

[44] Sobre esse quadro educacional, especificamente no Brasil, consultar os trabalhos de Marília Pinto de Carvalho (USP).

anos 1990, atraindo pesquisadores de toda a América Latina. No meio dos anos 2000, não havia apenas estudos individuais, mas também coleções publicadas com pesquisas descritivas e estudos aplicados em praticamente todos os continentes ou áreas culturais, incluindo masculinidades africanas, islâmicas, do leste da Ásia, masculinidades cambiantes na Índia, e outras.

Na medida em que a pesquisa de masculinidades se multiplicou pelos continentes, a documentação da diversidade de masculinidades passou a uma nova ordem de magnitude. O desenvolvimento era animador, ainda que fosse só por essa razão. Com o tempo, no entanto, ficou claro que a aparição de uma área de conhecimento mundial teria, mais uma vez, profundas consequências.

## A ARENA GLOBAL DE CONHECIMENTO

Na segunda metade do século XX, depois de uma série de crises e convulsões, o capitalismo foi restabelecido sob a hegemonia dos EUA como um sistema global de relações econômicas. Firmas internacionais, primeiramente chamadas de "corporações (ou empresas) multinacionais", se tornaram as principais instituições de produção e marketing. Nos anos 1960, inicialmente por causa da necessidade dessas corporações de terem fundos para transações internacionais, um novo corpo de capital sem monitoramento do Estado se tornou visível. O mercado do eurodólar veio primeiro, seguido imediatamente pelo mercado do petrodólar. Quando chegaram os anos 1980, era crescente a integração dos mercados de capital e moeda das maiores potências econômicas, e as corporações multinacionais tinham adotado estratégias de terceirização internacional de componentes, o que resultou em uma descentralização global da produção industrial. Economias de baixos salários e áreas em desenvolvimento no México, na China, no sul da Ásia e em outros lugares, de uma hora para a outra se tornaram importantes nas estratégias de grandes corporações, e o cinturão da ferrugem surgiu no vale do Ruhr, no norte da Inglaterra, e na Pennsylvania.

Jornalistas de negócios nos anos 1980 começaram a escrever sobre "globalização" como uma maneira de resumir essas mudanças. A ideia ganhou força com o surgimento da ideologia e da política neoliberal, a partir do final dos anos 1970, que guiaram o crescimento do comércio internacional e, em certo grau, padronizaram os regimes de políticas de diferentes países. Nos anos 1990, a ideia foi adotada por sociólogos e teóricos culturais. Uma literatura sobre a nova forma da sociedade Falava-se muito de compressão espaço-temporal, homogeneização cultural ou hibridismo e interfaces locais/globais.

A questão também foi adotada por estudiosas do feminismo, e uma literatura começou a surgir sobre globalização e gênero. A principal preocupação dessa pesquisa era a documentação do impacto dos processos de globalização nas vidas das mulheres. Mulheres migrantes se tornaram muito mais importantes nos estudos feministas; a literatura sobre "mulheres e desenvolvimento", anteriormente bastante separada das pesquisas feministas na metrópole global, ganhou mais significado; e os escritos feministas pós-coloniais (Spivak, Mohanty, Lourdes[45] e outras) receberam mais atenção no mundo acadêmico da metrópole.

Ao final dos anos 1990, essas preocupações também tinham integrado o campo das pesquisas sobre masculinidades, e uma discussão sobre "masculinidades e globalização" se iniciou.

---

45 Para tomar contato com o trabalho dessa linha teórica do pensamento feminista, recomendamos a leitura de *Gênero – Uma perspectiva global*, de Raewyn Connell e Rebecca Pearse, lançado pela editora nVersos em 2015.

Esse projeto envolveu a aceitação da proliferação global da pesquisa sobre masculinidade e a exploração de sua relevância para as políticas públicas. Com a ajuda de um conceito de globalização, poderia se começar a ordenar a torrente de informações, recém-chegadas, sobre as vidas dos homens e os dilemas da masculinidade em diversas partes do mundo. Em particular, isso gerou uma maneira de falar sobre as mudanças nas vidas dos homens: seja nas discussões na América Latina sobre o impacto da restruturação neoliberal dos modelos tradicionais de paternidade patriarcal, seja nas discussões no Oriente Médio quanto à turbulência cultural sobre a masculinidade ser um resultado da influência cultural do Ocidente, da dominação econômica e das resistências locais. Certamente. A ideia de "globalização" em boa parte desta discussão era muito simplificada, mas pelo menos ela fornecia um quadro de referência amplamente conhecido.

Também foi possível associar a literatura internacional sobre masculinidades às discussões internacionais sobre desenvolvimento e resolução de conflitos. O projeto de "mulheres e desenvolvimento", que tinha criticado a exclusão das mulheres dos programas pós-coloniais de desenvolvimento econômico e social, estava, nesse momento, se transformando em uma linguagem de "gênero e desenvolvimento", com uma preocupação explícita em tematizar o papel do homem na criação das desigualdades e – com sorte – remediá-lo. Os esforços de paz e de resolução de conflitos, os quais tinham dado atenção às mulheres como criadoras ou conservadoras da paz, agora também se voltavam aos homens como atores generificados – tanto na produção da violência como na criação da paz.

Ao início da nova década, agências internacionais estavam desenvolvendo essas ideias preliminares para transformá--las em um discurso político generalizado. Três agências das Nações Unidas (a Organização Internacional do Trabalho, o Programa Global para a Aids, e a Divisão para o Avanço das

Mulheres) coordenaram uma discussão internacional sobre o papel de homens e meninos na conquista da igualdade de gênero, a qual bebeu amplamente da fonte do "momento etnográfico" da pesquisa sobre masculinidades em todo o mundo. Essa iniciativa produziu um documento adotado na reunião de 2004 da Comissão da ONU sobre a Situação da Mulher, um comitê permanente de sua Assembleia Geral.

Por trás desses desenvolvimentos, no entanto, estava outro tipo de mudança – uma mutação epistemológica. A natureza dessa mudança fica clara quando pensamos no debate sobre o papel do homem nos estudos de desenvolvimento e nas políticas de desenvolvimento. Quando o discurso de "mulheres no desenvolvimento" mudou para um discurso sobre "gênero e desenvolvimento", um espaço, de certa forma, estava sendo encontrado para os homens. Isso foi necessariamente assim porque a ideia básica de gênero tem a ver com uma relação (mais precisamente um modelo de relações), e não com uma categoria única. Mas os homens já estavam, é claro, nos programas de auxílio ao desenvolvimento, em peso. Esse foi o problema-alvo do movimento de "mulheres pelo desenvolvimento". O que estava faltando eram as análises dos homens como atores generificados, dos modelos de masculinidade e da maneira como foram envolvidos na distribuição de recursos e na formulação de estratégias de desenvolvimento. Entretanto, destacar o homem dentro do discurso de gênero e desenvolvimento abriu a possibilidade para que os homens – alguns homens, pelo menos – voltassem a ocupar a única parte do campo do desenvolvimento da qual as mulheres haviam conquistado algum controle.

Como agências de desenvolvimento agora têm muito mais consciência de questões de gênero do que há uma geração atrás (esquemas de microcrédito são um sinal disso, ainda que sejam duvidosos como estratégia de desenvolvimento), o perigo de uma invasão do "gênero-e-desenvolvimento" por homens não é expressivo. Contudo, o debate em si propôs a questão da dinâmica de gênero dentro de um tipo específico de instituição global, isto é, a indústria do auxílio ao desenvolvimento e às ONGs e agências intergovernamentais que são a sua forma institucional – o que parece ter grandes implicações. Isso abre toda uma questão par compreendermos as relações de gênero no espaço transnacional.

Uma conclusão semelhante surge quando pensamos nas pesquisas sobre masculinidade em relação à epidemia de HIV/ Aids. Alguns dos melhores trabalhos etnográficos (em um sentido amplo) sobre masculinidades, sexualidade e violência, seja na África, na Austrália ou na América Latina, desenvolveram-se como uma reação à crise da Aids, muitas vezes patrocinados por agências de saúde ou ONGs dedicadas à Aids. A ação local é vital, não somente em relação à prevenção, mas também em relação aos tratamentos e à assistência. Então estudos de ordens de gênero patriarcais locais e seus papéis na criação de vulnerabilidade entre mulheres continuam sendo importantes (ver Thege, 2009).

No entanto, essa é uma questão mundial. O vírus se espalha em viagens internacionais, a vulnerabilidade é criada por meio da dinâmica econômica internacional, e a coordenação internacional de esforços de prevenção é crucial. Como Silberschmidt (2004) observa com base em pesquisas no leste da África, o perigo para as mulheres vem não tanto das formas tradicionais de privilégio de gênero dos homens, mas, em muito, de uma perturbação pós-colonial nas relações de gênero e das tentativas de reafirmar o poder masculino em circunstâncias diferentes. O significado específico da sexualidade masculina na epidemia não pode ser entendido sem uma confrontação com as relações de gênero em arenas transnacionais.

Isso é uma questão que vai além das capacidades do "momento etnográfico" como abordagem de pesquisa, porque os métodos usados naquele momento tinham a ver com as especificidades da masculinidade em certa época e em certo lugar, isto é, uma cultura específica, ou instituição, profissão etc. Pode-se dizer que, apesar da preocupação explícita em grande parte das pesquisas do momento etnográfico com as questões de mudança, há uma tendência forte de pensar em cada ordem de gênero estudada nessa literatura como um tipo de modelo cultural consolidado localmente, um elo vagamente conectado com o que se revela em outras etnografias.

Na realidade, já havia um corpo de pesquisa lidando com essas questões, embora suas implicações metodológicas não tenham sido imediatamente reconhecidas, que foi a pesquisa histórica sobre o imperialismo, gradualmente afetada pelo crescimento dos Estudos sobre a Mulher. A pesquisa sobre as mulheres como colonizadoras e sobre as mulheres em comunidades colonizadas aumentou e foi eventualmente suplementada pela pesquisa com foco em gênero sobre homens como colonizadores e colonizados. O colonialismo entrou em foco como um campo das dinâmicas de gênero. O estudo mais antigo sobre "cultura masculina" e colonialismo foi o trabalho do historiador neozelandês Phillips, cujo primeiro artigo sobre essa questão foi publicado ainda em 1980 – sintomaticamente, em uma coleção entitulada *Women in New Zealand Society*. (Mulheres na sociedade da Nova Zelândia). Mais e melhores pesquisas históricas seguiram-se, notadamente o trabalho clássico de Morrell sobre as instituições do colonialismo na África do Sul.

O que essa pesquisa histórica demonstrou foi que o imperialismo não teve somente impacto nas ordens de gênero de sociedades colonizadas. O imperialismo foi necessariamente um processo generificado; masculinidades específicas e relações de gênero específicas foram inscritas no projeto da colonização em si. A construção de impérios mundo afora não pode ser vista como anterior à produção dos efeitos de gênero. O gênero estava embutido e foi formativo nessa construção inicial de um espaço transnacional e transregional.

E se isso foi verdade quanto ao imperialismo, não seria também verdade quanto ao descendente direto do imperialismo – o sistema contemporâneo do capitalismo global? Tanto a pesquisa histórica quanto as questões que surgiram da aplicação da pesquisa historiográfica contemporânea convergem, assim, na ideia das arenas de interação social no espaço transnacional, isto é, as instituições de negócios, política e comunicação transnacional, como tendo sido generificadas desde o início. Os regimes de gênero dessas instituições estão abertos para estudos, a ordem de gênero do espaço transnacional, como um todo, precisa ser mapeada – e, como parte desse esforço, as masculinidades construídas neles precisam ser pesquisadas.

## ALGUMAS VISÕES SULISTAS DE MASCULINIDADE

Prestar atenção a sociedades, culturas e histórias para além da metrópole limpa o terreno para outra mudança epistemológica. O feminismo descobriu isso nas conferências da Década da Mulher da ONU, nas quais mulheres da metrópole global perceberam outras de diversas partes do mundo não compartilhavam de sua visão e se opuseram a parte de sua agenda política. Parte disso aconteceu pelo fato de que as delegações oficiais dessas conferências foram indicadas por governos-membro – é fácil se esquecer de que a ONU é uma associação de governos – quase sem exceção, dominados por homens. Mas na medida em que a experiência foi digerida, cada vez mais se aceitou que havia uma diversidade global nas situações, nos propósitos e políticas das mulheres. Como afirmou Bulbeck (1998), havia uma necessidade de reorientar os feminismos ocidentais à luz dessa experiência: de reconhecer a multiplicidade de conhecimentos e agendas políticas.

A pesquisa sobre homens, inspirada no feminismo, não pode ser uma exceção a esse princípio. Mas o que pode ser feito, se as novas análises da masculinidade, ou de práticas de gênero dos homens, surgem em disciplinas tais como sociologia e psicologia, que sem dúvida estão inscritas numa episteme metropolitana? Uma coisa que pode ser feita imediatamente é procurar discussões sobre essa questão, ou sobre questões relacionadas, vindouras de comunidades colonizadas ou de situações pós-coloniais. E não é difícil encontrar essas discussões, quando se está procurando.

Tomemos o exemplo do romance famoso *Things Fall Apart* (O Mundo se Despedaça)\*, de Chinua Achebe. Publicado pela primeira vez em 1958, e agora considerado um grande clássico da literatura pós-colonial, ele conta a história de um homem que se destaca na vida pública de uma vila ao desempenhar perfeitamente todas as demandas de produção, política, religião e relações familiares que definem uma masculinidade honrada. Mas ele também demonstra como essa masculinidade exemplar entrou em crise, e então se mostrou inadequada frente às novas pressões e demandas. Também mostrou os novos poderes introduzidos à situação quando missionários e o governo colonial chegam à região.

Apenas alguns anos antes, do outro lado do Atlântico, o poeta mexicano Octavio Paz havia publicado outro livro que ficaria famoso, o *Laberinto de la Soledad* (Labirinto da Solidão)\*. Um longo ensaio sobre a sociedade e a cultura mexicana, principalmente os limites da revolução mexicana, *Labirinto* contemplou muitas questões e não foi, em nenhum sentido, um estudo técnico sobre gênero. Ele tinha, não obstante, muito a dizer sobre a situação e o caráter de homens e mulheres. A rigidez da divisão de gêneros na cultura urbana, a opressão da mulher e a inflexibilidade da forma dominante de masculinidade estavam entre os temas de Paz. *Labirinto* desencadeou uma longa discussão sobre o machismo na vida mexicana e na sociedade latino-americana mais amplamente, precedendo a pesquisa de masculinidade discutida posteriormente.

Não esgotamos ainda os anos 1950. Apenas dois anos depois do surgimento da obra-prima de Paz, o primeiro livro de um jovem psiquiatra veterano da guerra da Martinica foi publicado em Paris. Sua publicação passou quase despercebida em 1952, mas com o tempo *Peau noire, masques blancs* (Pele negra, máscaras brancas)* se tornou ainda mais famoso de que *Labirinto*. Seu autor, Frantz Fanon, se tornou um ícone da revolta do terceiro mundo e seu último livro, *Les Damnés de la Terre* (Os condenados da Terra)*, tornou-se a análise mais influente já escrita do colonialismo, do neocolonialismo e da luta para acabar com eles.

*Pele negra, máscaras brancas* é uma análise brilhante, amarga e perturbadora do racismo, tanto na França metropolitana quanto no império colonial, ao longo do qual Fanon analisa a psicodinâmica tanto da consciência negra quanto da branca. Quase incidentalmente, o livro também é uma análise das masculinidades brancas e negras, e de suas relações dentro do colonialismo e da cultura racista. As mulheres estão presentes no livro, mas somente em termos de suas relações sexuais com homens negros e brancos ou como objetos de fantasias sexuais. Fanon deixa claro que o colonialismo é um sistema de violência e de exploração econômica; as consequências psicológicas advêm de relações materiais. Dentro dessa estrutura, a masculinidade negra é marcada por emoções divididas, e por uma alienação imensa da experiência original. Essa alienação é produzida na medida em que os homens negros lutam por encontrar uma posição, e reconhecimento, em uma cultura que os define como biologicamente inferiores, de fato como um tipo de animal, e faz deles objetos de ansiedade ou medo.

Trinta anos depois, temas semelhantes foram adotados pelo psicólogo indiano Ashis Nandy em outro livro notável, *The Intimate Enemy: Loss and Recovery of Self under Colonialism* (1983) (Inimigo íntimo: perda e recuperação de si sob o colonialismo). O tema de Nandy é o império inglês e não francês, mas, como Fanon, ele tenta juntar uma análise psicológica com uma análise cultural dentro de uma perspectiva realista do imperialismo. Já discuti consideravelmente a análise de Nandy em *Southern Theory* (Connell, 2007a) (Teorias do Sul), então não vou me prolongar quanto a isso aqui. Contudo, é significativo que Nandy também desenvolva uma análise da dinâmica da masculinidade tanto entre colonizados quanto entre colonizadores; e argumenta que essas dinâmicas estão profundamente conectadas. O colonialismo tende a exagerar as hierarquias de gênero e a produzir masculinidades simplificadas e direcionadas pelo poder entre os colonizadores.

Podemos imediatamente encontrar, então, uma literatura na periferia global, compartilhando os temas da pesquisa da masculinidade desenvolvidos na metrópole global, mas que também tem preocupações distintas – especialmente o processo e os efeitos da colonização, as consequências das hierarquias raciais, e os correlatos culturais e psicológicos da dependência econômica. Existe, no entanto, algum perigo na leitura dessa literatura através da lente da pesquisa contemporânea sobre masculinidade? Pode ser que a mudança epistemológica necessária seja ainda mais profunda.

Quando a pesquisa de gênero foi lançada na África pós--colonial dos anos 1970, havia uma tentativa de localizá-la dentro das perspectivas africanas. A questão surgiu sobre se o próprio conceito de gênero poderia ser aplicado na África. O livro *The Invention of Women* (1997) (A invenção das mulheres), de Oyěwùmí, argumentou que a linguagem da sociedade Oyo-Yorubá pré-colonial não tinha gênero e que não havia categoria social correspondente à categoria ocidental "mulher". O princípio organizador principal na sociedade Oyo, ela argumentou, era a senioridade, ou seja, autoridade de acordo com idade, sem relação com o sexo anatômico. As categorias de gênero ocidentais são uma intrusão imposta nas pessoas locais sob o colonialismo, e o feminismo ocidental dá continuidade a esse imperialismo cultural.

Mas outros acadêmicos enxergam modelos de gênero na cultura yorubá pré-colonial. Bakare-Yusuf (2003) cita provérbios Yorubá misóginos e outros indícios culturais de modelos generificados de poder. Oyĕwùmi, ela argumenta, interpretou erroneamente a situação ao olhar apenas para as propriedades formais da linguagem, deixando escapar a maneira pela qual a linguagem se inscreve nas práticas sociais, e como a experiência é corporificada. A linguagem da senioridade, por exemplo, pode mascarar a marginalização de muitas mulheres e o abuso da juventude. E a cultura Yorubá tampouco era um sistema fechado – absorveu muitas influências, continha tensões e sempre esteve sujeita a mudanças.

Esse argumento não surgiu (até onde sei) na literatura sobre a masculinidade, mas é muito possível que surja. Podemos aprender com ele, assim como podemos aprender com a teoria desconstrucionista na metrópole, que as categorias de análise de gênero devem sempre ser abertas a interrogação. Ao pular entre continentes, temos de tomar cuidado com a bagagem que carregamos.

Dito isso, também temos de reconhecer que não vivemos em um mundo mosaico, onde as culturas locais são separadas e distintas. Tanto o colonialismo quanto o liberalismo tiveram efeitos corrosivos e reestruturadores poderosos, produzindo novas formas de ordem social e conflito social para além daquelas das sociedades pré-colonização, tanto na metrópole quanto na periferia. Esse é o mundo sobre o qual agora temos de pensar, e, para entendê-lo, vamos precisar de todas as ferramentas das teorias do Sul, do Norte e daquelas que ainda não conhecemos.

# parte III

## MULHERES TRANSEXUAIS

# 8:
# DUAS LATAS DE **TINTA**, HISTÓRIA DE **VIDA** DE UMA PESSOA **TRANSEXUAL**

### UMA ENTREVISTA

Você derruba duas latas de tinta, e a que tem a cor mais forte captura a que tem a cor mais fraca. E foi isso que aconteceu comigo. Eu estava sofrendo... E de repente toda minha vida ficou desequilibrada, se quiser, chame de *yin* e *yang*, preto e branco, como quiser. Enfim, ficou desequilibrada e o lado mais forte assumiu o mais fraco. Não tive controle, absolutamente nenhum, e vou te contar, foi terrivelmente assustador.

No fim da década de 80, quando eu estava fazendo a pesquisa sobre histórias de vida de homens que posteriormente se transformou no livro *Masculinidades*, um jornal de Sydney publicou um texto sobre meu projeto. Alguns dias depois, recebi na universidade uma carta de uma mulher dizendo que queria ser entrevistada para o projeto, sendo o motivo o fato dela, outrora, ter sido homem. Embora fosse uma tonalidade fora do plano de amostragem do projeto, era uma história que eu queria ouvir. Assim, alguns dias depois, bati à porta do apartamento de Robyn, localizado no centro da cidade, carregando meu fiel gravador e (felizmente) fitas extras.

Robyn Hamilton (dou esse pseudônimo porque existe um trauma familiar envolvido na história) tinha 67 anos quando a entrevistei, mais ou menos sete anos após a cirurgia de redesignação de gênero. Ela era dona de um apartamento modesto que parecia cheio de decorações, móveis e fotografias, e era evidente a quantidade de tempo em que havia vivido ali e o trabalho realizado no apartamento. Robyn comentou: "Minha casa provavelmente indica não ser de homem, eu sou feminina e gosto disso". Ela tinha um problema sério no quadril e estava confinada em seu apartamento; era obrigada a usar muletas, e tinha uma amiga que a ajudava com tarefas.

Robyn tratou a entrevista como uma oportunidade. Colocou uma saia longa e se maquiou, se preparou tirando três álbuns fotográficos. Começamos e terminamos com excursões pelos álbuns, iniciando com seus arquivos familiares e finalizando com o "registro fotostático" da transição de Robyn. Havia ainda muito mais que isso. A entrevista durou três horas, e terminou apenas quando eu estava muito cansada para continuar, após um dia inteiro dando aula.

Num certo nível, foi uma das entrevistas mais fáceis que já fiz na minha carreira de pesquisadora social. Nos termos dos problemas comuns de trabalho sobre histórias de vida (Plummer, 2001), a entrevista era uma preciosidade. Robyn estava bastante motivada, forneceu a estrutura narrativa e interpretações em abundância. Eu parecia estar numa forma excepcionalmente boa como entrevistadora, demonstrando interesse e fazendo perguntas direcionadas com habilidade. Boa parte da transcrição soa como prosa escrita, algo que entrevistadores experientes entendem ser incomum.

Em contrapartida, foi a entrevista mais difícil que já fiz. Eu sou uma mulher transexual também, mas na época estava tentando ao máximo viver como homem. Frente às mesmas questões de Robyn, tinha tomado todas as decisões inversas. Mas tais decisões não encerram a questão. Essas questões viviam nas minhas emoções e provavelmente foram responsáveis tanto pela minha empatia quanto tensão na entrevista.

Possivelmente também foram responsáveis pela minha incerteza sobre o que fazer com a entrevista posteriormente. Robyn tinha um motivo político para querer que eu recontasse sua história: *Quero que as pessoas entendam que transexuais são apenas pessoas normais.* No entanto, eu não conseguia pensar numa forma de fazer isso que não a colocasse como um "caso"; e eu não queria me colocar como uma especialista acadêmica na transexualidade. Nisso a questão foi encerrada.

Minha situação mudou – comecei quinze anos depois – assim como as leituras culturais da transexualidade também mudaram. Tentarei fazer agora o que Robyn me pediu. Enfatizo que essa é a história *dela*, e não um ventriloquismo de pesquisa de minha parte. Robyn montou a entrevista, estruturou a narrativa, determinou a linguagem, e forneceu as ilustrações. Nessa entrevista eu estava trabalhando para ela, e nesse artigo eu espero fazer justiça a sua história. Voltarei às minhas questões sobre a entrevista, ao final.

## SENDO UM HOMEM

Robyn, batizado Jack, nasceu pouco depois da Primeira Guerra Mundial, como filho de pais imigrantes com diferentes contextos étnicos (embora ambos fossem europeus, uma consideração crucial na Austrália branca dos anos 20). Ela não se lembra de sua mãe, que morrera quando Jack tinha 2 anos. Jack foi criado em vários lares adotivos; seu pai mantivera contato, ainda que evidentemente não se sentisse capaz de criar uma criança. Na época, na Austrália isso era considerado como trabalho de mulheres. Robyn lembra vividamente de suas mães adotivas, seus irmãos adotivos, e de vários incidentes da infância de Jack.

Não se lembra de episódios precoces sobre dúvidas em relação ao gênero. Nas narrativas publicadas sobre transexualidade, os/as autores/as iniciam costumeiramente por episódios de transgressão de gênero [*gender crossing*] na infância. Jan Morris (1974), num relato famoso, conta estar sentado embaixo do piano de sua mãe aos 3 anos e perceber "que eu tinha nascido no corpo errado, e que na verdade deveria ser uma menina". Katherine Cummings (1992), na Austrália, conta sobre pegar o uniforme escolar de sua irmã para vesti-lo.

A história de Robyn é diferente. Ela leu livros sobre transexualidade, por isso sabe sobre as histórias de manifestação precoce. Ocasionalmente joga um comentário irônico sobre como tal e tal evento poderia ter sido uma *primeira impressão sobre o desejo de ser mulher* – tal como ver uma de suas mães adotivas lutando para colocar roupas íntimas pela manhã sem tirar a longa camisola (por pudor).

Mas esses comentários são jocosos e Robyn dificilmente os leva a sério. A forte narrativa principal diz respeito a crescer diretamente como um menino e se tornar um homem competente e até mesmo bem-sucedido. As dificuldades que Jack enfrentou não vieram de problemas de gênero, mas sim econômicos, porque cresceu durante a Grande Depressão[46]. Seu pai (cada vez mais instável e possivelmente seriamente deprimido após a morte da esposa) não tinha recursos para mantê-lo numa educação de tempo integral. Como a maioria

---

46  N.T.: termo utilizado em referência ao momento histórico da crise de 1929 nos EUA.

dos meninos australianos de sua geração, Jack deixou a escola secundária após alguns anos e se tornou um trabalhador. Ele teve sorte de conseguir uma formação e por isso se tornou um comerciante na indústria de metal, no começo da Segunda Guerra Mundial.

Estar em uma profissão protegida o manteve fora das forças armadas. Robyn conta a história de ter se voluntariado para as Forças Aéreas, e depois de ter sido chamada para o Exército, mas todas as vezes o alistamento fora cancelado. Jack sobreviveu durante a guerra fazendo equipamentos industriais variados, a maioria relacionada à refrigeração, e por isso estava bem posicionado para o *boom* industrial e de construção que se seguiu após a guerra. Por mais ou menos vinte anos após a guerra, Jack trabalhou nessa indústria altamente masculinizada, subindo de assistente para comerciante, depois chefe e depois para cargos gerenciais. Segundo o relato de Robyn, ele gostava:

Eu era feliz, satisfeita de ser um homem. Sempre trabalhei como homem, gostava da minha autoridade, gostava do poder que eu tinha. Porque amava andar pela fábrica com todos aqueles tornos em funcionamento, com o barulho das máquinas, e dizer "faço parte disso".

No meio de sua carreira, Jack se casou. Estava morando na ACM após deixar o último lar adotivo (algo comum, considerando a falta de moradia na época), e era muito ativo nos grupos de jovens cristãos, associação de caminhada etc. Através de um desses grupos, conheceu Meg, achou-a atraente e sua família agradável, namorou-a e se casaram. Jack tinha 28 na época e nunca tinha transado com ninguém (novamente, algo comum naquele meio social). Eles viveram por alguns anos numa pensão, depois compraram uma quadra de terreno nos limites urbanos da cidade, construíram uma casa, e se tornaram parte da vasta expansão de 1950 do subúrbio australiano.

Tanto Jack quanto Meg pareciam aceitar a rígida divisão do trabalho por gênero, um ideal cultural na Austrália na época (Game e Pringle, 1979). Jack era o chefe da família e fazia bastantes horas extras para ajudar no financiamento da casa, e posteriormente no financiamento de casas maiores, nos limites da cidade, as quais construíram e, posteriormente, para onde se mudaram. Jack eventualmente começou a trabalhar num segundo emprego como taxista. Meg era a dona de casa que esperava ter filhos e ser sustentada. Ela teve um aborto espontâneo bastante traumático que quase lhe custou a vida. Jack foi mantido distante mesmo diante dessa crise: "Quando a levei no hospital, as enfermeiras disseram, 'não queremos você aqui, esse é um hospital para mulheres', e me expulsaram". Após esse incidente, o casal adotou dois filhos, um deles teve problemas de desenvolvimento e saúde crônicos.

O casamento seguiu, então, a convenção, mas, segundo Robyn, não era realmente feliz. Não havia um forte vínculo sexual, e Jack ressentia a atenção dada por Meg à sua própria família. As longas horas de trabalho separaram Jack da vida familiar e das amizades locais. Havia tensões econômicas, especialmente após um presidente moderno da empresa de engenharia ter demitido todos os gerentes que não tinham diplomas universitários. Isso acabou com a carreira de Jack. Ele recorreu ao táxi, se tornando dono e motorista do negócio. Contudo, havia graves problemas nesse setor. Robyn descreve com detalhes uma mistura de corrupção, intimidação e burocracia, bastante verossímil em se tratando da Sydney dos anos 60. Meg não pareceu fornecer apoio.

Seguiram, através de passos complicados, a uma separação após vinte anos de casamento. Jack se mudou do subúrbio para o centro da cidade, mantendo-se como taxista durante a separação de bens do divórcio. Não parece ter sido uma separação amarga, mas foi rapidamente seguida por um grande acontecimento.

## MUDANÇA

Por volta desse ponto da entrevista, há uma mudança no estilo narrativo de Robyn. Há menos história cronológica detalhada, mais relatos em círculos e com mais repetições, e mais passagens com muitos fios que pareciam competir pela atenção. Quer dizer, Robyn não fornece uma única narrativa sobre a transição de gênero. Ao invés de tentar reconstruir a narrativa, seguirei os fios que saem de uma passagem característica.

> Então, quando meu casamento acabou, de repente [1] eu queria fazer aquilo que comecei a fazer [2], *cross-dressing*, gradualmente vestida e gradualmente completamente vestida [3]. Tive sorte de ter o táxi. Eu estava me vestindo [e] não estava, ainda estava me vestindo como um homem – meu cabelo estava crescendo, minhas fisionomias faciais estavam mudando [4]. Um dia, recebi três garotos no táxi [5], e eles disseram "você é bicha ou algo do tipo?". Então percebi que eu estava mudando e que isso estava se tornando evidente. A indústria do táxi me via como um engenheiro, e então me viu mudando, me chamaram de homossexual, de viado, me chamaram de tudo o que possa imaginar [6]. E eu não consegui lidar com isso. Mas não podia fazer nada. Meu corpo disse [7] você tem que ser uma mulher, quer goste ou não.

Destacarei o que Robyn disse, além disso, em cada um dos temas numerados.

### *[1] De repente*

Robyn descreve repetidamente a transição como algo que veio sem nenhum aviso, algo que começou de forma repentina. Isso é consistente com a estrutura da entrevista inteira, começando com uma longa narrativa sobre ser homem e depois mudando abruptamente para um relato sobre se tornar mulher. Uma mudança abrupta é nitidamente uma parte importante de como Robyn vê os eventos.

Ao mesmo tempo, Robyn tem plena ciência de que a mudança completa foi um longo processo – dez anos do divórcio até a cirurgia de reconstrução genital, e depois três ou quatro anos a mais para os efeitos se estabelecerem. Durante a segunda metade da entrevista, ela deu muitos detalhes sobre os eventos daqueles anos, e fica claro que foi um árduo e longo trabalho para fazer com que a mudança ocorresse.

Seu esforço envolveu uma mudança parcial da profissão, se tornando uma massagista de meio período (não uma prostituta). Ela pegou dinheiro emprestado para comprar e mobiliar seu apartamento. Fez uma grande mudança do meio social, do subúrbio à cena contracultural do centro da cidade; e lá explorou locais onde pessoas transexuais e transgênero circulavam, tais como um clube trans conservador e bares gays/transgêneros. Ela fez um grande esforço para aprender como se vestir e se apresentar como mulher. E desenvolveu uma nova rede de amigos/as confortáveis com a transexualidade e que eram, em alguns casos, pessoas transexuais. Em um determinado nível, esse é um exemplo de "fazer gênero" (*doing gender*) no sentido proposto pela etnometodologia (West e Zimmerman 1987). Noutro nível, é uma prática política e econômica.

### [2] *Eu queria fazer aquilo que comecei a fazer*

Robyn descreve o começo da mudança como a chegada de um desejo agudo e avassalador. Ela fala de uma forma bastante direta sobre isso: "Eu simplesmente precisava me vestir, sabe. Como estou dizendo, se você precisa ir ao banheiro, então tem que ir ao banheiro. Eu precisava me vestir".

Em alguns momentos, ela fala sobre os prazeres da feminilidade. Gosta de roupas coloridas, por exemplo, e boa parte de suas fotografias mostram-na em poses glamourosas, sugerindo um prazer pela ênfase da feminilidade. Contudo, com a mesma frequência, as práticas femininas parecem ser uma obrigação. Robyn vestiu saias mesmo quando dirigia o táxi – "mesmo hoje não posso vestir calças, acho que são desconfortáveis... Tenho que usar vestidos e tenho que usar sapatos femininos". Ela pintou as unhas mesmo tendo problemas médicos com elas, e está tentando voltar a usar saltos não obstante o problema no quadril.

Robyn reconhece um desejo de ser mulher, mas retrata desejo como uma necessidade imperativa, e não como uma busca por prazer. Quando eventualmente consultou um cirurgião, ele inicialmente se opôs em virtude da idade de Robyn.

Eu disse, se você puder cortar um nervo que faça com que eu pare de desejar ser mulher, para mim será bastante conveniente. Mas se você não pode, disse, poderia fazer a operação.

### [3] Gradualmente completamente vestida

Robyn fornece detalhes sobre aprender a se vestir e se apresentar como mulher. Ela inicialmente se vestiu em segredo, vestiu algumas roupas femininas em público, depois oscilou entre roupas femininas e masculinas, e então passou a se vestir o tempo todo. Que isso se tratou de um processo de aprendizagem, ela reconhece ironicamente:

> Quando inicialmente comecei a passar por isso, antes da cirurgia, eu me vestia exageradamente, estava chamando atenção, me jogando por aí – gastando muito dinheiro, me vestir custava uma fortuna.

Suas fotografias e comentário mostram-na usando uma peruca logo no começo da transição para parecer mulher. Ela também oscilou sobre isso, eventualmente deixou o cabelo crescer e foi a um cabeleireiro "que o estava tratando para ser um cabelo feminino". Aprendeu como colocar unhas postiças e não obstante terem algum dano, hoje conseguiu fazer as próprias unhas crescerem, "para que cresçam boas". Resumidamente, ela se colocou num amplo treinamento para cuidados da aparência, e desenvolveu uma prática rotineira de se apresentar como mulher.

### [4] Minhas fisionomias faciais estavam mudando

As mudanças físicas resultantes da terapia com estrogênio foram importantes para ela, assim como são importantes para a maioria das mulheres em transição – principalmente, para Robyn, as mudanças faciais e o crescimento de seios. Ao passarmos pelas fotografias da transição, essas mudanças foram um tema importante:

> Essa sou eu como mulher, meu próprio cabelo, no meu maiô, você pode ver meus seios, tenho decote – isso foi tirado há alguns anos. E aqui sou eu como mulher de novo, veja, de repente estou ficando mais velha e você consegue ver minhas mudanças.

Na realidade, ela se recorda dos seios terem começado a crescer antes que começasse a tomar hormônios. No entanto, o decote ainda precisava de ajuda, Robyn colocou silicone bem antes da cirurgia de reconstrução genital.

### [5] Um dia [...], no táxi

Robyn expressa diversas vezes gratitude (a um deus não especificado) por ter sido taxista antes que a mudança de gênero tivesse ocorrido. Ser dona de um táxi, o qual ela podia tanto dirigir quanto empregar alguém para fazê-lo, lhe deu independência econômica – não havia nenhum chefe para despedi-la – e flexibilidade. Nunca foi rica, perdeu a maioria de seus bens no divórcio, e agora fala de diminuição de renda (tendo finalmente vendido o negócio de táxi). Mas, ao menos, não precisa lançar mão de medidas desesperadas para financiar a transição.

O táxi é um espaço público, mas um espaço onde a interação é limitada. Parece ter servido a Robyn como um local de teste para a transição. Ela vestia uma saia enquanto dirigia, e parece ter discutido com bastante liberdade questões de gênero com seus passageiros.

### [6] Me chamaram de tudo o que possa imaginar

Robyn não tinha problemas acerca da identidade de gênero. A situação sempre esteve clara – primeiro ela era um homem, depois se transformou em mulher, fim da história. Para ela, não existe nada fluído, ambíguo ou brincalhão sobre o gênero. O atual *queer* da teoria trans, conforme emergiu nos anos 90 nos Estados Unidos, não tinha nada contra sua história.

Entretanto, outras pessoas tiveram de fato problemas com suas identidades, e esses se tornaram problemas de falta de reconhecimento para Robyn. Ambos os garotos no táxi, e seus/suas colegas do negócio de táxi, primeiramente a leram como homossexual, se guiando no estereótipo de homens homossexuais como afeminados. Outros/as tiveram dúvidas se ela era um homem ou mulher, como a senhora imigrante de mais ou menos 80 anos e visão limitada, a quem Robyn recebeu como passageira. "Ela disse, você é um homem ou mulher", preocupada com a voz que ouvira. Quando soube que Robyn era uma mulher que antigamente era homem, "ela disse, puxa, falamos frequentemente de pessoas como você, e foi interessante te conhecer, disse, mas eu adoraria ser um homem".

Reconhecimento é algo importante para Robyn, mas o que ela quer agora é reconhecimento como mulher de verdade. Ela não está ocultando sua história, nem tentando passar por algo que não é. "Tenho muita sorte de ter tido muito apoio das mulheres". Observa com prazer que a indústria de táxi foi *educada* vendo a transição dela, e que agora os homens a aceitam:

> Agora, o cara que saiu de perto da mesa voltou e me disse "Querida, como está?" Ele me aceitou, assim como todas as pessoas da indústria.

### [7] Meu corpo disse

Um dos temas mais impressionantes da narrativa de Robyn é a agência do corpo. Pedi a ela para explicar a afirmação "meu corpo disse" e ela falou:

> Fisicamente, senti como se tivesse uma menina em mim e tivesse que mostrar o exterior de uma mulher. Isso estava demandando de mim, tinha que me livrar dos órgãos sexuais. Tentei todos os truques conhecidos. Na verdade, eu poderia tê-lo cortado fora, eu o teria cortado fora. Muitos jovens infelizmente cortaram seus órgãos fora, e se crucificaram, sangraram até a morte, e estão com problemas terríveis. Então eu costumava usar calças apertadas...

Posteriormente na entrevista, ela volta ao tema:

> Eu não mudei de homem para mulher porque pensei "Puxa, que droga, quero ser mulher agora". Estava feliz [como homem]. Quando estava divorciada, disse para mim mesma, "Bom, tudo bem, farei viagens para fora do país agora... Vou

aproveitar a vida." Não tive a oportunidade. De repente meu corpo disse "você não vai viajar, você vai ser uma mulher, você precisa ser uma mulher."

Evidentemente, essa experiência é difícil de ser expressa, e Robyn se utiliza de várias metáforas: seu corpo contendo o corpo de uma mulher, seu corpo falando com ela e emitindo avisos e instruções, seus seios crescendo por conta própria. Outras narrativas transexuais também têm dificuldade para transmitir a experiência de corporificação contraditória.

O ponto crucial do relato de Robyn é que o impulso para a mudança estava fortemente corporificado desde o começo. Não era uma questão de primeiro desenvolver uma identidade feminina e depois moldar o corpo para corresponder à identidade. Robyn experienciou o processo inverso, com a demanda vinda a partir de seu corpo.

## AJUDANTES, ASPECTOS MÉDICOS E OUTROS

Robyn frequentemente menciona os aspectos médicos de sua transição. Em várias histórias de vida publicadas sobre transexuais, as intervenções médicas são os passos chave na narrativa, e um médico em particular é uma figura chave, sendo com frequência o objeto de emoções intensas de ansiedade e gratitude (por exemplo, Jorgensen 1967).

Em contrapartida, há quase uma característica aleatória nos relatos de Robyn sobre decisões e procedimentos médicos. Ela conta a história das próteses de silicone como se tivessem surgido do puro acaso. Ela notou cicatrizes no corpo de uma mulher advogada, à qual estava dando massagem, ficou sabendo que eram resultado de próteses de silicone, e imediatamente pediu o nome de seu cirurgião plástico. Depois disso, conheceu um amigo num bar gay, que indicou um médico conhecido na comunidade gay, e lhe que deu injeções de estrogênio, "meus seios começaram a crescer alucinadamente, eu queria cada vez mais e mais".

No entanto, Robyn também encontrou algo mais sistemático. Seu médico geral indicou um endocrinologista renomado, com interesse na medicina transexual. "Ele me submeteu a todos os testes que você possa imaginar", e colocou Robyn num regime de estrogênio. Ela observou que esse tratamento aumentou o crescimento dos seios e a ajudou a se livrar dos pelos corporais, que eram um problema. Robyn também obteve avaliação psiquiátrica. Ela se refere a isso com certo desdém:

> O psiquiatra me viu apenas três vezes e disse "você é uma mulher", disse, "não preciso mais vê-la", ele disse, "você tem que ser uma mulher". Então eu fui imediatamente ao cirurgião, eu disse, "posso fazer a cirurgia, o psiquiatra me autorizou."

O cirurgião estava relutante, por motivos profissionais – a idade de Robyn –, mas eventualmente aceitou. Robyn não dá detalhes da cirurgia de reconstrução genital, exceto quando disse que voltou a dirigir o táxi após três semanas porque estava ficando sem dinheiro. Novamente após algumas semanas:

> Recebi a visita de algumas meninas conhecidas para certificar de que eu não estava brincado, entende, que eu tinha feito aquilo. Devia estar com uma cara horrível, porque nunca tive vontade de ver.

E mesmo a CRG não foi definitiva:

Tudo bem, você fica embriagado/a, leva algumas horas para livrar o álcool do seu corpo. Eu fiz a cirurgia; levou cerca de três ou quatro anos para livrar isso do meu corpo, o lado masculino.

De novo, a metáfora com o corpo é impressionante. É evidente que Robyn é ambivalente em relação ao aspecto médico da transição. Ela precisava disso e pensava como sendo vital. O antes *versus* depois da cirurgia (ou seja, a CRG) é o indicador principal em seus comentários sobre as fotografias: "Aí estou eu de novo, sem cirurgia, ali também naquela época; aqui estou eu de novo, sem cirurgia; aqui eu estou aqui, sem cirurgia naquele momento".

Contudo, era impaciente em relação à intervenção médica e algumas vezes não gostava dos efeitos, por exemplo, quando pensava que o tratamento hormonal estava resultando em mudanças muito rápidas ou em exagero.

Não há ambivalência com outro tipo de ajudante. "As meninas conhecidas" que vieram inspecionar o trabalho cirúrgico eram de uma rede social que Robyn construíra no meio social do centro da cidade. Isso também foi algo importante nos primeiros dias da transição, conforme Robyn recorda o aprendizado com outras pessoas transexuais:

> Conheci essas pessoas, e certo número delas é bem sucedido nos negócios. Então eu percebi que não era uma trouxa [ou seja, idiota]. Percebi que estava passando por uma mudança traumática, mas sabia que esses/as outros/as amigos/as também tinham passado por isso, e eles/elas me deram o apoio – não necessariamente apoio em si, mas me deram apoio porque estavam presentes.

Sua rede social incluía pessoas da indústria de táxi, pessoas da indústria do sexo, da comunidade gay, mulheres da vizinhança e mulheres transexuais jovens. Ela tem uma atitude maternal, muito embora algumas vezes exacerbada, para com mulheres transexuais jovens, e me mostrou fotos, contando cada história individual, lamentando problemas tais como drogas e um acidente de trânsito. Robyn não dá muitos detalhes, mas fica claro que ela conseguiu receber apoio dessa rede social no momento da sua cirurgia de redesignação, e ainda recebe apoio enquanto está confinada em casa.

## CONSOLIDAÇÃO: "MUDANDO DE VERDADE"

Na história de vida de uma pessoa transexual, é fácil focar nos pontos dramáticos – o momento da percepção, a decisão de ir em frente com as mudanças, o momento da cirurgia. A narrativa de Robyn sem dúvida reorganiza esses pontos, mas também fornece detalhes comuns do trabalho contínuo para fazer com que a transição ocorresse.

Não se tratava apenas de aprender a se maquiar e se equilibrar no salto. Como uma pessoa com corpo masculino aprende a fazer xixi como uma mulher? Robyn fornece vividos detalhes. Como uma pessoa em transição recebe prazer sexual? Robyn conta a história constrangedora de suas aventuras nos bares gays e ao redor deles (um meio social relativamente seguro, mas nem sempre receptivo para mulheres transexuais), que resultaram em alguns fiascos, um clímax fantástico, "o primeiro e último que já tive", mas nenhum relacionamento permanente.

Como resultado de todo esse trabalho e das mudanças físicas, Robyn sente que conseguiu passar por tudo. Seus comentários sobre as fotografias mudam dos primeiros dias de incerteza para uma crescente confiança: "aí novamente estou ficando mais madura e aceitando o fato que sou mulher". E depois, no fim do álbum:

> Essa sou eu em mudança, veja como meu rosto está afinando, aqui de novo, olhe só, deixei meu cabelo crescer, estava gradualmente mudando de verdade. Aqui estou eu, e aqui, e aqui. Então aqui tem as mudanças, dá pra ver as mudanças.

Robyn ficou mais segura com a transição. Pensa que ficou mais forte como mulher do que jamais fora enquanto homem, e que a mudança havia se consolidado.

> Tenho sorte de ter conseguido sobreviver à crise do homem para mulher. Sou mulher agora, ando na rua e não me importo nem um pouco. Tive homens me chamando de "amor" e "querida" e, sabe, é tão evidente que passo como mulher agora, e isso me agrada muito.

Tudo o que a perturba hoje são os efeitos da idade. Está aposentada e com menos dinheiro. O problema no quadril reduz sua mobilidade. Os cabelos se tornaram brancos, e o envelhecimento parece ter lhe dado características mais intensas. Ela se preocupa um pouco que isso faça com que pareça com um homem de novo, mas é uma questão filosófica, "quantos homens parecem mulheres e quantas mulheres se parecem com homens. Caso seja contestada, ela pode provar o que é".

## UMA VISÃO DO MUNDO

Robyn considerou a entrevista uma oportunidade para expor uma visão de mundo. De forma realista e algumas vezes até mesmo cruel, isso não é algo surpreendente tratando-se de alguém que cresceu na Depressão. Ela não esperou nada demais da vida como Jack, e como Robyn está satisfeita por ter caminhado com segurança para um refúgio modesto. A vida é difícil, e Robyn teve sua porção de dificuldades – desde a perda de sua mãe, um casamento ruim, uma criança com problemas mentais, até perder a carreira profissional, perder seu gênero. Robyn sabe o que é necessário para sobrevivência – dinheiro, segurança física, certa autoconfiança, e um lugar seu para morar. Isso tudo ela conseguiu através do próprio esforço e cuidado. Ela não tem em abundância, mas tem o suficiente.

Isso não é autopiedade; é uma fria constatação. Robyn tenta olhar diretamente para o mundo e ver exatamente como ele é. E isso significa reconhecer que muitas pessoas no mundo são canalhas, uma visão explciada a partir dos eventos internacionais atuais.

Isso é algo que se aplica especialmente aos homens. Após algumas horas da entrevista, Robyn me deu uma aula sobre relacionamentos entre homens e mulheres, sendo que as principais lições foram que os homens dependem das mulheres para chegar a qualquer lugar na vida, mas também que os homens tratam absurdamente mal as mulheres. Ela deu exemplos transculturais [*cross-cultural*], desde assassinatos por honra no Mediterrâneo até as viúvas queimadas na Índia, mas também deu referências locais:

> As mulheres amam do fundo do coração, amam com toda a alma, já os homens não, é algo de macheza. Precisam ter um troféu, suas esposas são troféus que podem mostrar aos outros meninos "veja o que eu tenho, caras, peguei um pássaro". E eu sei como pensam, porque já fui um homem. "Olhem aquela vadia ali, ia adorar comer ela, olhem aquelas pernas". Sabe, sei como falam, sei como pensam. E odiava isso porque era óbvio que eu era diferente.

Já assediaram os seios de Robyn e ela já recebeu ameaças de estupro por três vezes (quando tinha por volta de 50 anos). Ela conhece empresários que forçam suas secretárias a transarem com executivos estrangeiros. Critica severamente homens no geral, "são idiotas em vários sentidos, fazem tudo ser mais difícil". Isso é, em parte, devido ao excesso de testosterona[47], e em parte devido à criação para acreditarem que são melhores que suas irmãs: "se você é o macho da casa, você é o melhor" – o resultado: "esses caras que ficam bêbados, são treinados para acreditar que são os bonzões".

Entretanto, ela não perdeu fé na humanidade. Ela acredita que homens e mulheres se complementam e são necessários uns aos outros, e que podem viver bem juntos mediante condições adequadas. Sexo físico, animalístico como tal, é vital nisso. "Esconder sexo é algo crucificador no mundo atual" – juntamente com violência e ganância –, mas uma melhor educação sexual pode operar milagres. Robyn pensa que os meninos e meninas na escola poderiam aprender sobre sexo, aprender melhores posturas, e principalmente poderiam aprender a transar e construir um casamento de forma cooperativa:

> Casamento não é só se apaixonar e casar com alguém na igreja. É compreender sobre o que se trata: como tocar nas pessoas, como falar com elas, como compreender suas idiossincrasias, e tudo mais que tiverem. Eu não sabia, admito que não sabia, era completamente imatura.

---

47 N.T.: O termo original utilizado pela autora, "excesso of sperm" (literalmente, excesso de esperma) não encontra correspondente exato em português. A aproximação foi feita, portanto, para a ideia que utilizamos no senso-comum de "excesso de testosterona", numa associação direta entre a testosterona e um quadro específico da masculinidade hegemônica.

Não consegui de fato transmitir a forma direta ou a extensão dos comentários de Robyn sobre o mundo. Contudo, espero ter conseguido sugerir a reflexão, a intensa experiência, raiva ética, a compaixão e o realismo que acompanharam os comentários. O pensamento de Robyn vem da universidade da vida, e não há dúvidas de que ela recebeu uma educação adequada nesse âmbito.

## OS PENSAMENTOS DO/DA ENTREVISTADOR/A

Alguns aspectos da entrevista me incomodaram na época. Minhas notas de campo incluem uma revisão crítica gratuita do estilo pessoal de Robyn, como uma performance que matiza exagero e recato, e me perguntei "quantas pessoas transexuais estão estáveis em seus corpos?" Boa pergunta, inclusive bem afiada para o/a entrevistador/a. Mas então quantas outras mulheres e homens estão estáveis em seus corpos? E eu havia esquecido a geração de Robyn. Ela cresceu nos anos 20 e 30, quando o exagero misturado com recato era na realidade um estilo comum de feminilidade.

Eu anotei na época em que "a narrativa é bastante trabalhada, e importante na moldagem e confirmação da identidade". Os álbuns de fotos eram sinais suficientemente evidentes disso, sendo praticamente todas as fotos de Robyn, conforme minhas notas dizem, "incluindo várias fotos 'vestida' mostrando a parte da frente ou em poses sexuais". Em suma, estava ansiosa sobre a autenticidade da sua apresentação pessoal, assim como Robyn.

Também estava ciente de algumas omissões e discrepâncias. Meg e as crianças sumiram da narrativa quando Robyn começou a transição, com exceção de uma breve referência ao filho, adulto e trabalhando como comerciante em Queensland. A família não aparece nos álbuns de fotografia. Então, a parte da história da transição que potencialmente envolve dor e perda para outras pessoas está faltando. (Veja Howey, 2002 para a experiência de uma filha.) Há algumas imparidades na história médica fragmentada de Robyn, que podem ser sinais de maior perturbação pessoal na transição do que ela se importaria em falar hoje.

Mas não é meu lugar fazer uma crítica forense ou interpretação psiquiátrica dessas evidências. As principais linhas de sua história são perfeitamente verossímeis, sua narrativa está firmemente enraizada na história e na geografia de uma cidade que conheço perfeitamente, a força do desejo de contar o que aconteceu está clara. Ficou a critério dela escolher os termos nos quais contaria sua história.

Então, será que eu conseguiria fazer aquilo que, desde o início, ela me pediu para fazer?

Quero que as pessoas entendam que transexuais são apenas pessoas normais, e que por razões desconhecidas, sejam fisiológicas, psicológicas, enfim, transformaram-se em mulheres ou homens.

De fato, Jack fazia parte do "apenas pessoas normais". Nenhuma parte da vida dele como homem era incomum naquela geração – aprendizagem, trabalho numa indústria masculinizada, casamento convencional, vida como um chefe de família suburbano trabalhando em excesso. Se procurarmos na narrativa por sinais etiológicos, poderemos encontrar alguns. Entre eles, perda da mãe logo cedo, pena de um pai fraco, e desgosto pela misoginia boca-suja pertencente ao ofício da engenharia. Contudo, nenhuma dessas experiências foram, de fato, excepcionais, nem mesmo combinadas, considerando o que sabemos sobre a complexidade e os múltiplos padrões de masculinidade. Poucas pessoas que conhecessem Jack por volta de 1965 poderiam ter previsto que alguns anos depois ele estaria começando uma transição de gênero. Para Robyn o motivo é *desconhecido*.

É essa a mesma situação da pesquisa profissional sobre transexualidade. As causas sugeridas vão desde mães presentes em excesso, até diferenças na estrutura cerebral, mas nenhuma delas tem apoio de evidências convincentes (para uma pesquisa introdutória, veja Ettner 1999: 48-59).

O que parece ser importante em relação à experiência de Robyn, é que ela cresceu e viveu como homem numa cultura que fortemente enfatizava a divisão por gênero. Presumimos que homens e mulheres tenham percepções diferentes ("As mulheres amam do fundo do coração..."). Nesse mundo, os homens e mulheres têm tarefas diferentes na vida, e não as misturam muito. No casamento, Meg insistiu que não trabalharia mais, e Jack estava bem com isso. Mas Jack também não passou muito tempo em casa.

Por isso, Robyn absorveu da sociedade da época uma visão dicotômica de gênero, onde fazia perfeitamente sentido que se ela não era um homem, logo era uma mulher. Essa visão não parece ter se retraído com os anos de experiência de Robyn na comunidade gay, com mulheres trabalhadoras e outras mulheres transexuais. A dicotomia de gênero parece ser uma suposição absoluta em sua suposição – e nisso também Robyn é como "apenas pessoas normais".

Um pouco antes dessa entrevista, eu havia publicado um livro que ressaltou a multiplicidade de formas de gênero reais (Connell, 1987). Não concordei com a lógica de Robyn, mas a compreendi. Ao invés disso, o que me incomodava era a política. Conforme demonstrado nas citações acima, Robyn tem críticas verdadeiramente ásperas sobre a arrogância, violência e privilégio masculinos. Nenhuma feminista poderia pedir mais que isso.

Mas Robyn não sabia nada sobre feminismo; ela teve inclusive dificuldades de definir a palavra quando perguntei. Não há, em sua narrativa de três horas, sequer uma palavra sobre mulheres que se organizam para contestar os privilégios masculinos identificados por ela. Isso é algo impressionante, porque sua transição começou exatamente nos primeiros anos do movimento pela Libertação da Mulher [*Women's Liberation*][48] na Austrália e continuou durante uma década de fortes debates sobre feminismo na cidade onde vivia.

Então, existe uma notável tensão entre seu projeto de mudança de gênero e seu senso de injustiça de gênero. O objeto de necessidade de Robyn, e do seu contínuo trabalho e sofrimento durante muitos anos, era uma condição na vida que ela sabia ser desprezada e maltratada, e não esperava que mudasse.

Num certo nível, isso demonstra o poder absoluto do imperativo transexual ("não tenho nenhum controle, absolutamente nenhum"). Noutro, coloca a questão política da transição de gênero. Esse processo se ancora em suposições que colocam em risco a igualdade de gênero? Mais especificamente, essa foi a questão colocada para mim – não era problema de Robyn.

Minha intuição diz que cada mulher transexual, direcionada para o lado certo, deverá se tornar feminista. Mas é claro que isso não é algo que aconteceu de forma ampla. Qualquer fenomenologia das experiências transexuais (por exemplo, Griggs, 1998) nos mostrará o porquê. As pessoas em transição de gênero muito provavelmente estão lutando com questões tão difíceis, perturbadoras e complexas que poucas têm

---

48 N.T.: Movimento ocorrido nos EUA entre os anos 1960 e 1970. Com ideias feministas que hoje associamos à chamada "segunda onda" do feminismo, era composto majoritariamente por mulheres brancas de classe média, e teve grande repercussão em diversos países. Para conhecer melhor sua relação com os demais movimentos, ver CONNELL, R., PEARSE, R. Teóricas, teóricos e teorias do gênero. In: CONNELL, R., PEARSE, R. *Gênero – Uma perspectiva global*. São Paulo, nVersos, 2015. P.119.

energia para isso. As pessoas que conseguiram passar por isso e vencer, como Robyn, são suscetíveis à gratidão por uma vida calma. Robyn esteve vulnerável, sofre com dores e perdas, passou por uma experiência terrível - e nesse ponto também foi "apenas como pessoas normais".

Algumas mulheres (e homens) transexuais de fato se tornam ativistas. Perkins (1983) foi pioneira tanto no ativismo quanto na pesquisa social de pessoas transexuais na Austrália. Califia (2003) descreve novas formas de radicalismo "transgênero" que tenta subverter o binário de gênero. Stryker (2008) mapeia uma história complexa sobre ativismo informal nos Estados Unidos entre as mulheres transexuais, assim como organizações. Aplaudo essas iniciativas, mas preciso reconhecer que a defesa dos direitos de pessoas transexuais ou transgênero tem limitações, e com frequência não chega ao terreno onde o feminismo está trabalhando.

Seriam mulheres transexuais, então, um entrave na igualdade de gênero, modelos de uma feminilidade falsa ou antiquada, presas num binário de gênero, como alguns críticos têm clamado veementemente? Robyn poderia ilustrar essa afirmação, com seus saltos, unhas postiças, visão dicotômica de gênero e inércia política.

Mas esse é um julgamento muito fácil; perceba também suas críticas em relação aos homens, sua luta com a corporificação, suas esperanças de reforma através da educação. Rubin (2003: 164), no estudo da experiência de homens transexuais, que é a análise mais sofisticada que temos sobre transição, sugere que a transição é politicamente neutra: "Transexuais por si mesmos/as não são nem *essencialmente* normativos, nem *essencialmente* subversivos em relação ao gênero." Essa afirmação é empiricamente correta e importante. Mulheres transexuais têm variedade de opiniões e práticas, desde completamente reacionárias, até completamente feministas, estando uma grande maioria, como Robyn, no meio disso.

Contudo, eu modificaria um pouco o argumento de Rubin, à luz da históriase sua história. Se considerada no nível da cultura por completo, a redesignação de gênero é um processo profundamente subversivo, uma expressão dramática da mutabilidade e historicidade do gênero. Nesse sentido, o bom doutor Harry Benjamin, pioneiro na medicina transexual, quem nomeou a "síndrome" e que foi central para a criação de um regime de tratamento nos anos 50, foi um revolucionário. A transexualidade, como conhecemos, nos países anglófonos ricos como a Austrália, é uma forma de ruptura e reconstituição de gênero historicamente específica.

Entretanto, para *operar* essa possibilidade revolucionária, muitas mulheres transexuais individuais e muitos de seus médicos se apoiaram em esquemas de gênero altamente conservadores, o que deu a eles/as certa influência cultural numa situação difícil. O conjunto da prática e da medicina transexual é, dessa forma, marcado pela contradição – da qual tanto os/as críticos/as do feminismo quanto os da transgeneridade se apoderaram. A história de Robyn incorpora as restrições e contradições do seu momento.

O que os/as críticos/as esquecem é que a contradição também abre possibilidades históricas. A história de Robyn é uma história sobre possibilidade e esperança, sobre algo novo e maravilhoso acontecendo. E uma política de justiça de gênero pode ser construída em cima disso. Sou grata pelo relato dessas duas latas de tinta, por ter me dado a oportunidade de pensar melhor essas questões. Obrigada Robyn, e – onde quer que esteja – boa sorte.

# 9:
# EXCEPCIONALMENTE SÃS: PSIQUIATRIA E MULHERES TRANSEXUAIS

A psiquiatria desempenha um papel importante, porém controverso, nas políticas da transexualidade e na vida de muitas mulheres transexuais. Por psiquiatria quero dizer a área da psicologia da profissão médica que lida com conceitos de "doença mental" ou "transtorno mental". A psicologia clínica é uma profissão relacionada próxima.

Os/as psiquiatras desempenham um papel de controle de acesso na vida de muitas mulheres transexuais, já que são os/as profissionais que autorizam – ou rejeitam – as intervenções médicas tais como hormonização e cirurgia. Os/as psiquiatras produziram algumas das ideias mais influentes sobre transexualidade; do que se trata, de onde vem, e como deve ser tratada. Os/as profissionais podem dar apoio essencial para uma abordagem segura da contradição de gênero, principalmente para prevenir suicídio, e para lidar com os estresses da transição. No entanto, alguns/algumas psiquiatras e psicólogos/as clínicos produziram teorias e definições altamente estigmatizantes, e que foram denunciadas por ativistas transexuais e transgênero.

Nesse capítulo eu examino algumas das discussões psiquiátricas mais influentes sobre mulheres transexuais, e ofereço sugestões para uma psicologia mais produtiva. Para isso, trago dois recursos que são quase inexistentes na literatura psiquiátrica sobre mudança de gênero: análise de gênero feminista e a psicologia da libertação.

## A ABORDAGEM MÉDICA DA TRANSEXUALIDADE

Os/as psiquiatras (para simplificar incluirei psicólogos/as clínicos nesse termo) conhecem mulheres transexuais em um contexto institucional bem demarcado. São profissionais com informação científica; mulheres transexuais são as pacientes, ou objetos da pesquisa medicamente determinados. A ideia fundamental na literatura psiquiátrica era que a transexualidade é uma doença ou transtorno mental, ou um sintoma de um transtorno grave.

Alguns/algumas psiquiatras questionaram essa ideia, como veremos. Contudo, essa relação entre um profissional e um paciente com doença mental ainda determina o relacionamento institucional. Isso constitui o estilo dominante da escrita psiquiátrica sobre transexualidade, como um discurso desconectado de cima para baixo onde a vida das mulheres transexuais é objetificada, algumas vezes num nível impressionante e absurdo.

A ideia de que os trânsitos de mudança gênero sinalizam uma doença mental (ao invés de, digamos, pecado ou transtorno cósmico) data do fim do século XIX, e dos primeiros dias da sexologia na Europa. O psiquiatra bastante influente Richard von Krafft-Ebing foi uma figura chave desse processo. Sua famosa coleção de almas perturbadas, *Psychopathia Sexualis* (1886), continha histórias de desviantes *cross-dressers*, frequentemente com problemas com a lei, alguns dos quais podemos chamar hoje de transexuais. Sigmund Freud especulou sobre um caso envolvendo fantasias elaboradas de mudança de gênero, "o Dr. Schreber psicótico". Mesmo o tolerante e monumental *Studies in the Psychology of Sex* (Estudos na Psicologia do Sexo) de Havelock Ellis, que incluía centenas de páginas do que ele chamava de "Eonismo" (em virtude de Chevalier d'Éon, um/a aristocrata famoso/a que mudava de gênero), declarou que a condição não era uma doença, mas era anormal e "no sentido propriamente dito, patológico".

Entretanto, essas ideias eram apenas iniciais. A literatura médica se transformou, no que conhecemos hoje, na metade do século 20. Nessa época, o termo transexual recebeu seu sentido contemporâneo, e a ideia de que representava uma determinada síndrome se fixou. Uma longa campanha foi liderada pelo endocrinologista Harry Benjamin nos Estados Unidos para estabelecer a legitimidade da síndrome e a legitimidade de seu tratamento. Uma vaga rede de inovadores médicos na Alemanha, Escandinávia e Estados Unidos, envolveu um conjunto de procedimentos para auxiliar na transição de gênero. O núcleo do conjunto consistia de avaliação psiquiátrica, estrogênios e a vaginoplastia.

Esse conjunto de intervenções foi cuidadosamente descrito no primeiro compêndio médico no assunto, *Transsexualism and Sex Reassignment* (Transexualismo e Redesignação Sexual) (Green e Money, 1969). Esse conjunto se tornou a base essencial para as clínicas de identidade de gênero, e – um pouco atualizada – é a tecnologia médica que ainda temos (Tugnet et al., 2007). Uma ampla literatura técnica cresceu ao redor, narrando casos, oferecendo classificações e teorias, e descrevendo tratamentos e diagnósticos (por exemplo, Bradley e Zucker, 1997). O crescimento dessa literatura médica no Norte Global foi bem documentado por historiadores/as da transexualidade (Meyerowitz, 2002; Stryker, 2008).

Houve muita resistência à medicina transexual dentro da profissão médica nos anos 1950 e 1960 – principalmente a partir de psicanalistas. Conforme Nicola Barden (2011) observa, é uma ironia que os seguidores de Freud adotem uma posição reacionária tanto sobre a homossexualidade, quanto à transexualidade, defendendo essencialismo de gênero, mas foi isso que de fato ocorreu. Ninguém mais ninguém menos que Jacques Lacan considerava pessoas transexuais psicóticas (Millot, 1990; Chiland, 2003; para uma visão ligeiramente diferente sobre o que o enigmático mestre estava dizendo, e seus encontros pouco conhecidos com pacientes transexuais, veja Gherovici, 2010). Os médicos críticos da medicina transexual afirmaram que os cirurgiões e endocrinologistas eram coniventes com a psicose.

As *Standards of Care* (Normas de Tratamento)[49] disseminadas pela associação médica especialista nomeada em homenagem a Benjamin, esboçadas inicialmente em 1979 e revisadas muitas vezes (sobre a última versão, veja Coleman et al., 2011), são um legado impressionante dessa luta. Essas "normas" regulam o acesso ao conjunto de tratamentos de forma a proteger a credibilidade profissional dos médicos – ao menos no Norte Global, onde o documento foi escrito. As "Normas" têm menos influencia no Sul Global, em lugares onde a cirurgia plástica se tornou uma indústria de exportação, particularmente na Tailândia (Aizura, 2009).

A medicina transexual inicial foi severamente criticada na época, e tem sido severamente criticada desde então, por feministas separatistas e ativistas trans. Alguma reformulação está a caminho. O livro *The Transsexual Phenomenon* (1966) (O Fenômeno Transexual) de Benjamin era sem dúvida ingênuo em relação às políticas de gênero e aceitava normas patriarcais simples. Sua tentativa de provar estatisticamente

---

49  N.T.: "Standards of Care" (literalmente, "padrões de cuidado") são um conjunto de normas utilizado no atendimento médico em diversos países. Essas normas pautam, no Brasil, o padrão de procedimentos que devem ser adotados em diversos hospitais privados e também no SUS.

o sucesso do tratamento é algo metodologicamente ingênuo. No entanto, é uma leitura válida, e a compaixão e criatividade de Benjamin como médico se destacam ao longo do livro. *O Fenômeno Transexual* é uma documentação impressionante do quão profundas foram as dificuldades surgidas ao redor das contradições de gênero na classe média estadunidense durante a Guerra Fria. Benjamin e Stoller, o principal psiquiatra da época, entenderam a natureza iatrogênica da transexualidade. Eles reconheceram até que ponto a síndrome foi criada pela disponibilidade do procedimento médico – um ponto que os críticos pós-estruturalistas fizeram à exaustão, posteriormente, sem admitir fora reconhecido na época.

Desde a síntese nos anos 1950-1960, a literatura biomédica não teve mudanças significativas. A novidade é o acúmulo de estudos avaliativos sobre os efeitos do tratamento. Tais estudos foram objetivamente analisados a partir do ponto de vista da psiquiatria (Chiland, 2003: 90-104), e da cirurgia (Sutcliffe et al., 2009). Certamente não há apoio na crença de Benjamin de que a medicina transexual foi um vibrante sucesso. Entretanto, a intervenção física não foi o desastre presumido pelos críticos de Benjamin. A análise mais recente conclui cuidadosamente que um grande número de pacientes "experienciam um resultado bem sucedido em termos de bem-estar, cosmese e função sexual subjetivos" (Sutcliffe et al., 2009: 303).

O entendimento psiquiátrico da transexualidade foi cristalizado e institucionalizado em 1980 quando o "transexualismo" (posteriormente renomeado para "transtorno de identidade de gênero") foi inserido como categoria na 3ª edição do famoso Manual Diagnóstico e Estatístico de Transtorno Mentais (DSM) da Associação de Psiquiatria Americana. Isso teve uma importância para além dos Estados Unidos, uma vez que os psiquiatras e autoridades das áreas da saúde do mundo inteiro tendem a seguir as definições do DSM, inclusive a Organização Mundial de Saúde. O transtorno de identidade de gênero foi inserido apenas alguns anos depois que a homossexualidade fora *removida* do DSM, e essa sequência de eventos despertou fortes discussões. A polêmica se restabeleceu em relação a definição que deveria entrar na 5ª edição do DSM, ou se o próprio conceito deveria ser removido (Bockting, 2009; Drescher, 2010). De certo modo, contudo, isso não importa. Hoje, a medicina transexual está normatizada no Norte Global e internacionalmente, dentro de uma rede de clínicas, práticas médicas, serviços de aconselhamento, hospitais, planos de saúde e políticas públicas de saúde.

## A PSIQUIATRIA FORNECE UMA ETIOLOGIA – MUITAS, NA VERDADE

Um passo vital na legitimação da medicina transexual foi a criação de uma etiologia. Uma "síndrome" médica não é apenas uma descrição de sintomas. Uma síndrome convincente deve incluir uma narrativa sobre como a doença surge, até que estágio vai, e quais são as causas básicas. A forma como a etiologia é compreendida afeta as ideias dos médicos em relação ao tratamento.

A literatura inicial sobre mudança de gênero tinha especulações grosseiras sobre as causas, desde degeneração hereditária até desequilíbrio glandular e eventos traumáticos na juventude. Hoje, um pouco disso parece cômico, e um pouco parece aterrorizante. Os/as autores/as mais honestos/as simplesmente diziam desconhecer.

Numa série de artigos ao longo dos anos 60, e posteriormente em um livro bastante lido chamado *Sex and Gender* (Sexo e Gênero), o psiquiatra Robert Stoller forneceu uma solução para esse problema. Com experiência em psicanálise, era fácil para ele interpretar a transexualidade como o legado de uma relação perturbada entre a mãe e a criança.

No caso normal, argumentou, meninos e meninas adquirem no começo da infância uma "identidade de gênero central" na qual o sexo biológico e gênero psicológico correspondem entre si. Numa pequena minoria de famílias, um curso patológico de eventos é estabelecido por uma mãe descontrolada que sufoca e feminiza seu filho, sem que o pai a impeça. O resultado seria a identidade de gênero central incorreta, sendo afirmada durante os primeiros dois anos de vida, algo que não poderia ser revertido posteriormente. Stoller ilustra sua história a partir de casos encontrados em sua própria prática psicanalítica, sendo a abordagem de equipe médica precursora na sua universidade em Los Angeles.

O conceito explicativo de "identidade de gênero" de Stoller, juntamente com sua distinção entre "sexo" e "gênero", foram apoderados pelo feminismo estadunidense dos anos 70. Isso é ligeiramente surpreendente. O argumento de Stoller derivava vagamente da psicanálise, muito embora, como uma crítica excelente de May (1986) observa, lhe faltava o sentido Freudiano característico de divisão, fantasia, e tensão na personalidade. A escrita de Stoller era qualquer coisa menos feminista. Um menino se tornar feminino era algo claramente patológico na visão de Stoller - e a fonte do problema eram as mulheres. O texto de Stoller é excepcionalmente hostil em relação às mães.

Na geração seguinte, a história de Stoller foi deslocada, parte em função do renascimento do determinismo biológico, e parte em função de novas etiologias. Aquela que tem sido mais discutida no mundo dos falantes de língua inglesa foi proposta pelo psicólogo Ray Blanchard, trabalhando num clínica de identidade de gênero no Canadá. O argumento de

Blanchard é estabelecido sob uma série de artigos técnicos e popularizações, tanto dele mesmo quanto de um pequeno grupo de apoiadores entusiastas (Blanchard, 2005; Bailey, 2003; Lawrence, 2007). Os achados do estudo original de Blanchard (1989), com base em itens de estudo respondidos por clientes admitidos na clínica, são frequentemente citados por seus apoiadores.

O centro do argumento de Blanchard consistia em separar os clientes de sua clínica em dois grupos, entendidos em termos da sexualidade ao invés da identidade ou parentalidade. A transexualidade de um grupo, argumentou Blanchard, era na realidade uma forma de homossexualidade, sendo os homens tão mentalmente fracos para lidar com o fato de serem gays que, por isso, se imaginavam como mulheres. A transexualidade do outro grupo supostamente se centrava numa atração fetichista dos homens na imagem de si mesmos como mulheres. Blanchard chamava essa atração de "autoginefilia". O conceito foi reivindicado pelos apoiadores de Blanchard como um avanço científico considerável, e foi defendido num livro popular de um psicólogo (Bailey, 2003), levantando uma forte polêmica nos Estados Unidos (Zucker, 2008).

Em artigos posteriores, Blanchard sugeriu que a "autoginefilia" era um exemplo de "erros de localização do alvo erótico". Sob esse termo militarista, agrupou transexuais, pedófilos e fetichistas como pessoas que confundiram o "alvo" para o qual suas sexualidades deveriam estar direcionadas. A suposição normatiza aqui que existe apenas um "alvo" correto para a sexualidade.

Quando cuidadosamente examinada, a evidência para uma teoria da transexualidade nos termos da "autoginefilia" é, na realidade, muito frágil. O estudo original de Blanchard identificou sujeitos transexuais com base num único item de um longo questionário para admissão na clínica; depois avaliou "autoginefilia" com base na dimensão de escolhas forçadas, internamente muito repetitivas e abstraídas das circunstâncias reais da vida. Os itens marginais e os resultados reais não são relatados, padrões e tautologias inexplicáveis aparecem nos dados: ao contrário da teoria, o maior resultado de "autoginefilia" vem do grupo "bissexual", enquanto Blanchard relata como descoberta o fato de que os/as respondentes que dizem sentir mais atração por homens relatam ter menos experiência sexual com mulheres. Tecnicamente, não é uma pesquisa muito impressionante. Blanchard considerou a "autoginefilia" como uma patologia característica de transexuais masculinos. Obviamente patológica porque não acontece em mulheres nascidas mulheres. Levou apenas dois dias para que um pesquisador cético, utilizando os próprios métodos de Blanchard, encontrasse a "autoginefilia" em 93% de um grupo de mulheres nascidas mulheres (Moser, 2009).

A evidência pode ser frágil, mas as consequências não são; porque os lugares por onde tal teorização circula têm poder institucional. Blanchard era membro do comitê que reescreveu o verbete sobre transtorno de identidade de gênero no Manual Diagnóstico e Estatístico, e suas ideias claramente influenciaram o trabalho (Bradley et al., 1991). O Instituto Clarke, na época que Blanchard trabalhava lá, controlava o acesso para as cirurgias de redesignação financiadas pelo poder público em Ontário. Há evidências de mulheres transexuais da região profundamente infelizes com as práticas do instituto, tanto em função de seu autoritarismo, quanto pela negação de um contexto mais amplo da vida de pessoas transexuais (Namaste, 2000: 190-234).

Também existe uma coisa importante sobre a linguagem da psiquiatria, que os artigos de Blanchard deixam muito claro. Na época em que ele começou a publicar, a psiquiatria norte-americana, no geral, se distanciava da psicanálise em direção a uma abordagem mais neurofisiológica das doenças mentais, uma mudança que se refletiu nas edições consecutivas do DSM. A retórica do campo se tornou menos moral, mais autoconscientemente "científica" – abstrata, técnica, estatística. O papel do psiquiatra como diretor de vidas foi gradualmente sendo substituído pela autoridade do psiquiatra como portador da verdade científica. Esse é o terreno retórico no qual os escritos de Blanchard, e seus seguidores, se baseiam.

Entretanto, isso não significou nenhum respeito maior pelos clientes. Blanchard arrogou para si, desde o início, o direito de determinar a verdade sobre o gênero e a sexualidade das outras pessoas. Por exemplo, ele nomeou seu artigo-chave sobre mulheres transexuais *Disforia de gênero masculina* (Blanchard 1989), e nomeou o grupo de mulheres heterosexualmente orientadas como "homossexual", não porque eram lésbicas, mas porque eram (na sua visão) homens gays não confessos. Os artigos posteriores de Blanchard permaneceram irredutíveis em relação a distorção da representação de mulheres transexuais (veja, por exemplo, Blanchard, 2008). Não sei se tratou-se de uma atitude pessoal de Blanchard – se foi, deve ter sido difícil trabalhar onde trabalhou – ou se foi apenas um efeito do sistema profissional e ideológico no qual estava inserido. De qualquer forma, a consequência foi uma completa invalidação das mulheres sobre quem escreveu.

Naturalmente, Blanchard não estava sozinho. O comitê do qual ele participou, do DSM, não tinha dúvidas em relação ao caráter patologizante da transexualidade. Outro psiquiatra, analisando o campo, não hesitou em falar da "fraude frequente" de histórias de vida por pessoas transexuais (Murray, 1997). Mesmo Colette Chiland, que conhece bastante a situação das mulheres transexuais, fala do "desejo frenético de serem reconhecidas como membros do outro sexo" (2003: 18) ao passo que sabe perfeitamente bem de qual sexo anatômico são.

Outros psicoterapeutas tentaram ultrapassar essa instância de invalidação (por exemplo, King, 2011). Contudo, é surpreendente como ela retorna constantemente. Walter O. Bockting (2008), por exemplo, é um dos psicólogos mais influentes e ativos que atualmente escrevem sobre transexualidade, e seu trabalho é humano e útil em vários níveis. Não obstante, ele decidiu que "pessoas transgêneras masculino para feminino" (observe a linguagem desgenerificada) não são de fato mulheres, embora aparentemente também não sejam de fato homens, e considera que deveriam aceitar a "identidade transgênera" a qual Bockting pensa ser a solução mais adequada.

## A ARMADILHA DA PSICANÁLISE

O livro *Changer de sexe*, de Chiland, publicado na França em 1997 (traduzido para o inglês como *Transsexualism: Illusion and Reality* [Transexualidade: Ilusão e Realidade]), é, a meu ver, o trabalho de psicologia mais impressionante intelectualmente escrito sobre transexualidade, de qualquer perspectiva. Mas as políticas do livro são altamente problemáticas.

Chiland, uma psiquiatra infantil muito influente e bastante publicado, é um psicanalista influenciado por Lacan. Ela trabalhou profissionalmente com mulheres transexuais jovens e, até certo ponto, com homens transexuais. Também é mais ou menos feminista, algo incomum entre os/as psiquiatras do campo.

Para Chiland, não é a realidade, mas sim o desejo que figura como central à transexualidade. Ao invés de transtorno de identidade de gênero, uma psicose ou erro de localização de alvo erótico, a transexualidade é um transtorno narcisista, no qual a pessoa transexual tenta tencionar a realidade para conformar a seu desejo. O ponto crucial é que para efetuar uma mudança da posição *simbólica* de homem para mulher, a mulher transexual dedica-se a uma mudança corporal, com a conivência dos médicos. Chiland fala de forma eloquente sobre os conflitos psicológicos sendo encenados no "teatro do corpo" (2003: 148).

A história de Chiland centra, em termos do estilo Lacaniano, no falo. Ela enfatiza a "aversão" das mulheres transexuais ao pênis, que representa o ser homem e a lei do pai, e fala repetidamente do corpo pós-operado como "mutilado" e patético, não reconhecido pela pessoa transexual como sendo seu verdadeiro corpo.

De onde vem esse desejo extraordinariamente poderoso? Aqui o argumento de Chiland, geralmente bastante nítido, se torna vago. Como psicanalista ela supõe que o desejo nasce das dinâmicas do inconsciente e que tem a ver com as relações do Édipo. Naquilo que Stoller foca na mãe, Chiland atribui ao casal homem-mulher. A psiquiatria dominante nos Estados Unidos também moveu nessa direção no que diz respeito ao pensamento sobre as dinâmicas familiares na transexualidade (Bradley e Zucker, 1997).

Mais especificamente, Chiland pensa que a força motriz é a falha de desenvolvimento da pessoa transexual para superar a terrível cena primitiva (celebremente ilustrada no caso de estudo *Wolf Man* [Homem dos Lobos] de Freud, na imagem inesquecível do menino ainda criança acordando e vendo seu pai levantando para transar com sua mãe). A pessoa transexual, então, falha em passar pelo drama edipiano habitual do desenvolvimento emocional, o qual leva muitas pessoas a aceitarem seus lugares na ordem de gênero com as limitações e obrigações decorrentes dela.

As evidências clínicas dessa história são bastante fracas; pois, como Chiland observa com pesar, poucas pessoas transexuais, sejam MTF (*male to female* – homem para mulher) ou FTM (*female to male* – mulher para homem), se submetem a uma terapia psicanalítica completa. Ela honestamente observa o motivo: a terapia psicanalítica é direcionada para impedir a transição. Chiland, como psiquiatra, de acordo com sua visão de gênero, se recusa a assinar laudos que possam abrir a possibilidade de cirurgia (2003: 144).

Em muita da literatura psiquiátrica, e da sexologia, há uma fúria taxonômica, uma obsessão com classificações e subclassificações de transtornos. Chiland ao contrário, enfatiza a futilidade das tipologias sobre a transexualidade. Embora muitas vezes forneça extensas generalizações, na maior parte ela descreve o enredamento de diferentes processos psicológicos e a complexidade das situações humanas. Em uma nítida passagem, destaca que mesmo pensar num "espectro de gênero" não é suficiente para esse panorama caótico. Ao invés disso, há um "magma" de identidades e práticas de gênero onde nenhuma linha evidente pode ser demarcada.

Seu trabalho contém outros discernimentos importantes. Um deles é a importância da adolescência e não apenas a infância nas histórias de vida das pessoas transexuais; sugere que as mudanças corporais da puberdade produzem crises psicológicas com frequência. Outro discernimento seria a interação entre as dinâmicas psicológicas da transexualidade e as práticas institucionais da medicina – um argumento significativo partindo de uma profissional importante. Por fim, Chiland é uma das poucas psiquiatras teóricas a enfatizar as relações sociais nas quais as pessoas transexuais adultas estão envolvidas, incluindo relações com os/as conjugues e crianças, como centrais às decisões que possam tomar.

Tudo isso faz com que a análise de Chiland seja a mais sofisticada discussão sobre transexualidade da literatura psiquiátrica, marcante pela profundidade, discernimento e realismo. Não obstante, suas ideias políticas e terapêuticas são bastante problemáticas.

Chiland vê a emergência da transexualidade no século vinte como um caso admirável de arrogância da sociedade moderna. Ela vê as próprias pessoas transexuais como vítimas anuentes com a ilusão coletiva de onipotência tecnológica. Em *Le transsexualisme* (O Transexualismo), um livro curto e popular publicado alguns anos depois, Chiland deixa mais explícito suas políticas. Esse livro é um contínuo ataque à ideia da transição: "A esta demanda insana, os médicos têm respondido com uma oferta insana" (Chiland 2005: 15).

Nesse último livro, as pessoas transexuais são mais forçosamente representadas como ignorantes, iludidas e enganadoras, embora também sofrendo muito. As intervenções médicas são apresentadas como um paliativo do sofrimento, com resultados algumas vezes grotescos ou catastróficos. Na visão dela, os "grupos militantes", ou seja, ativistas transexuais, não sabem o que estão fazendo (2005: 75). Não é de se surpreender que grupos ativistas transexuais em Paris sejam severos críticos de Chiland (por exemplo, http://syndromedebenjamin.free.fr/textes/englishtexts/hbigda2003uk.htm).

Chiland endossa a crítica feminista da desigualdade de gênero, afirmando que as pessoas transexuais não endossam (no que está equivocada). Mas seu feminismo opera com um modelo de gênero no qual (com exceção de condições intersexo) o sexo reprodutivo dicotômico é a última verdade, e a "sabedoria" humana consiste na aceitação dessa verdade. Esse deveria ser o objetivo da terapia com crianças gênero-variantes, por exemplo – "fazer com que aceitem o sexo com o qual nasceram" (Chiland, 2009: 52). A solução de Chiland para a grande confusão que é a transexualidade, seria, em última instância, reestabelecer o respeito para o que ela vê como as diferenças naturais entre sexo e geração, seja qual for o custo em miséria para os indivíduos.

Podemos chamar isso, em oposição à visão do técnico encontrada na literatura médica Norte Americana, uma visão trágica da transexualidade. E a visão trágica prende Chiland, como terapeuta, numa armadilha. Ela pensa que a transição com assistência médica é um erro cultural, um paliativo no melhor dos casos. Mas sabe que é geralmente impossível aplicar a psicanálise. Essa tensão dá energia aos textos de Chiland, mas a coloca contra os projetos terapêuticos dos próprios clientes. Como ela observa com lamento, "a psicoterapia de tal transtorno é, de fato, muito difícil" (2003: 146).

O processo não é apenas difícil para o cliente, mas emocionalmente difícil para o clínico. A sinceridade de Chiland sobre esse ponto é digna de nota: "Não é fácil de negociar a contratransferência..." (2003: 148). Tal sinceridade é algo raro na literatura psiquiátrica. Tem sido, contudo, apropriada em um ilustre artigo recente escrito por Angela King (2001) explorando a própria mudança do terapeuta, e algumas vezes emoções de hostilidade para com clientes transexuais.

Stoller, Blanchard e Chiland não são os/as únicos teóricos/as da transexualidade, mas seus trabalhos estão entre os mais ilustres e isso nos dá uma base para pensarmos sobre a natureza do campo. A psiquiatria continua tendo importância prática nas vidas das pessoas transexuais, porque os psiquiatras continuam controlando o acesso à transição medicamente assistida. Hoje, em vários lugares, esse controle é realizado sem a rígida política de conformidade de gênero que costumava estar envolvida, e por isso podemos ser gratos/as.

Podemos entender o porquê da ideia da patologização persistir, pois de fato ocorre um extremo estresse na vida das pessoas transexuais. Existe um tipo de terror envolvido na transição, o qual aparece de forma precisa na escrita de Chiland – e, nas gerações iniciais, na de Benjamin. Uma parte desse terror é o medo de estar louco/a, algo que, naturalmente, é confirmado pela classificação psiquiátrica. Outra parte é o medo de perder âncoras sociais que muitas pessoas têm dentro da ordem do gênero. Familiares, amigos/as, companheiros/as podem ser perdidos; a taxa de suicídio é alta.

Esse terror não é, por si mesmo, patológico – pode envolver uma avaliação perfeitamente realista da situação social. A ideia da patologia se fixa através da etiologia. Esse é o problema intelectual vital do papel do psiquiatra nas questões transexuais. O conceito de etiologia reflete uma ideia particular de causalidade, fazendo com que psiquiatras que compreendem os mecanismos causais intervenham com autoridade nas vidas das pessoas transexuais. Contudo, nas vidas transexuais, estamos lidando com algo que não pode ser representado em termos mecânicos. Estamos lidando com uma interação – que se desdobra ao longo de uma vida inteira – entre corporificação contraditória, conduta pessoal, relações interpessoais, significados culturais, instituições, e dinâmicas políticas e econômicas. Sobretudo, estamos lidando com o processo da construção de vidas em termos alterados, e que necessitam de uma forma distinta de pensamento em relação ao gênero e vida pessoal – e de uma visão diferente do papel da psicoterapia.

## EM DIREÇÃO A UMA PSICOLOGIA ATIVISTA

Paradoxalmente, muito da literatura "transgênero" recente em língua inglesa tende a *desgenerificar* a vida das mulheres transexuais. É fascinante ver um/uma profissional bem informado/a no *International Journal of Transgenderism* (Cadernos Internacionais de Transgenerismo), escrever uma análise do debate psiquiátrico completamente baseada num conceito neutralizante de "pessoas trans", que falha em distinguir as situações das mulheres e dos homens (Ehrbar, 2010). Pensamentos desgenerificantes como esse excluem ou marginalizam a *transição* de gênero. Mas é a transição em direção à posição social corporificada de uma mulher que define aqui a situação, conforme vimos no capítulo 8. Não devemos ignorar o que é o mais central e específico.

A transição ocorre dentro de uma estrutura profundamente institucionalizada de relações de gênero corporificadas. Isso é mais facilmente visto no impacto do estado na vida das mulheres e dos homens transexuais (Namaste, 2000; Solymár e Takács, 2007), mas envolve muitas outras instituições, desde a família até a economia. Na transição, uma pessoa está mudando para um local distinto nessa estrutura de relações de gênero; e a mudança é necessariamente corporificada. As implicações nas vidas das mulheres transexuais serão discutidas no capítulo 10 a seguir.

A consequência inevitável é que as intervenções psiquiátricas ou psicológicas na vida das mulheres transexuais precisam de uma psicologia informada sobre gênero; e que não precisa ser inventada, já existe, na forma da psicologia feminista (Ussher, 1989; Crawford et al., 1992; e muitas outras). A psicologia feminista é um campo ativo e substancial, muito embora esteja surpreendentemente ausente da lista de referências da escrita psiquiátrica acerca de mulheres transexuais. Há, particularmente, uma forte tradição de terapia feminista, com ênfase na reciprocidade e ação coletiva, que está constantemente desenvolvendo novas formas tais como a psicologia comunitária feminista (Angelique e Mulvey, 2012).

A psicologia feminista entendeu desde o início que a opressão das mulheres não era um problema individual, mas sim coletivo, produzido por uma cultura machista e pelo poder patriarcal. A transição pela qual as mulheres transexuais passam é algo necessariamente social; envolve ocupar um espaço na coletividade das mulheres. As mulheres transexuais também enfrentam problemas coletivos. Isso requer uma política para além dos direitos individuais, especificamente, uma política de justiça social. Conforme Viviane Namaste argumenta em *Sex Change, Social Change* (2011) (Mudança de Sexo, Mudança Social), o foco não é na identidade, mas nos aspectos práticos da vida para a maioria das mulheres transexuais, incluindo pobreza, criminalização e os frágeis planos de saúde.

A maioria das vidas das mulheres transexuais tem pouca semelhança com um "estilo de vida" escolhido livremente ou um jogo *queer* com fluidez de gênero. A experiência das mulheres transexuais, de forma esmagadora, é de terem sido pegas numa situação que é de difícil entendimento, inevitável e algumas vezes terrível. Para jovens que lidam com corporificação contraditória, isoladas com frequência, raramente haverá o tempo ou tranquilidade necessários para produzir uma resposta organizada.

Por isso, a vida das mulheres transexuais está frequentemente desordenada, e seus projetos de gênero, geralmente, são hesitantes, incoerentes e mal explicados. Nesse aspecto, a imagem transmitida por Chiland está correta. Conforme mostram as autobiografias da classe média, estudos de caso da psiquiatria e etnografias da classe trabalhadora, há, com frequência, regressos e negações, tentativas de viver no sexo "correto", falsos começos e maus julgamentos. Quando controladores de acesso da área médica, utilizando uma etiologia simplificada, exigem uma narrativa consistente a partir da infância, criam uma forte pressão para a negação da confusão e do medo, para passar por cima da base e preenchimento. Assim, as mulheres transexuais no Norte Global adquirem uma reputação entre médicos por serem falsas e traiçoeiras.

Uma vez que o gênero é uma estrutura de relações sociais, uma questão fundamental na transição é o reconhecimento social; a base de atuação é socialmente construída em conjunto. Nas gerações iniciais isso era entendido como um problema de "passabilidade". Na realidade, muitas mulheres transexuais não passavam, incluindo a mais famosa delas: Christine Jorgensen que transicionou nos anos 50 entre pessoas que sabiam perfeitamente sua situação prévia. Transicionar abertamente é hoje uma prática corriqueira, muito embora não seja universal, e define mais claramente a questão como sendo de *reconhecimento*. Envolve uma questão bastante familiar na psicologia social, encontrar apoio social para a autoimagem. Práticas comuns, tais como vestir uma saia ou usar batom, são funcionais tanto quanto são expressivas, fazendo com que o reconhecimento se torne mais fácil para as *outras* pessoas envolvidas. Apoio de grupo entre as mulheres transexuais tem sido reconhecido como um recurso em algumas discussões psiquiátricas mais recentes (Sánchez e Vilain, 2009; Lemma, 2012), e existe uma longa história de ajuda mútua para além disso.

O reconhecimento não é algo sempre fácil para as outras pessoas interessadas, por exemplo, a família imediata, e pode ser negado muitas vezes com raiva. Muitas mulheres transexuais não parecem "como mulher" convencionalmente na rua, ou têm "voz de mulher" ao telefone. Transicionar abertamente significa colocar o sofrimento de uma pessoa para todo mundo ver. Isso é muito mais difícil quando a transição envolve procedimentos médicos angustiantes, ou – nas situações de pobreza – injeção de silicone ou cortar o genital fora sem auxílio médico. O reconhecimento alcançado pode ser descreditado. Como Vek Lewis (2010) observa num estudo da América Latina, a expressão popular *travestis* é associada com sexualidade ilícita, imundice e pobreza. O estudo pioneiro de Roberta Perkins (1983: 73) na Austrália, registra uma trabalhadora sexual ponderando que "transexuais são mais inferiores do que mulheres de acordo com os homens, e veja quantos homens abusam sexualmente de transexuais".

A transição envolve respostas criativas para as contradições de gênero que dizem respeito especificamente à corporificação. Transição de gênero tem a ver com encontrar terrenos modificados dentro da ordem de gênero, dentro do contexto mais amplo de estruturas sociais. Ela toma uma situação profundamente contraditória e constrói – sempre com dificuldades – algo a partir disso: as condições prévias de uma nova prática. Essas estruturas são intransigentes, como o feminismo identificou há muito tempo, e a problemática na vida das pessoas transexuais são evidências adicionais. Ao lidar com pressões extraordinárias em tais situações, eu sugiro que devamos reconhecer as mudanças transexuais como um sinal de saúde mental, e não de doença mental – um sinal de empreendimento construtivo e busca por solução. Aqueles/as que sobrevivem a essas pressões terríveis e as trabalham para uma vida produtiva socialmente, como muitas mulheres transexuais fazem, podem ser devidamente consideradas excepcionalmente sãs.

As mulheres transexuais estão envolvidas na luta política há mais de uma geração, conforme o trabalho de Stryker (2008), nos Estados Unidos, esclarece. O terreno das políticas transexuais é complexo, porque a estrutura das relações de gênero está relacionada com as estruturas de classe, imperialismo, raça e idade, nomeando apenas aquelas mais importantes de imediato. É de grande importância se uma pessoa está se submetendo à transição de gênero dentro de uma situação de riqueza e segurança, ou numa situação de pobreza e vida precária. Isso é chamado, de vez em quando, de "intersecionalidade"; mas esse termo é muito estático para dar conta da interação dinâmica das estruturas que constantemente apagam, inflamam, e constituem uns aos outros. As vidas transexuais fornecem casos dramáticos para esse dinamismo. Jovens que começam a transicionar podem ser expulsos da escola e da família e terminar na extrema pobreza, uma transição de classe que resulta das dinâmicas opressoras de gênero.

Uma psicologia capaz de apoiar ações no contexto da opressão tem muitas raízes; uma das mais importantes é a psicologia crítica do colonialismo, retornando a Fanon (1952). A psicologia radical encontra sua expressão mais poderosa na "psicologia da libertação" (Montero, 2007) que emergiu na América Central nos anos 80, no contexto de pobreza generalizada, violência policial e poder neocolonial. A psicologia da libertação tem uma preocupação central com a práxis, ou seja, com as ações necessárias para transformar as realidades opressoras através de ações conjuntas de baixo para cima (Osorio, 2009).

Considere, por exemplo, a situação das *Sista Girls* na comunidade indígena de Melville e da Ilha Bathurst na Austrália (Harvey, 2010). Elas enfrentam uma luta por reconhecimento porque os colonizadores impuseram o cristianismo, deslocando as tradições indígenas através das quais a transição era reconhecida. Também enfrentam violência e houve suicídios. As *Sista Girls* enfrentam mais dificuldades para conseguir emprego, num contexto indígena que já tem altos índices de desemprego. O governo australiano impôs recentemente uma "intervenção" autoritária nas comunidades Aborígenes que, entre outras restrições, dificulta o acesso à cultura *queer* e transgênera.

Ou considere o caso de Veronnica Baxter, uma mulher transexual Aborígene de Sydney. Ela foi presa em março de 2009 sob acusações de porte de drogas, e encarcerada (em oposição aos regulamentos) numa prisão masculina, provavelmente porque não era operada. Ela morreu em custódia da polícia seis dias depois, em circunstâncias bastante duvidosas. Oficialmente considerado suicídio, potencialmente assassinato, de qualquer forma trata-se de uma sequência de eventos chocante. Como sabemos de outros países, uma prisão masculina é um lugar tóxico, na melhor das hipóteses, e um local extremamente tóxico para mulheres transexuais (Alexander e Meshelemiah, 2010).

A típica realidade da vida das mulheres transexuais não é identitária ou fluida, mas contraditória e transicional. Reconhecer esse fato faz com que seja impossível ver mulheres transexuais como um "grupo identitário", ou a transexualidade como posse de "identidade de gênero variante" – muito embora essa seja a concepção mais comum dentro da psiquiatria dominante (por exemplo, Wiseman e Davidson 2011). Reconhecer o projeto de gênero na transição faz com que seja possível ver uma profunda conexão com o projeto feminista de transformação social. A transição, numa pequena escala, se apoia na ontoformatividade das práticas de gênero que as políticas feministas empreendem em larga escala (veja o capítulo 10). O cultivo e nascimento de um novo padrão de relacionamentos envolve potenciais para mudança nas relações de gênero que são negadas pela ideologia patriarcal, e que são necessárias para o projeto mais amplo de justiça de gênero.

Assim, devemos enfatizar a ideia de *potenciais para mudanças* no pensamento acerca do papel da psiquiatria e da psicologia. Os/as psiquiatras e psicólogos/as que lidam com vidas transexuais geralmente entendem como tarefa lidar com trauma, aliviar o sofrimento e possibilitar o enfrentamento. Tal trabalho é necessário; no caos e terror das contradições de gênero, algumas pessoas ficam seriamente feridas, e ajuda clínica é algo relevante. Entretanto, isso não é tudo de que necessitam.

Alguns/mas médicos/as e assistentes sociais entendem seu trabalho como mais do que paliativo, como afirmativo das identidades não normativas e, num nível coletivo, como apoio para o bem-estar de um grupo marginalizado (por exemplo, Burdge, 2007). A terapia feminista trabalha com frequência nesse nível, e de fato pode fazer uma importante contribuição às mulheres transexuais, considerando a profunda experiência com violência de gênero, perdas emocionais, problemas de corporificação, e o impacto da cultura machista (McNeill, McShea e Parmar, 1986). Técnicas democráticas de terapia em grupo podem ajudar muito mais na superação do isolamento e terror que são comuns para mulheres transexuais jovens.

Esses são os papéis de cuidado e ajuda emergencial da psicoterapia. Mas ainda existe um nível acima desse, não tão fácil de ser alcançado no mundo estritamente profissional da psiquiatria. Trata-se da prática que apoia o ativismo por mudanças sociais. A psicologia da libertação está preocupada em construir os recursos, necessitados por grupos marginalizados e oprimidos, para ir à luta por mudanças sociais. A psicologia feminista está envolvida principalmente na construção de potenciais para mudanças na ordem do gênero.

Tanto a autoajuda quanto ajuda profissional podem construir potenciais para mudanças através da terapia, apoio, educação, pesquisa, militância institucionalizada [*advocacy*] e mobilização. Os potenciais podem ser articulados para campanhas pelo fim da violência, na luta por segurança econômica, nas lutas por reconhecimento legal, e muitos outros. As possibilidades se abrem conforme nos deslocamos para além das problemáticas da etiologia e da identidade para o terreno da justiça social. Isso não significa simplesmente aparecer politicamente; sou a favor da ocupação de espaços públicos, mas muitas mulheres transexuais não estão numa posição de fazer isso. A discussão de Maritza Montero sobre a psicologia de libertação enfatiza que a libertação é "uma tarefa do dia a dia" (Montero, 2007: 520). É aí onde as políticas de gênero geralmente acontecem de fato.

# 10:
# MULHERES TRANSEXUAIS E O PENSAMENTO FEMINISTA

As mulheres transexuais são um grupo pequeno que tem sido submetido a longos e violentos escrutínios. Os escrutínios incluem literatura feminista, que expõe uma relação conturbada e frequentemente antagonista entre o feminismo e as mulheres transexuais.

Esse relacionamento tem sido reconsiderado recentemente, a partir do começo, na teoria feminista (Namaste, 2009, Salamon, 2010), em políticas feministas (Heyes, 2003), e em comunidades lésbicas (Coogan, 2006). Meu argumento se constrói nesse trabalho; em histórias recentes da transexualidade na metrópole global (Stryker, 2008; Meyerowitz, 2002); nos primórdios de uma economia política da transexualidade (Irving, 2008; Schilt e Wiswall, 2008); e principalmente em relatos realistas da transição e das situações de vida das mulheres transexuais (Perkins, 1983; Griggs, 1996, 1998; Namaste 2000, 2011; Solymár e Takács, 2007).

A primeira parte desse artigo delineia os contatos feministas com as mulheres transexuais e a ideia de mudança de gênero. A segunda parte lança um olhar crítico sobre suposições dentro desse debate, no impacto das ideias transexuais, e argumenta a favor uma inserção mais firme a partir da ciência social feminista. A terceira parte oferece um relato sobre transição enquanto um projeto de gênero, a natureza da corporificação transexual e a prática das mulheres transexual no fazer e refazer da ordem de gênero. A quarta parte relaciona essa análise com dificuldades de reconhecimento e desigualdades materiais, e sugere um relacionamento reformulado entre as mulheres transexuais e feminismo dentro de uma política de cuidado e justiça social.

Por "mulheres transexuais" quero dizer as mulheres que passaram por um processo de transição entre locais na ordem do gênero, desde a definição inicial como um meninos ou homens até a corporificação e posição social como mulheres – independenmente do trajeto percorrido e do resultado. Por "transição medicamente assistida" quero dizer o caminho particular que utiliza o conjunto de intervenções médicas que apoia a redesignação de gênero social e jurídica (Tugnet et al., 2007). A ideia-chave é a transicionalidade, conforme Solymár e Takács (2007) observam. Por isso, seria útil consideramos "transexual" como um adjetivo e não como substantivo.

A medicina transexual se desenvolveu principalmente nas metrópoles globais, ou seja, na Europa Ocidental e nos Estados Unidos, onde também se centraram os debates feministas acerca da transexualidade. Na periferia global, também existem grupos que mudam de gênero sob diversos nomes: transexual (Najmabadi, 2008), *transformista* (Ochoa, 2008), *travesti* (Fernández, 2004), *kathoey* (Winter, 2006), *hijra* (Reddy, 2006) e outros. Os escritores metropolitanos de questões de gênero se apropriaram com frequência das experiências desses grupos, com uma espantosa falta de cuidado ou respeito. É importante reconhecer tanto suas situações características, quanto o poder da metrópole, que influencia as políticas corporais em todo mundo. Minha principal preocupação nesse artigo será com os debates na metrópole; mas o argumento necessariamente retornará à dimensão global do gênero.

## I: CONTATOS DO FEMINISMO COM AS MULHERES TRANSEXUAIS

O pensamento de que a relação entre o indivíduo e os corpos reprodutivos é capaz de mudar está presente no feminismo há bastante tempo. Foi, por exemplo, a ideia central na primeira teoria de gênero inteiramente social escrita pela pioneira feminista alemã Mathilde Vaerting (1921). Pode ser encontrado na frase sobre a transcendência e justiça que concluiu *O Segundo Sexo* de Simone de Beauvoir: "cedo ou tarde, elas [as mulheres] alcançarão a completa igualdade econômica e social, algo que trará uma metamorfose interior" (1949: 738). Mas enquanto Vaerting viu mudança como institucional e coletiva, Beauvoir tratou a feminilidade como um projeto no nível da vida pessoal. Mais precisamente um conjunto de projetos: o coração d' *O Segundo Sexo* é um mapeamento de caminhos da vida (a lésbica, a mulher casada, a prostituta) que representam diferentes negociações da subordinação social das mulheres.

Assim, o texto mais influente do feminismo do século XX se aproximou de uma concepção de gênero similar às ideias emergentes da medicina europeia e estadunidense. O termo "transexual" foi atribuído a seu sentido moderno, um projeto pessoal de transição de gênero, num artigo publicado em 1949, no mesmo ano que *O Segundo Sexo*. As primeiras tentativas de redesignação de gênero envolvendo tratamento endocrinológico ou cirurgia, respondendo às demandas de pacientes desesperados, já haviam sido feitas, principalmente na Alemanha por médicos associados ao Instituto Hirschfeld para Ciência Sexual (Hirschfeld's Institute for Sexual Science) (Meyerowitz, 2002: 16-22).

Logo depois do aparecimento d'*O Segundo Sexo*, a redesignação se tornou um assunto público através de Christine Jorgensen, que transicionou com a ajuda da equipe clínica dinamarquesa e se tornou a face pública da transexualidade nos anos 50. No deslumbre da assombrosa publicidade ao redor de Jorgensen (Stryker, 2000), uma quantidade inesperada de sofrimento de gênero e projetos de base sobre mudança de gênero anteriormente sem visibilidade, passaram ter visibilidade na metrópole global.

Esses projetos podem ser reconhecidos se seguirmos o método histórico dos *Estudos Subalternos* e entendermos a situação do subalterno *através* de textos oficiais. Essa abordagem pode ser aplicada aos principais textos médicos produzidos naquele momento: *The Transsexual Phenomenon* (O Fenômeno Transexual), de Harry Benjamin (1966), o *Sex and Gender* (Sexo e Gênero), de Robert Stoller (1968), e o *Transsexualism and Sex Reassignment* (Transexualismo e Redesignação Sexual), de Richard Green e John Money (1969). As pessoas, que passaram a figurar no intenso olhar médico nessa época, estavam em estágios diferentes da transição. Algumas eram, na linguagem da época, transexuais masculinos para femininos e algumas já viviam como mulheres. A maioria, muito embora não todas, eram brancas, e surgiram de um espectro de experiências de classe média e trabalhadora. Trouxeram compreensões populares sobre diferença natural de gênero, juntamente com relatos de contradições devastadoras – alma *versus* corpo, indivíduo *versus* sociedade, *status* legal *versus* realidade pessoal. Trouxeram narrativas de famílias, vidas de trabalho e relacionamentos agitados e, algumas vezes, destruídos.

O significado clínico da transexualidade foi produzido numa negociação cultural complexa e incerta ao redor desse sofrimento e intervenção médica. Um conjunto de tratamento foi desenvolvido – com fortes debates entre médicos – e as clínicas de identidade de gênero começaram a operar nos anos 1960.

O significado político da transexualidade começou a ser negociado pela nova esquerda dos Estados Unidos no fim da mesma década (Altman, 1972, Irving, 2008, Stryker, 2008). Vários grupos pequenos e radicais de pessoas transexuais e transgênero surgiram, e publicaram um manifesto pedindo justiça social. Centros comunitários transexuais de autoajuda foram fundados em San Francisco e Nova Iorque; nas palavras da organizadora de Nova Iorque, relembrando a retórica da nova esquerda, "foi algo revolucionário" (Rivera 2002: 81). As temáticas transexuais revolucionárias também podem ser encontradas nas discussões da nova esquerda europeia. O livro *Homosexuality and Liberation* (1977) (Homossexualidade e Libertação) propôs uma teoria de transexualidade universal, parcialmente decorrente de Freud, e considerou as mulheres transexuais como sujeitos das mais graves opressões – e, por isso, como a vanguarda da luta por libertação.

Inicialmente, o movimento de Libertação da Mulher não deu atenção às mulheres transexuais, muito embora algumas militassem no grupo. As mulheres transexuais não incomodaram as páginas da famosa antologia *Sisterhood is Powerful* (1970) (Sororidade é Poder), de Robin Morgan. Apenas três anos depois, a própria Morgan lançou um ataque público em uma linguagem bastante violenta contra uma mulher transexual que havia sido convidada para se apresentar como musicista em uma conferência feminista lésbica na Califórnia (Morgan, 1978: 171, 181).

O assunto de Morgan foi apanhado por Mary Daly, com a teóloga, então, emergindo enquanto principal teórica do feminismo separatista estadunidense. Em seu livro mais famoso, *Gyn/Ecology* (1978: 71) (Gyn/Ecologia), Daly ataca a transexualidade, diz que essa é uma "invasão necrofílica" dos corpos e espíritos femininos. A visão de Daly foi elaborada por Janice Raymond no *The Transsexual Empire* (1979) (O Império Transexual), que apresentou uma visão sinistra das mulheres transexuais enquanto paródias da feminilidade e invasores masculinos dos espaços de mulheres. O livro de Raymond foi lido amplamente e ainda é citado – sem dúvida a afirmação feminista mais influente sobre a transexualidade. Seus argumentos foram seguidos até certo nível pela maioria de outras escritoras feministas que abordaram o assunto. Para as feministas mais hostis, as mulheres transexuais não deveriam existir de jeito nenhum. Num mundo pós-patriarcal, de acordo com Jeffreys (1990: 188), "a transexualidade não seria imaginada".

Mesmo na conferência de 1973, algumas mulheres defenderam o direito da cantora Beth Elliott de ser ouvida (Meyerowitz, 2002: 259-260). O apoio feminista às mulheres transexuais no nível prático e de relacionamentos pessoais nunca desapareceu por completo. As próprias mulheres transexuais responderam; uma crítica excelente na época do *The Transsexual Empire* foi publicada na Grã-Bretanha por Carol Riddell (1980). No entanto, por duas décadas, a posição excludente dominou a relação entre as mulheres transexuais e o movimento feminista. Foi a partir de outra direção que surgiu um tipo de envolvimento.

No fim dos anos 1970, as sociólogas feministas transformaram a crítica libertária mal feita sobre os papéis de gênero e o patriarcado em uma teoria de gênero mais sofisticada. Nos Estados Unidos, esse projeto empregou a etnometodologia de Garfinkel, a técnica sociológica que explora suposições das categorias sociais do dia a dia. Seguindo um ensaio de Garfinkel que considerou a vida de uma mulher transexual jovem como um tipo de experimento natural, as sociólogas feministas desenvolveram uma teoria das microfundações da ordem do gênero. Um livro técnico escrito por Kessler e McKenna (1978), um artigo muito influente chamado *Doing Gender* (Fazendo Gênero) de West e Zimmerman (1987), e um debate acerca do trabalho de Garfinkel (Rogers 1992), apresentaram os argumentos. As mulheres transexuais forneceram evidências essenciais acerca de como as categorias de gênero são sustentadas por práticas diárias de discurso, estilos de interação e divisões do trabalho.

Aqui as mulheres transexuais figuraram não como pessoas estranhas e hostis, mas como exemplos impressionantes dos processos que afetam todas as vidas das mulheres. Ironicamente – considerando que as próprias narrativas das mulheres transexuais, na época, geralmente falavam sobre uma feminilidade imutável – as sociólogas feministas leram suas vidas como uma prova da plasticidade do gênero, dando credibilidade a pautas de mudanças sociais.

A experiência das mulheres transexuais foi, então, utilizada por uma série de outros/as acadêmicos/as para fundamentar argumentos extensos em relação ao gênero. Judith Butler foi, de longe, a teórica mais influente.

Em *Gender Trouble* (1990) (Problemas de Gênero), Butler renunciou à suposição de uma base natural da identidade das mulheres, e, dessa forma, do feminismo. Assim como os etnometodólogos, ela precisava de uma explicação do aspecto sólido do gênero. Isso foi resolvido com a ideia dos "atos de repetição estilizada" que trouxe o gênero performativamente à existência; o que levou à ideia de políticas de gênero radicais com a proliferação de performances que subverteram as normas de gênero existentes. A performance *drag* de pessoas trans forneceu o exemplo chave para esse argumento, revelando a "estrutura imitativa do próprio gênero" (1990: 137). Em *Bodies That Matter* (1993: 121ff.) (Corpos que Importam), Butler usou um filme sobre participantes afrodescendentes e latinos num baile *drag* para explorar o quanto o evento, a comunidade ao redor dele, e a produção do filme, poderiam ser entendidos como subversivos. Em *Undoing Gender* (Desfazendo Gênero) (2004), Butler escreveu longamente sobre transexualidade e transgeneridade, criticando o diagnóstico médico de "transtorno de identidade de gênero" como sendo um local de normatividade de gênero, e entendendo a violência antitrans como um sinal da barbárie através da qual a heteronormatividade é reforçada.

A obra mais influente do feminismo contemporâneo está, dessa forma, envolvida significativamente com questões acerca de mulheres transexuais, e os escritos de Butler foram, de forma impressionante, mais positivos do que os escritos do feminismo lésbico dos anos 1970. Colaborou para o surgimento de uma onda de escritos pós-estruturalistas e de feminismo *queer* sobre transexualidade. Isso começou com o estudo de Marjorie Garber (1992) sobre *cross-dressing* e ambiguidade de gênero, e o estudo focaultiano de Bernice Hausman (1995), que também considerou o gênero como parte da ordem simbólica, e leu as ações das mulheres transexuais como a "engenharia" de uma subjetividade normativa através da demanda para uso de tecnologias médicas. No devido curso, as sociologias *queer* apareceram, onde as mulheres transexuais figuraram como estando vivenciando a instabilidade do binário de sexo/gênero.

Os/as ativistas transexuais, tanto homens quanto mulheres, foram pegos nesse movimento. O marco da mudança foi o *Posttranssexual Manifesto* (Manifesto Pós-Transexual) (1991) de Sandy Stone, uma mulher transexual que fora especificamente atacada por Raymond. O inteligente ensaio de Stone sugeriu que as pessoas transexuais não eram uma classe, nem um terceiro gênero, mas sim um "conjunto de textos corporificados" (1991: 296), com o potencial para destruir as categorias dicotômicas da sexualidade e do gênero.

Assim, Stone relacionou as vidas das mulheres transexuais com a onda crescente dos estudos culturais na vida acadêmica estadunidense, e com a pauta *queer* emergente de rompimento, ao invés de mobilização em torno das categorias de gênero convencionais. A crescente visibilidade de homens transexuais (Rubin, 2003), e a reemergência de um interesse nas identidades *butch* e na masculinidade dentro das redes de mulheres lésbicas (Halberstam 1998), foram reforços importantes. Dentro de poucos anos, uma perspectiva "transgênera" foi articulada (por exemplo, Wilchins, 2002). Essa perspectiva foi rapidamente adotada em outros países anglófonos e hoje se espalhou ao redor do mundo.

"Uma mudança paradigmática enorme aconteceu", de acordo com More e Whittle (1999: 8). Eles estavam editando um volume que reuniu os/as principais escritores/as da Grã-Bretanha e Estados Unidos no campo rapidamente cristalizado dos estudos trans (Stryker e Whittle 2006). Desde 1990, "transgênero" e "trans" foram amplamente adotados como termos gerais abrangendo não só mulheres e homens transexuais como também uma crescente dimensão de identidades não-normativas, desde "andrógino" até *"genderqueer transboi"* [menine trans gênero-*queer*] (Couch et al., 2007).

Com a mudança na linguagem veio uma lógica politica alterada. As políticas trans mudaram para um foco nas reivindicações de direitos dentro da ordem social existente (Currah, Juang e Minter, 2006; Namaste, 2011). Busca-se isso através de um alinhamento político não com mulheres, mas sim com minorias sexuais. As discussões de direitos humanos agora nomeiam constantemente "LGBT" – Lésbicas, Gays, Bissexuais e Transgêneros – como um grupo de minorias com necessidade de defesa. Outras iniciais podem ser adicionadas (para Intersexo, Transexual, *Queer* e Questionando), mas "LGBT" é de longe a sigla mais comum e praticamente se tornou uma palavra por si só.

Esses desenvolvimentos influenciaram o relacionamento entre o feminismo e as mulheres transexuais, não de forma única, no entanto. Por um lado, a mudança de gênero de diversos tipos se tornou mais comum e fácil de aceitar. Uma literatura feminista está emergindo acerca da importância da pluralidade de gênero, na qual mulheres transexuais são tratadas com respeito (por exemplo, Heyes, 2003; Monro, 2005). O trabalho de Butler continua a demandar atenção e a guiar os trabalhos atuais sobre transgeneridade (por exemplo, Salamon, 2010). No entanto, as condições do envolvimento de Butler com a transexualidade são problemáticas, como a crítica de Namaste (2009) demonstra. Ele se apoia na apropriação da experiência de pessoas transexuais e transgênero que, para focar na subversão da identidade, ofusca as realidades econômicas do *drag* e da prostituição, o caráter específico de gênero da violência, e a devastação das vidas de mulheres transexuais pelo HIV.

Para outras feministas, as ferramentas do pós-estruturalismo permitiram que a transexualidade fosse vista como um "empreendimento colonizador" que reproduz estereótipos machistas e nunca conseguirá desafiar as relações sociais do gênero (Wilton 2000). Mesmo as pós-estruturalistas mais moderadas como Myra Hird (2002), descreve a transexualidade como "identificação que deu errada" e "uma performance hiperbólica do gênero". Ironicamente, as críticas feministas da guinada pós-estruturalista também encontram um caso negativo aqui. A filósofa Elizabeth Grosz (1994: 207) usou mulheres transexuais – definidas como homens mergulhados na ilusão – para enfatizar a impossibilidade de escapar à corporalidade. A socióloga Liz Stanley (2000), em numa fala presidencial, entendeu as mudanças transexuais como simplesmente ridículas: "Se você não quer ser um homem, então porque querer ser mulher, ao invés de, por exemplo, ser uma zebra ou querubim?"

Claramente, o problema da relação das mulheres transexuais com o projeto feminista não foi resolvido. É tempo de reconsiderarmos as condições nas quais o problema tem sido enquadrado.

## II: DOS PROBLEMAS IDENTITÁRIOS ÀS DINÂMICAS DO GÊNERO

A maioria das discussões sobre transexualidade são focadas em questões identitárias, conforme Namaste (2000) e Hird (2002) observam. As sociologias do "sair do armário" (Gagné, Tewkesbury e McCaughey, 1997) tem estado tão ocupadas com esse problema, como os estudos das identidades de gênero perturbadas, que forneceram a explicação psiquiátrica clássica da transexualidade (Stoller, 1968), e o raciocínio e original para as clínicas de "identidade de gênero".

O pensamento feminista também lidou constantemente com a transexualidade nos termos identitários. O argumento central de Morgan, em 1973, era que a musicista envolvida era, na realidade, um homem, e não uma mulher. Em sua retórica, assim como em outros argumentos excludentes até o presente – é necessário ler os originais para sentir o gosto inteiro da rejeição – há emoção muito similar a uma defesa da pureza *versus* contaminação. Conforme Cressida Heyes (2003) argumenta, foi uma tentativa de definir um sujeito feminista único que justificou a exclusão das mulheres transexuais.

O feminismo desconstrucionista anunciou "a subversão da identidade" (no subtítulo de Problemas de Gênero) como um projeto central, e seu brilhante sucesso abriu as comportas para o movimento trans. Duas formas de políticas identitárias se seguiram. Uma fez da mudança de gênero a destruição prática ou a recusa da identidade de gênero. Hoje há pessoas tentando viver rigorosamente sem identidades de gênero, criando misturas indeterminadas de signos de gênero, e construindo relacionamentos *queer* e famílias desgenerificados. Uma visão mais popular da transgeneridade – em tensão lógica com o desconstrucionismo, embora frequentemente misturado com a mesma na prática – reuniu identidades transgressivas em uma lista impressionante:

> *drag queens* e *kings,* transexuais, *cross-dressers, he--shes* e *she-male*s, pessoas intersexo, transgeneristas, e pessoas de um sexo ou gênero ambíguo, andrógino ou contraditório (Pratt 1995: 21).

Reunir identidades dessa forma construiu uma "comunidade trans" heterogênea e incluiu o T no LGBT já existente.

Os textos trans falam constantemente de um espectro, ou como Susan Stryker coloca perfeitamente quando define os estudos da transgeneridade, "miríade de expressões subculturais específicas de 'atipicidade de gênero'" (Stryker e Whittle, 2006: 3). Em muitos textos, um contraste entre esse espectro e um binário normativo é o centro da perspectiva trans (por exemplo, Girshick, 2008). No entanto, através dessas mudanças, questões identitárias permaneceram como o centro da atenção. Stephen Whittle introduziu o *Transgender Studies Reader* (Guia dos estudos transgêneros) com as palavras "as identidades trans foram um dos assuntos com mais escritos no último século vinte" (Stryker e Whittle, 2006: xi). As filósofas feministas estadunidenses ainda estão debatendo "redesignação sexual e identidade pessoal", para citar o subtítulo de uma compilação recente (Shrage, 2009).

Os debates identitários surgem num terreno específico, aquele do significado, simbolismo e expressão. Na escrita trans, como representado em compilações recentes (Nestle, Howell e Wilchins, 2002; Stryker e Whittle, 2006; Currah, Moore e Stryker, 2008; O›Keefe e Fox, 2008), os gêneros característicos são narrativas autobiográficas, comentário televisivos e de filmes, ensaios filosóficos e literários; os aspectos intelectuais que conduzem são pensadores pós-estruturalistas, especialmente Foucault e Butler; os problemas centrais são o eu, a subjetividade, a voz, discurso, categoria e representação. O corpo é, obviamente, presente na escrita trans, mas de forma característica a preocupação é com imagens corporais, marcas, sentidos e simbolismo.

Esse foco dá um grande poder aos escritos trans recentes como uma intervenção cultural e crítica cultural. Contudo, não vem sem um preço. O giro trans e a ascensão da teoria desconstrutivista representaram dificuldades para as mulheres transexuais.

Duas dessas dificuldades parecem ser as mais importantes. A primeira é que os maiores problemas na vida das mulheres transexuais, particularmente problemas sociais, não são bem representados pelos discursos identitários de *nenhum* tipo. Esses problemas incluem a natureza da transição, o corpo transexual no trabalho, as relações no ambiente de trabalho, pobreza, o funcionamento das organizações estatais incluindo a polícia, política de saúde, serviços familiares, educação e assistência infantil.

A segunda dificuldade é uma forte tendência na literatura trans para desgenerificar os grupos de quem falam sobre: seja enfatizando apenas seus *status* não normativo ou transgressivo; pela afirmação de que as identidades de gênero são fluídas, plásticas, maleáveis, mutáveis, instáveis, móveis etc.; seja por simplesmente ignorar a localização do gênero. Uma grande parte dos escritos e pesquisas atuais, enquanto reconhecem a diversidade num nível individual, agrupam mulheres e homens numa história "trans" comum (por exemplo, Hines, 2007; Couch et al., 2007; Girshick, 2008). De fato, uma tendência atual é de abstrair completamente o "trans" do gênero (Currah et al., 2008: 12). É difícil encontrar em qualquer uma dessas a intransigência do gênero experienciada de fato na vida das mulheres transexuais.

Não devemos abrir mão dos avanços intelectuais do pós-estruturalismo e dos estudos da transgeneridade retrocedendo a um discurso transexual essencialista. Mas precisamos reconhecer a especificidade da transexualidade no nível da prática social, e sua conexão contínua com uma problemática que é muito diferente de uma problemática da identidade. Essa é a chave para o relacionamento com o feminismo, porque essa problemática diz respeito às estruturas e dinâmicas da ordem do gênero. Conforme observei no começo do artigo, a especificidade da transexualidade diz respeito à *transição* entre locais dentro da ordem do gênero. A intransigência do gênero, tanto num nível social quanto pessoal, é, sem dúvida, um problema central para o feminismo, conduzindo os grandes envolvimentos do feminismo com a psicanálise, marxismo e sociologia.

A ciência social feminista, então, é um recurso essencial – até mesmo, diria que é *o* recurso essencial – para um entendimento da transexualidade e um repensar de suas políticas. Nas décadas recentes, a sociologia feminista desenvolveu análises sofisticadas do gênero como prática social (Poggio, 2006). A estruturação multidimensional das relações de gênero certamente inclui simbolismos de gênero, mas também envolve relações com autoridades, a economia, apego emocional e separação (Pfau-Effinger, 1998; Connell, 2009). Dessa forma, conforme as mulheres transexuais abrem espaço através de cenários sociais generificados, suas práticas são *necessariamente* muito mais do que projetos identitários. Elas têm que lidar com instituições sociais que abrangem desde o estado patriarcal (Namaste, 2000), economia (Irving, 2008) e a profissão médica (Griggs, 1996) até a família (Langley, 2002).

As ordens de gênero são formadas e reformadas ao longo do tempo, conforme a historiografia feminista tem mostrado amplamente (Rose, 2010). A historicidade da transexualidade surge dentro de uma dinâmica maior de mudanças nas relações de gênero. As configurações de gênero dentro dessas estruturas são múltiplas, e não binárias, como as sociólogas feministas nos têm mostrado (Lorber, 2005), e existem padrões de hegemonia entre as diferentes masculinidades e feminilidades. Sempre existem múltiplos caminhos de formação do gênero, à medida que as crianças crescem, mas não são questões de livre escolha.

As próprias formas hegemônicas de gênero têm repetidamente se mostrado profundamente rachadas. Por exemplo, em *Good and Mad Women* (Boa e Louca Mulher), a historiadora Jill Matthews (1984) mapeou as demandas conflitantes atribuídas às mulheres na Austrália da metade do século vinte, demandas que, para muitas fez com que a feminilidade fosse impossível de se viver. O livro *Femininities, Masculinities, Sexualities* (Feminilidades, Masculinidades, Sexualidades) de Nancy Chodorow (1994) mostrou as contradições emocionais enraizadas na heterosexualidade convencional, uma formação de comprometimento dominada pela tensão de forma desenvolvimental, e não uma simples unidade. Podemos esperar que os múltiplos caminhos para a formação de gênero normalmente contenham contradições.

Talvez o ponto mais importante diga respeito à conexão entre a historicidade da estrutura do gênero e a natureza da prática do gênero. Tratar o gênero como performativo e citacional não é suficiente. Na ciência social feminista, gênero é *ontoformativo* (Kosík, 1976; Connell, 1987). A prática começa a partir da estrutura, mas não menciona de forma repetitiva seu ponto de partida. Ao invés disso, as práticas sociais têm continuamente trazido realidade social à existência; que se torna a base de uma nova prática, através do tempo. Numa declaração influente a partir da teoria de organização feminista, Martin (2003) pontua essa dinâmica ao distinguir as "práticas de gênero", ou seja, o repertório disponível num determinado tempo em um regime de gênero de uma organização, de "praticando gênero", o *evento* da representação, os meios pelos quais a ordem do gênero é constituída (e potencialmente transformada) na atividade. Como mostrarei, o caráter ontoformativo do gênero é central na vida das mulheres transexuais.

## III: REPENSANDO A TRANSEXUALIDADE COMO UM PROCESSO DE GÊNERO

### Corporificação contraditória

Na experiência das mulheres transexuais, os corpos formam o cenário essencial da contradição e da mudança. Prosser (1998), Coogan (2006) e Johnson (2007) estão corretos em enfatizar que a transexualidade é corporificada, e qualquer tentativa de dar sentido à transição deve dar plena atenção à questão. Para muitas pessoas – incluindo muitas mulheres transexuais – essa é uma das coisas mais difíceis de compreender ou aceitar. O que é feito com os corpos no curso das transições de gênero pode provocar raiva ou horror, instigando medos de castração e monstruosidade.

Na ordem de gênero, como um todo, a corporificação generificada estabelece relações entre corpos em mudança e estruturas em mudança das relações de gênero (Connell, 2009). Esse processo é multifacetado e com frequência fortemente conflituoso. Em nível coletivo, conforme Wendy Harcourt (2009a) demonstra, existem lutas universais, e algumas vezes mortais, sobre os corpos das mulheres e dos homens, desde o controle da reprodução até violência com base no gênero. Em nível pessoal, a brilhante pesquisa de "trabalho da memória" de um coletivo feminista alemão (Haug et al., 1987), que mapeia como diferentes partes do corpo feminino adquirem significados sexuais dentro da cultura patriarcal, demonstrou fortes tensões dentro desse processo. A corporificação generificado com corpos não normativos, como experienciado por mulheres com deficiência, é um local reconhecido de conflito (Meekosha, 1998).

As experiências de corporificação contraditória são centrais na vida das mulheres transexuais. Isso é demonstrado em abundância nas histórias de vida e nas fenomenologias de corporificação das mulheres transexuais realizadas por Claudine Griggs (1998) e Katherine Johnson (2007). Ao contrário das velhas ideias de que existe uma "história oficial" estereotipada (Hausman, 1995), na realidade existem múltiplas narrativas transexuais de corporificação. A corporificação masculina e feminina alternam entre si de vez em quando, como descrito no grande romance transexual *The Twyborn Affair* (O caso Twyborn) do escritor ganhador do prêmio Nobel, Patrick White. Algumas vezes um sai do outro: por exemplo, a experiência descrita por Deirdre McCloskey (1999) e na história de vida publicada recentemente de uma mulher transexual mais velha (Connell, 2010). Algumas vezes, as corporificações masculina e feminina coexistem ao longo de um período menor ou maior de anos, conforme descrito por Josie Emery (2009) e Julia Serrano (2007).

Conforme demonstrado anteriormente, não há nada de único sobre a contradição surgir na corporificação O que é característico é a forma e o âmbito da contradição, uma vez que corpos geneticamente masculinos estão envolvidos e o processo de corporificação generificada geralmente faz deles homens. Isso é algo tão escandaloso que muitos escritores médicos, e a maioria das mulheres transexuais, supõem que deve haver uma causa biológica (uma crença que prevalece também na periferia: Winter, 2006).

As mulheres transexuais lançam mão de uma metáfora atrás da outra para descrever sua experiência: ter um corpo masculino e feminino ao mesmo tempo, um saindo do outro, ou – aquela tradicional – estar presa no corpo errado. Essas figuras de linguagem despertaram desprezo dos/das críticos/as. De fato, nenhuma metáfora é muito adequada. Mas todas essas tem o mérito de apontar para a agência do corpo. Discutivelmente, não há "causa", no sentido mecânico. É mais útil pensar no processo poderoso de corporificação social como estando constantemente envolvendo corpos e agência corporal, assim como práticas sociais e significados culturais, numa "coconstrução" complexa (Roberts 2000). Em quase todas as vidas das mulheres e dos homens, a corporificação social tem pequenas incoerências. O que chamamos de "transexualidade" envolve a contradição limiar, a mais severa, que surge nesse processo.

### *Reconhecimento*

Reconhecendo as múltiplas narrativas de corporificação, a "transexualidade" é mais bem entendida, não como uma síndrome nem como uma posição discursiva, mas como um conjunto de trajetórias de vida que surge a partir das contradições na corporificação social. Elas podem não ter uma origem comum, mas todas chegarão de algum jeito ao momento de saber que uma pessoa é uma mulher, mesmo tendo um corpo masculino.

Esse é um conhecimento do tipo comum: o conhecimento funcional e localizado dos arranjos de gênero, o lugar de uma pessoa neles, e como agir na vida diária, que é tão bem descrito na microssociologia feminista (West e Zimmerman, 1987; Martin, 2003). Outras mulheres e homens têm o mesmo tipo de conhecimento, sem o mesmo nível de contradição. As narrativas transexuais falam de reconhecimento: algumas vezes um momento dramático, outras uma conscientização gradualmente crescente, mas de forma central, uma questão de reconhecer um fato sobre si mesmo.

Entretanto, esse reconhecer é algo assustador, porque a contradição central na transexualidade é muito poderosa. Esse fato está completamente em desacordo com o que todos/as ao redor conhecem, e com o que a mulher transexual conhece também; também é reconhecível enquanto homem (ou menino, uma vez que acontece frequentemente na juventude). E não há como escapar desse terror: o gênero é intransigente, tanto como uma estrutura da sociedade, quanto uma estrutura da vida pessoal. A contradição precisa ser trabalhada, e tem que ser trabalhada a nível corporal, uma vez que surge num processo de corporificação.

Então, entre a corporificação contraditória e o momento de reconhecimento, a mulher transexual precisa criar uma prática. O que há para ser feito?

Algumas tentam manter a contradição dentro de si e superar o terror. Algumas conseguem viver o resto da vida dessa forma; caso sejam de classe média, assistidas pela psicoterapia. Algumas se matam. As pesquisas mostram altos índices de tentativa de suicídio (em dois estudos recentes estadunidenses de amostras "trans" muitas das quais eram transexuais, havia prevalência de mais de 30% – Kenagy, 2005, Clements-Nolle, Marx e Katz, 2006). Conforme os estudos fenomenológicos e as autobiografias demonstram, uma mulher transexual pode ter uma imensa incerteza sobre o que fazer. Ela circula indo e voltando das práticas transexuais, começa e para de fazer *cross-dressing*, começa e para automutilações. Ir em direção à transição é uma tentativa de encerrar essa prática precária e alcançar uma resolução.

### Redesignação

A medicina transexual nos anos 1960 e 1970 foi, na metrópole global, suprida por instituições públicas, ou seja, clínicas de identidade de gênero, mas também foram fortemente limitadas por elas. No clima econômico neoliberal dos anos 1980, a redesignação de gênero mudou para o setor privado num mercado cada vez mais desregulado. Ficou mais fácil de ser obtida – por um preço. Um empresário cirúrgico, Stanley Biber, é conhecido como responsável por mais da metade das operações de redesignação nos Estados Unidos (Meyerowitz, 2002; Griggs, 1996).

A economia capitalista é global, incorporando grandes disparidades de riqueza e poder. Nos anos 1960, a prática de redesignação foi operada por um ginecologista francês, com uma clínica em Marrocos, chamado Georges Burou, fora dos controles profissionais restritos da Europa. As mulheres de classe média dos Estados Unidos e da Europa viajaram para lá, e a redesignação se tornou uma mercadoria para um país pobre pós-colonial. Recentemente, a cirurgia de redesignação teve um *boom* na Tailândia, conectada com uma indústria de cirurgia plástica. Salários baixos, controles folgados, e uma tradição local de mudança de gênero deram uma relativa vantagem nesse campo. A Tailândia é hoje (juntamente com o Irã, onde as autoridades religiosas aprovam a redesignação [Najmabadi, 2008]) o centro mais proeminente de cirurgia de redesignação fora da metrópole.

Nesses desenvolvimentos, a medicina transexual se torna parte da bioeconomia global definida na recente pesquisa sobre mercantilização de tecidos (Waldby e Mitchell, 2006).

Isso alterou as políticas de acesso. Mulheres de classe média com bens e renda fixas podem pagar uma viagem internacional e tratamento privado muito mais facilmente que mulheres trabalhadoras, imigrantes, jovens, ou mulheres que perderam seus trabalhos em função da transição. A classe e desigualdade global, ao invés do controle de acesso patriarcal, se tornaram o filtro crucial.

A medicina transexual ainda é de forma substancial o conjunto desenvolvido nos anos 1950-1960 (Tugnet et al., 2007), embora com aperfeiçoamentos e maior variedade nas partes do conjunto que as mulheres transexuais adotam. A transição medicamente assistida é um negócio lento. Seus efeitos são limitados: não há mudanças genéticas, não há mudanças ósseas, não há capacidade de gestação. Partes deste procedimento são muito dolorosas (eletrólise, cirurgias de todos os tipos). Outras partes têm um amplo impacto no corpo (antiandrogênicos, estrogênios, cirurgia genital) e ainda outras têm um efeito local (eletrólise, raspagem da traqueia, treinamento vocal). O processo é inevitavelmente traumático, conforme demonstrado na excelente narrativa de Griggs (1996) sobre a cirurgia de redesignação. Nenhum corpo fica fiscalmente mais saudável por meio dela, e há efeitos problemáticos, em longo prazo, tais como a osteoporose. Esse é o dilema conforme a ética médica vê: intervir num corpo aparentemente saudável na esperança de ganhar na saúde mental. Estudos de avaliação forneceram evidências ambíguas sobre se tais resultados são alcançados (Sutcliffe et al., 2009).

Não há nada bonito sobre a redesignação de gênero; essas são medidas grosseiras e têm resultados grosseiros. Não há necessidade de eufemizá-las como modificação corporal ou glamorizá-las como uma aventura estética. A redesignação, embora lenta, tem algo do caráter da medicina emergencial: lidar com situações críticas bem o suficiente para permitir que a vida, incluindo a vida social, continue. A embora a mídia e a atenção acadêmica tenham focado obsessivamente na cirurgia, é importante lembrar que a cirurgia é apenas uma parte do tratamento médico, e o tratamento médico é apenas parte da transição, basicamente uma parte facilitadora. Uma grande quantidade de outros trabalhos necessita ser feita.

## O trabalho da transição

O "trabalho" não é uma metáfora. Há um processo de trabalho complexo da transição, visível nos estudos fenomenológicos (Griggs, 1998), e em algumas das pesquisas sociológicas trans (Hines, 2007). Ele pode ser afirmado sem a redesignação, por mulheres transexuais que tem seu tratamento médico negado ou que decidam contra o mesmo. Seu foco muda ao longo do tempo. Obter recursos, apoio pessoal, cuidados pós-operatórios, documentação legal, achar moradia, lidar com crises de relacionamentos, com um ambiente de trabalho ou procurar emprego, lidar com mudanças corporais, ganhar reconhecimento social, e lidar com a hostilidade, podem ser todos predominantes, por sua vez.

Esse processo de trabalho, conforme a sociologia do gênero nos levaria a esperar, envolve todas as dimensões da ordem do gênero; não é só sobre sexualidade ou identidade. É estruturado pelas desigualdades da ordem do gênero; o processo não é igual para mulheres transexuais e homens transexuais. As mulheres transexuais estão tirando os dividendos patriarcais que derivam dos homens como um grupo, nos mercados de trabalhos, mercados financeiros (por exemplo, moradia), *status* familiar, autoridade profissional e assim por diante. Um pequeno, porém pioneiro estudo econométrico feito por Schilt e Wiswall (2008) nos Estados Unidos, encontrou uma penalidade econômica tanto para homens quanto para mulheres, mas os homens transexuais são eventualmente mais bem pagos após a transição do que antes dela, enquanto as mulheres transexuais perdem, em média, aproximadamente um terço da renda.

Uma posição corporificada modificada nas relações de gênero fundamenta nova prática, se apoiando na ontoformatividade do gênero. Essa prática pode ser tão básica quanto sobreviver. De modo mais geral, é uma questão de criar a vida diária em novas condições. O ponto de chegada, dessa forma, é também o ponto de partida. A transição é a readmissão na dinâmica de gênero histórica, um evento no tempo que lança um processo social interativo.

Uma grande parte, então, se apoia nas respostas dos outros, em cenários públicos e privados. Há necessidade de negociação com quem controla o acesso a empregos e moradia. Há riscos de violência por parte dos homens, os quais as mulheres transexuais aprendem a julgar, e rejeição por parte das mulheres. No caso positivo, o reconhecimento como mulher não precisa envolver a "passabilidade". O reconhecimento pode ser igualmente uma questão de aceitação pragmática por aqueles/as com quem vivemos e trabalhamos. Na maioria das circunstâncias, outras pessoas de fato mantêm interações com uma mulher transexual, independente do que creem ser sua identidade. Para emprestar uma frase de Tennessee Williams, "mulheres transexuais dependem da bondade de estranhos".

## Tecendo novas vidas:
### relações econômicas e familiares

Dan Irving (2008) argumentou recentemente que a transição de gênero está sujeita à lógica capitalista. As relações econômicas mutáveis ao redor da transexualidade é uma questão claramente importante. Na medida em que mulheres transexuais retornam ao mercado de trabalho, têm de construir vidas profissionais diante das desigualdades de gênero e das inseguranças de uma ordem econômica global.

Algumas das formas, através das quais fazem isso, são demonstradas em uma nova pesquisa de Karen Schilt (Schilt e Wiswall, 2008) e Catherine Connell (2010) nos Estados Unidos. Dados abundantes sobre as práticas após a transição demonstram como mulheres transexuais são sensibilizadas às desigualdades e inseguranças. Algumas respondem através da ocultação da transição – a estratégia de ser "indetectável" – enquanto outras não somente são abertas em relação a sua transição, como também contestam ao invés de se conformar às convenções machistas. No entanto, esses estudos têm majoritariamente amostras de classe média. Incontáveis números de mulheres transexuais da classe trabalhadora sempre sobreviveram através do trabalho sexual. Esse é um meio social muito mais precário, que expõe as trabalhadoras a altos níveis de violência e infecção por HIV (Garofalo et al., 2006; Namaste, 2011: 59-70, 2009). Trabalhar como prostituta também poder desqualificar mulheres, aos olhos dos controladores médicos, caso procurem a redesignação.

Uma compreensão social da transição também afeta os relacionamentos íntimos. A transição coloca uniões, especialmente casamentos, num risco agudo: a posição da esposa na ordem do gênero é seriamente alterada, e pode ser traumaticamente comprometida pela mudança do marido em direção à transição. O resultado pode ser um forte conflito (por exemplo, Cummings, 1992; McCloskey, 1999), embora alguns relacionamentos sobrevivam bem. Os pais de uma mulher transexual em transição também podem ter grandes dificuldades com as mudanças de filho para filha, embora haja notáveis exemplos de pais que trabalharam o choque para a aceitação e apoio (Langley, 2002).

Em relação aos/às filhos/as da mulher transexual, a mesma coisa, os relacionamentos podem acabar com a transição. Mesmo quando continuam, tanto a criança quanto o pai precisam lidar com a perda significativa que ocorre na transição. As relações de gênero são corporificadas; aqui temos a paternidade corporificada sendo perdida, e não é apenas a mulher transexual em transição que paga a conta. Essas questões se tornaram proeminentes nas autobiografias (Boylan, 2003), e são centrais no livro *Dress Codes* (códigos de vestimenta) de Noelle Howey (2002: 236-7, 307), escrito pela filha de uma mulher transexual – "Eu estava absurdamente confusa e dividida sobre a iminente mulheridade do meu pai" – mapeando as complicadas consequências familiares.

As famílias podem ser resilientes, e as uniões e relacionamentos entre pai/filho/filha podem ser tecidas novamente. De fato, os membros familiares podem ser apoios essenciais durante a transição. As mulheres transexuais após a transição podem estar mais envolvidas com crianças de várias formas, por exemplo, nas famílias mistas, como tias, avós e cuidadoras, no ambiente de trabalho como professoras, enfermeiras etc. A dimensão do trabalho com cuidados após a transição é destacada por Sally Hines (2007). A capacidade de cuidado demonstrada nessas situações é uma das bases para uma política modificada da transexualidade.

## IV: OUTRAS POLÍTICAS SÃO POSSÍVEIS

Espero que o relato dos dilemas e respostas práticos nesse artigo ajude a desmistificar um pouco as mulheres transexuais. As mulheres transexuais como tal não são nem as inimigas da mudança e nem arautos de um novo mundo. Entretanto, elas podem agir em ambas as direções; e a direção que tomam é uma questão de alianças políticas e estratégias.

O ativismo *queer* que floresceu nos anos 1990 alterou as políticas de gênero na metrópole e continua sendo uma fonte importante de energia radical. Abriu novos espaços culturais e meios sociais que são mais seguros e amigáveis às mulheres transexuais. Os ativistas *queer* estiveram engajados não só em políticas culturais espetaculares, como também no apoio prático a mulheres e homens em transição. No entanto, existem limites para essa política como existem limites para o alinhamento LGBT; existe uma sobreposição, mas não uma completa correspondência com os interesses das mulheres transexuais. A análise das seções anteriores demonstra uma conexão contínua com as amplas correntes do feminismo. Devido ao fato das vidas das mulheres transexuais serem moldadas pela intransigência do gênero, existe necessariamente um campo comum com o feminismo. As mulheres transexuais podem ou não acreditar numa identidade de gênero fixa, mas reconhecem na prática o poder das determinações de gênero.

Muito do que as mulheres transexuais precisam já está contemplado nas pautas feministas: igualdade na educação, assistência infantil adequada, condições iguais de emprego e salários justos, prevenção da violência com base no gênero, resistência a uma cultura machista, e o que as feministas escandinavas chamaram de "estado amigável às mulheres" (Borchorst e Siim, 2002). Considerando o caráter profundo e de entrelaçamento das desigualdades de gênero, a melhor garantia de justiça para as mulheres transexuais é uma sociedade igualitária entre os gêneros. Por mais que seja difícil reconhecer, considerando os antagonismos discutidos na primeira metade desse artigo, as mulheres transexuais têm um amplo interesse no apoio das causas feministas.

Teria o feminismo um interesse de apoiar as mulheres transexuais? A opinião mudou, conforme Katherine Johnson (2005) demonstra. O movimento trans ajudou nesse aspecto;

e as contribuições sociais das mulheres transexuais estão mais visíveis. O próprio feminismo mudou. O feminismo na metrópole deu mais atenção à diversidade de situações das mulheres ao redor do mundo (Bulbeck, 1998), e a grupos cujas experiências corporais são irregulares, especialmente mulheres com deficiência (Smith e Hutchison, 2004). O feminismo que se expandiu para muitas direções – "feminismo sem fronteiras", na frase sugestiva de Mohanty's (2003) – pode ver mais facilmente, em relação às mulheres transexuais, oportunidades de aprendizado, ganhos para a imaginação e ocasiões de solidariedade que enriquecerão o movimento.

Muitas feministas ainda estão perturbadas pelas extremas intervenções envolvidas na medicina transexual. É importante dizer que muitas mulheres transexuais também estão. A maioria hesita, muitas vezes por anos, e apenas seguem adiante após uma discussão agonizante. A maioria está plenamente ciente dos limites da mudança corporal na transição e sabem que os resultados não serão normativos. Se forem em frente com a redesignação, é na esperança de mudanças *suficientes* para apoiar nova prática e uma existência viável. Com muitas mais mulheres transexuais realizando transições abertas, e com uma vasta extensão de efeitos corporais estando visíveis, os estereótipos machistas hoje talvez estejam mais destruídos do que reforçados.

A corrente do feminismo metropolitano que almeja abolir o gênero ou desmantelar a ordem do gênero tem atraído muita atenção nas últimas duas décadas. Contudo, em longo prazo, as mulheres transexuais encontrarão mais relevância na tentativa de criar ordens de gênero justas. Uma pauta de justiça e igualdade tem mais adesões globalmente, nos múltiplos feminismos do mundo contemporâneo (Bulbeck, 1998, Harcourt, 2009a), e está mais proximamente alinhado com a lógica da transição.

O que está envolvido na ação para criar uma ordem de gênero justa? Parte disso é sobre alcançar justiça para mulheres transexuais. O que isso significa tem sido definido principalmente em escritos recentes através de um poderoso individualismo, visto nas narrativas "fiz do meu jeito" (Emery, 2009; Serrano, 2007) e nos discursos de "direitos trans" (Currah et al., 2006) que tratam as autodeterminações das identidades de gênero como "liberdades e direitos individuais" (Sheridan, 2009: 24). Uma abordagem muito diferente foi adotada no manifesto extraordinário de grupos transgêneros e transexuais estadunidenses quarenta anos atrás (texto em Altman, 1972: 135). Assim como direitos, esse manifesto demandou recursos estatais para tratamento médico, serviços de assistência controlados por pessoas transexuais, libertação de detentas transexuais e transgêneras das prisões, e "plena voz na luta pela libertação de todas as pessoas oprimidas". Isso se moveu para além do individualismo à ação coletiva e luta social.

A teoria da justiça de Nancy Fraser diferencia reivindicações de reconhecimento daquelas acerca de desigualdades materiais (Fraser e Honneth, 2003). Ambas são importantes para as mulheres transexuais. O reconhecimento é negado na ideologia patriarcal, onde a corporificação das mulheres transexuais é perfeita abjeção: o macho falho, castrado, a fêmea falsa. O estado tem sido comumente antagonista no reconhecimento das lutas, negando ou limitando reconhecimento (Cabral e Viturro, 2006; Solymár e Takács, 2007). Não obstante a isso, ganhos foram conquistados, alguns através de ações individuais na justiça, particularmente nos Estados Unidos (Kirkland 2003), outros através de ação social, tais como a Lei Trans de 1996 em NSW (New South Wales, na Austrália) (Hooley, 2003) e a Lei de Reconhecimento de Gênero de 2005, no Reino Unido (Monro, 2005). Existem evidências de mudanças favoráveis, mesmo que limitadas, na opinião acerca da transexualidade (Landén e Innala, 2000).

Nas questões de justiça material, é mais difícil encontrar conquistas. Para mulheres transexuais da classe trabalhadora jovem, imigrante e indígena, moradia, renda, segurança, educação e saúde estão nitidamente em risco (Namaste, 2000). Ser presa pode ser desastroso, a prisão é altamente perigosa. O interesse das mulheres transexuais trabalhadoras sexuais na descriminalização e uma abordagem acerca de saúde e segurança ocupacionais para o trabalho sexual são claros, colocando-as no lado menos popular de uma discussão feminista em longo prazo. Justiça material exige igualdade de acesso à medicina transexual, o que significa fornecimento através do setor público; mas houve uma mudança da medicina transexual para o setor privado, onde o acesso tem um viés de classe. Nessas áreas, o estado é tanto antagonista quanto um recurso para as mulheres transexuais.

Uma grande parte das políticas trans é a busca dessas reivindicações por justiça. Claramente, a luta coletiva é importante para alcançá-las, e politização das mulheres transexuais é o centro disso. A solidariedade por parte de outras pessoas também é necessária. As mulheres transexuais são um grupo pequeno e a maioria não está numa firme posição social; os traumas da transição e da corporificação contraditória, os efeitos da discriminação e desprezo, não podem ser varridos para debaixo do tapete. O apoio por parte de outras feministas é o recurso mais estratégico para o empoderamento de mulheres transexuais.

Uma política direcionada a uma ordem de gênero justa tem necessariamente outra dimensão. Numa era de globalização neoliberal, mudanças nas situações econômicas das mulheres e proliferação das reivindicações das mulheres por voz e poder, as políticas trans também precisam se virar para o exterior – sem fronteiras.

Existem papéis para as mulheres transexuais no ambiente de trabalho de mulheres e no ativismo sindical (quase invisível na enorme literatura sobre transexualidade), ativismo contra pobreza, trabalho contra violência e prevenção de Aids.

Existem papéis políticos específicos que podem usar a força das mulheres transexuais, incluindo apoio e solidariedade para outros grupos lutando com as políticas de corporificação e exclusão social: transgênero e intersexo, deficiência e outras formas de diferenças corporais. Existem inclusive possibilidades para mulheres transexuais nos envolvimentos feministas com os homens, mesmo que soe paradoxal. As pessoas transexuais feministas já estão envolvidas nesses cenários – visivelmente em eventos tais como protestos e conferências feministas, mais pragmaticamente através do envolvimento diário em campanhas, trabalho político, pesquisa, e rede de amizades.

Ao pensarmos acerca de tais políticas transexuais ontoformativas, devemos ir ao nível global, uma vez que as relações de gênero são hoje reconhecidas como uma dimensão transnacional (Radcliffe, Laurie e Andolina, 2004; Harcourt, 2009a). Certa globalização da medicina transexual é hoje um fato – o World Professional Association for Transgender Health foi criado em 2006, a partir do estabelecimento de uma organização estadunidense em 1979.

Os interesses das mulheres transexuais não são tão facilmente projetados no plano internacional. No começo desse artigo, eu mencionei a apropriação da experiência do terceiro mundo por escritores da metrópole engajados na construção de ficções acerca de um *continum* transexual ou transgênero. O feminismo tem aprendido a não fazer esse tipo de apropriação (Bulbeck, 1998); hoje existem encontros internacionais, nos quais mulheres transexuais estão presentes, que enfatizam a diversidade, a rede de contatos do Sul para o Sul, o compartilhamento de habilidades e histórias, e a transferência de recursos do Norte para o Sul (Harcourt, 2009b).

Uma conscientização forte acerca do imperialismo e das relações de poder global está emergindo na escrita transexual (Namaste, 2011; Stryker, 2009; Aizura, 2009). As políticas de solidariedade, ao invés de apropriação cultural, agora podem conectar grupos de mudança de gênero internacionalmente. Está claro que os grupos chamados de *travesti* na Argentina, *hijra* na Índia e *kathoey* na Tailândia têm trajetórias históricas distintas das de mulheres transexuais na metrópole. Também está claro que existem alguns problemas compartilhados acerca de mudança de gênero e problemas, de pobreza, violência, discriminação e saúde precária, amplamente espalhados (Fernández, 2004; Reddy, 2006; Winter, 2006).

Existe um caso aqui para trabalho solidário no qual novas formas de aprendizagem de ativismo podem acontecer. Os grupos marginalizados se mobilizam dentro de tradições diferentes do ativismo popular (diferenciar a América Latina com o sudeste da Ásia, por exemplo), e enfrentam diferente ambientes religiosos, de poder estatal e prática de gênero. As mulheres transexuais na metrópole têm coisas a aprender do feminismo e das políticas trans da periferia, assim como têm coisas a contribuir. Ninguém com experiência em trabalho solidário duvidará que seja difícil, mas isso é certamente um cenário principal para políticas trans direcionadas ao cuidado e justiça.

Falar nesses termos de "outras políticas" é algo otimista; mas precisamos de um pouco de otimismo a partir da determinação. As velhas políticas identitárias e excludentes causaram uma divisão entre o feminismo e as mulheres transexuais que ainda não foi superada completamente. Espero que a análise nesse artigo ajude a fazer com que a vida das mulheres transexuais seja inteligível nos termos feministas enquanto se mantenha fiel às experiências das mulheres transexuais. A direção política sugerida aqui tem profundas raízes na história transexual e do feminismo. Não é um caminho fácil e não está livre de conflitos. No entanto, tem o prospecto do envolvimento de pessoas transexuais feministas com outras feministas ativas que podem conseguir ganhos práticos para justiça de gênero, e enriquecer o feminismo como um todo.

# REFERÊNCIAS

ACHEBE, Chinua. *Things Fall Apart*. Londres: Heinemann, 1958

ACKER, Joan. "Hierarchies, Bodies, e Jobs: A Gendered Theory of Organizations". *Gender and Society*, 4 (2): 139-158.[S.l.],1990.

_____. 2004. "Gender, Capitalism e Globalization". *Critical Sociology*, vol. 30 no. 1, 17-41. [S.l.], 2004.

AGARWAL, Bina. *A Field of One's Own: Gender and Land Rights in South Asia*. Cambridge: Cambridge University Press, 1994.

_____. "Gender e Land Rights Revisited: Exploring New Prospects via the State, Family, and Market". *Journal of Agrarian Change*, 3(1-2): 184-224 [S.l.], 2003.

AIZURA, Aren Z. "Where Health e Beauty Meet: Femininity e Racialization in Thai Cosmetic Surgery Clinics". *Asian Studies Review*, 33(3): 303-317. [S.l.], 2009

ALATAS, Syed Farid. Alternative Discourses in Asian Social Science: Responses to Eurocentrism. Nova Deli: Sage, 2006.

ALEXANDER, Rudolph; MESHELEMIAH, Jacquelyn. "Gender Identity Disorders in Prisons: What Are the Legal Implications for Prison Mental Health Professionals e Administrators?". *The Prison Journal*, 90(3): 269 –287. [S.l.], 2010.

ALTMAN, Dennis. *Homosexual: Oppression and Liberation*. Sydney: Angus e Robertson, 1972.

_____. Power and Community: Organizational and Cultural Responses to Aids. Londres: Taylor and Francis, 1994.

ANGELIQUE, Holly; MULVEY, Anne. 2012. "Mentors, Muses, and Mutuality: Honoring Barbara Snell Dohrenwend". *Journal of Community Psychology*, 40(1): 182–194/. [S.l.], 2012.

ARNFRED, Signe; BAKARE-YUSUF, Bibi; KISIANG'ANI, Edward Waswa; LEWIS Desiree; OYĚWÙMÍ, Oyèrónké; STEADY, Filomina Chioma. *African Gender Scholarship: Concepts, Methodologies and Paradigms*. Dakar: Council for the Development of Social Science Research in Africa, 2004.

BAILEY, J. Michael. The Man Who Would Be Queen: The Science of Gender Bending e Transsexualism. Washington DC: Joseph Henry Press, 2003.

BAKARE-YUSUF, Bibi. "Yorubas Don't Do Gender: A Critical Review of Oyèrónké Oyěwùmí's The Invention of Women". *African Identities* 1: 121-143. [S.l.], 2003.

BARDEN, Nicola. "Disrupting Oedipus: The Legacy of the Sphinx". *Psychoanalytic Psychotherapy*, 25(4): 324-345. [S.l.], 2011.

BARBIERI, Teresita de. "Sobre la Categoría Género. Una Iintroducción Teórico-Metodológica". *Revista Interamericana de Sociología* 6: 147-178.[S.l], 1992.

BEAUVOIR, Simone. *The Second Sex*. Harmondsworth: Penguin, 1949 [1972].

BENJAMIN, Harry. *The Transsexual Phenomenon*. Nova Iorque: Julian Press, 1966.

BERGHS, Maria. "Embodiment e emotion in Sierra Leone". *Third World Quarterlyi*, 32(8): 1399-1417. [S.l.], 2011.

BEZANSON, Kate; LUXTON, Meg. *Social Reproduction: Feminist Political Economy Challenges Neo-Liberalism*. Montreal: McGill-Queen's University Press, 2006.

BHAMBRA, Gurminder K. "Sociology and Postcolonialism: Another 'Missing' Revolution?". *Sociology*. 41(5): 871-884. [S.l.], 2007.

BHASKARAN, Suparna. Made in India: Decolonizations, Queer Sexualities, Trans/national Project. Nova Iorque: Palgrave Macmillan, 2004.

BLANCHARD, Ray. "The Concept of Autogynephilia e the Typology of Male Gender Dysphoria". *Journal of Nervous and Mental Disease*. 177(10): 616-623.[S.l], 1989.

_____. "Early History of the Concept of Autogynephilia". *Archives of Sexual Behavior*. 34(4): 439-446. [S.l.], 2005.

_____. "Deconstructing the Feminine Essence Narrative". *Archives of Sexual Behavior*. 37(3): 434-438. [S.l.], 2008.

BITTERLI, Urs. Cultures in Conflict: Encounters between European e Non-European Cultures, 1492-1800. Stanford: Stanford University Press, 1989.

BLY, Robert. *Iron John: A Book about Men*. Jackson: Da Capo Press, 1990.

BOCKTING, Walter O. "Psychotherapy e the Real-Life Experience: From Gender Dichotomy to Gender Diversity". *Sexologies*. 17(4): 211-224. [S.l.], 2008.

_____. "Are Gender Identity Disorders Mental Disorders? Recommendations for Revision of the World Professional Association for Transgender Health's Standards of Care". *International Journal of Transgenderism*. 11(1): 53-62. [S.l.], 2009.

BORCHORST, Anette. "Feminist thinking about the welfare state". In: FERREE, Myra Marx; LORBER, Judith; HESS, Beth B. (Eds.). *Revisioning Gender*. Thousand Oaks: Sage, 1999. Pp. 99-127.

BORCHORST, Annette; CHRISTENSEN, Ann-Dorte; SIIM, Birte. "Diskurser om kon, Magt og Politik i Skandinavien" (Discourses on Gender, Power e Politics). In: BORCHORST, A. (Ed.) *Kansmagt under Forandring*. Copenhagen: Hans Reitzels Forlag, 2002. Pp. 24-66.

BOSE, Christine E.; KIM, Minjeong. (Eds.) 2009. *Global Gender Research: Transnational Perspectives*. Nova Iorque: Routledge, 2009.

BOYLAN, Jennifer Finney. *She's Not There: A Life in Two Genders*. Nova Iorque: Crown Publishing Group, 2003.

BRADLEY, Susan J.; BLANCHARD, Ray; COATES, Susan; GREEN Richard; LEVINE, Stephen B.; MEYER-BAHLBURG Heino F. L., PAULY, Ira B.; ZUCKER, Kenneth J. "Interim Report of the DSM-IV Subcommittee on Gender Identity Disorders". *Archives of Sexual Behavior* 20(4): 333-343.[S.l.], 1991.

BRADLEY, Susan J.; ZUCKER, Kenneth J. "Gender Identity Disorder: A Review of the Past 10 Years". *Journal of the American Academy of Child & Adolescent Psychiatry*. 36(7): 872-880. [S.l.], 1997.

BRAEDLEY, Susan; LUXTON, Meg. (Eds.). *Exploring Neoliberalism: Power, Social Relations, Contradiction*. Montreal: McGill-Queen's University Press, 2010.

BREINES, Ingeborg; CONNELL, Raewyn; EIDE, Ingrid. *Male Roles, Masculinities and Violence*. Paris: UNESCO, 2000.

BULBECK, Chilla. Re-orienting Western Feminisms: Women's Diversity in a Postcolonial World. Cambridge: Cambridge University Press, 1998.

BURDGE, Barb J. "Bending Gender, Ending Gender: Theoretical Foundations for Social Work Practice with the Transgender Community". *Social Work.* 52(3): 243-250. [S.l.], 2007.

*Bureau of Crime Statistics and Research.* NSW Criminal Court Statistics 2001. Sydney: Attorney-General's Department, 2002.

BURTON, Clare. "Merit e Gender: Organisations e the Mobilisation of Masculine Bias". *Australian Journal of Social Issues.* 22: 424–35. [S.l.], 1987.

BUTLER, Judith. Gender "Trouble: Feminism e the Subversion of Identity". Nova Iorque: Routledge, 1990.

_____. Bodies that Matter: On the Discursive Limits of Sex.Nova Iorque: Routledge, 1993.

_____. *Undoing Gender.* Nova Iorque: Routledge, 2004.

CABRAL, Mauro; VITURRO, Paula. "(Trans)Sexual Citizenship in Contemporary Argentina". In: CURRAH, Paisley; JUANG, Richard M.; MINTER, Shannon Price. (Eds.). *Transgender Rights.* Minneapolis: University of Minnesota Press, 2006. Pp. 262-273.

CALIFIA, Patrick. *Sex Changes: The Politics of Transgenderism.* 2ª edição. San Francisco: Cleis, 2003.

CARRIGAN, Tim; CONNELL, Raewyn; LEE, John. "Ansätze zu Einer Neuen Soziologie der Männlichkeit". In *BauSteineMänner (Hg.), Kritische Männerforschung.* Berlim: Argument-Verlag, S, 1996 [1985]. 38-75.

Center for Reproductive Rights. Reproductive Rights Violations as Torture e Cruel, Inhuman, or Degrading Treatment or Punishment: A Critical Human Rights Analysis. Nova Iorque, Center for Reproductive Rights, 2010.

CHAKRABARTY, Dipesh. Provincializing Europe: Postcolonial Thought e Historical Difference. Princeton: Princeton University Press, 2000.

CHAKRAVARTY, Uma. 2003. *Gendering Caste: Through a Feminist Lens.* Calcutá: Stree, 2003.

CHILAND, Colette. 2003. *Transsexualism: Illusion and Reality.* Tradução de Philip Slotkin. London: Continuum, 2003.

_____. *Exploring Transsexualism.* London: H. Karnac, 2005.

CHODOROW, Nancy. *Femininities, Masculinities, Sexualities: Freud and Beyond.* Lexington: University of Kentucky Press, 1994.

CHOW, Esther Ngan-ling. "Gender Matters: Studying Globalization e Social Change in the 21st Century". *International Sociology.* 18(3): 443-460. [S.l.], 2003.

CLEMENTS-NOLLE, Kristen; MARX, Rani; KATZ, Mitchell. "Attempted Suicide Among Transgender Persons: The Influence of Gender-based Discrimination and Victimization". *Journal of Homosexuality.* 51(3): 53-69. [S.l.], 2006.

COCKBURN, Cynthia. "Gender Relations as Causal in Militarization and War: A Feminist Standpoint". *International Feminist Journal of Politics.* 12( 2): 139-157.[S.l.], 2010.

COLEMAN, Eli et al. 2011. "Standards of Care for the Health of Transsexual, Transgender, and Gender-Nonconforming People, Version 7". *International Journal of Transgenderism.* 13(4): 165-232. [S.l.], 2011.

COLLINSON, David L.; KNIGHTS, David; COLLISON, Margaret. *Managing to Discriminate*. London: Routledge, 1990.

CONNELL, Raewyn. Gender and Power: Society, the Person, and Sexual Politics. Sydney: Allen e Unwin Australia, 1987.

_____. Männer in der Welt: Männlichkeiten und Globalisierung. *Widersprüche*, 67: 91-105. [S.l.], 1998.

_____. *The Men and the Boys*. Sydney: Allen e Unwin Australia, 2000.

_____. *Masculinities*. 2ª edição. Cambridge: Polity Press, 2005.

_____. "Glass Ceilings or Gendered Institutions? Mapping the Gender Regimes of Public Sector Worksites". *Public Administration Review*, 66(6): 837-849. [S.l.], 2006a.

_____. "Northern Theory: The Political Geography of General Social Theory". *Theory and Society*, 35(2): 237-264. [S.l.], 2006b.

_____. Southern Theory: The Global Dynamics of Knowledge in Social Science. Cambridge: Polity, 2007a.

_____. "The Experience of Gender Change in Public Sector Organizations". *Gender Work and Organization*, 13(5): 435-452. [S.l.], 2007b.

_____. "The Northern Theory of Globalization". *Sociological Theory*, 25(4): 368-385. [S.l.], 2007c.

_____. "A Thousand Miles from Kind: Men, Masculinities e Modern Institutions". *Journal of Men's Studiesi*, 16(3): 237-252. [S.l], 2008.

_____. *Gender: In World Perspective*. Cambridge: Polity Press, 2009a.

_____. "The Neoliberal Parent: Mothers and Fathers in the New Market Society". Pp. 26-40. In: VILLA, Paula-Irene; THIESSEN, Barbara. (Eds.) *Mütter – Väter: Diskurse, Medien, Praxen*. Münster: Westfälisches Dampfboot, 2009b.

_____. Lives of the Businessmen. Reflections on Life-History Method e Contemporary Hegemonic Masculinity. *Österreichische Zeitschrift für Soziologie*, 35(2): 54-71. [S.l.], 2010.

CONNELL, Raewyn; WOOD, Julian. "Globalization e Business Masculinities". *Men and Masculinities*, 7(4): 347-364. [S.l.], 2005.

CONNELL, Raewyn; ASHENDEN, Dean J.; KESSLER, Sandra; DOWSETT, Gary W. *Making the Difference: Schools, Families and Social Division*. Sydney: Allen e Unwin, 1982.

CONNELL, William Fraser; FRANCIS, E.P., SKILBECK, Elizabeth. *Growing Up in an Australian City*. Melbourne: Australian Council for Educational Research, 1957.

CONNELL, William Fraser; STROOBANT, R.E.; SINCLAIR, K.E.; ROGERS, K.W. 1975. *12 to 20: Studies of City Youth*. Sydney, Hicks Smith, 1975.

COOGAN, Kelly. "Fleshy Specificity: (Re) Considering Transsexual Subjects in Lesbian Communities". *Journal of Lesbian Studie*, 10 (1/2) : 17-41.[S.l.], 2006.

CORRÊA, Sonia; PETCHESKY, Rosalind; PARKER, Richard. *Sexuality, Health and Human Rights*. London: Routledge, 2008.

COUCH, Murray; PITTS, Marian; MULCARE, Hunter; CROY, Samantha; MITCHELL, Anne; PATEL, Sunil. *TranzNation: Report on Survey of Health and*

*Well-being of Individuals in the Transgender Communities*. Melbourne: Australian Research Centre in Sex, Health e Society, 2007.

CRAWFORD, June; KIPPAX, Susan; ONYX, Jenny; GAULT, Una; BENTON, Pam. *Emotion and Gender: Constructing Meaning from Memory*. London: Sage, 1992.

CSDH (Commission on Social Determinants of Health). *Closing the Gap in a Generation: Health Equity through Action on the Social Determinants of Health*. Final Report of the Commission on Social Determinants of Health. Geneva: World Health Organization, 2008.

CUMMINGS, Katherine. *Katherine's Diary: The Story of a Transsexual*. Melbourne: Heinemann, 1992.

CURRAH, Paisley; JUANG, Richard M.; MINTER, Shannon Price. (Eds.). *Transgender Rights*. Minneapolis: University of Minnesota Press, 2006.

DADOS, Nour; CONNELL, Raewyn. "Theorising market society on a world scale: Mbeki, Amin, Domingues e Boito". Paper to annual conference of The Australian Sociological Association, Newcastle, 30 de Novembro de 2011.

DALY, Mary. Gyn/Ecology: The Metaethics of Radical Feminism. Boston, MA: Beacon Press, 1978.

DAS, Veena. Critical Events: An Anthropological Perspective on Contemporary India. Nova Deli: Oxford University Press, 1995.

DAVIES, Bronwyn. Shards of Glass: Children Reading e Writing beyond Gender Identities. Sydney: Allen and Unwin, 1993.

AM CLERCK, Goedele de. "Fostering Deaf People's Empowerment: The Cameroonian deaf community e epistemological equity". *Third World Quarterly*, v. 32, n. 8, p. 1419–1435, 2011. [S.l.], 2011.

DENBOROUGH, David. "Step by Step: Developing Respectful Ways of Working with Young Men to Reduce Violence". Pp. 91-115. In: WREN, Christopher; WREN, Maggie; WHITE, Cheryl. (Eds.). *Men's Ways of Being*. Boulder: Westview Press, 1996.

DOMINGUES, José Maurício. Latin America e Contemporary Modernity: A Sociological Interpretation. Nova Iorque: Routledge, 2008.

DOMINGUEZ-RUVALCABA, Hector; CORONA, Ignacio. (Eds.). *Gender Violence at the U.S.-Mexico Border*. Tucson: University of Arizona Press, 2010.

DONALDSON, Mike. Time of our Lives: Labour e Love in the Working Class. Sydney: Allen e Unwin, 1991.

_____. "Studying Up: The Masculinity of the Hegemonic". In: TOMSEN, Stephen; DONALDSON, Mike. (Eds.). *Male Trouble: Looking at Australian Masculinities*. Melbourne: Pluto Press Australia, 2003. Pp. 156-179.

DONALDSON, Mike; POYNTING, Scott. *Ruling Class Men: Money, Sex, Power*. Bern: Peter Lang, 2007.

DOWSETT, Gary. *Boys, Sexism and Schooling*. Sydney: NSW Department of Education Inservice Education Committee, 1985.

_____. *Practicing Desire: Homosexual Sex in the Era of Aids*. Stanford: Stanford University Press, 1996.

DRESCHER, Jack. "'In or out?': A Discussion About Gender Identity Diagnoses e the DSM". *Journal of Gay & Lesbian Mental Health* 14(2): 109-122. [S.l.], 2010.

DUMÉNIL, Gérard; LÉVY, Dominique. *Capital Resurgent: Roots of the Neoliberal Revolution*. Cambridge: Harvard University Press, 2004.

EHRBAR, Randall D. "Consensus from Differences: Lack of Professional Consensus on the Retention of the Gender Identity Disorder Diagnosis". *International Journal of Transgenderism*. 12(2): 60-74. [S.l.], 2010.

EISENSTEIN, Hester. Feminism Seduced: How Global Elites Use Women's Labor e Ideas to Exploit the World. Boulder: Paradigm Publishers, 2009.

_____. Inside Agitators: Australian Femocrats e the State. Sydney : Allen e Unwin, 1996.

EL SAADAWI, Nawal. *The Nawal el Saadawi Reader*. London, Zed Books, 1997.

EMERY, Josephine. The Real Possibility of Joy: A Personal Journey from Man to Woman. Sydney: Pier 9, 2009.

EPSTEIN, Debbie; MORRELL, Robert; MOLETSANE, Relebohile; Elaine, UNTERHALTER. "Gender e HIV/ Aids in Africa south of the Sahara: interventions, activism, identities". *Transformation*. 54: 1-16. [S.l.], 2004.

ERIKSON, Erik H. *Childhood and Society*. London: Imago, 1950.

ETTNER, Randi. Gender Loving Care: A Guide to Counseling Gender-Variant Clients. New Iorque: Norton, 1999.

EVANS, Ruth; ATIM, Agnes. "Care, Disability e HIV in Africa: Diverging or interconnected concepts e practices?". *Third World Quarterly*, v. 32, n. 8, p. 1437–1454. [S.l.], 2011.

FANON, Frantz. *Black Skin, White Masks*. New Iorque: Grove Press, 1967 [1952].

FEINBERG, Leslie. Transgender Warriors: Making History from Joan of Arc to Dennis Rodman. Boston: Beacon Press, 1996.

FERGUSON, Ann Arnett. *Bad Boys: Public Schools in the Making of Black Masculinity*. Ann Arbor: University of Michigan Press, 2000.

FERNÁNDEZ, Josefina. 2004. *Cuerpos Desobedientes: Travestismo y Identidad de Género*. Buenos Aires: Edhasa, 2004.

FOLEY, Douglas E. *Learning Capitalist Culture: Deep in the Heart of Tejas*. Philadelphia: University of Pennsylvania Press, 1990.

FRANK, Blye. "Straight/Strait Jackets for Masculinity: Educating for 'Real' Men". *Atlantis*. 18(1-2): 47-59. [S.l.], 1993.

FRANK, Blye; DAVISON, Kevin G. (Eds.). *Masculinities and Schooling: International Practices and Perspectives*. London Ontario, Althouse Press, 2007.

FRANZWAY, Suzanne. *Sexual Politics and Greedy Institutions*. Sydney: Pluto Press, 2001.

FRASER, Nancy; HONNETH, Axel. Redistribution or Recognition? A Political-Philosophical Exchange. London: Verso, 2003.

FROHMADER, Carolyn; MEEKOSHA, Helen. "Recognition, Respect and Rights:

Women with Disabilities in a Globalized World". In: GOODLEY, Dan; HUGHES, Bill; DAVIS, Lennard. (Eds.). *Disability and Social Theory*. London: Palgrave Macmillan, 2012.

FROSH, Stephen; PHOENIX, Ann; PATTMAN, Rob. *Young Masculinities: Understanding Boys in Contemporary Society*. Basingstoke: Palgrave, 2002.

FULLER, Norma. "The Social Constitution of Gender Identity among Peruvian Men". *Men and Masculinities*. 3(3):316-31. [S.l.], 2001.

GAGNÉ, Patricia; TEWKSBURY, Richard; MCGAUGHEY, Deanna. Coming Out and Crossing Over: Identity Formation and Proclamation in a Transgender Community". *Gender & Society*. 11(4): 478-508. [S.l.], 1997.

GAME, Ann; PRINGLE, Rosemary. "Sexuality and the Suburban Dream". *Australian and New Zealand Journal of Sociology*. 15(2): 4-15. [S.l.], 1979.

GARAFALO et al. "Misunderstood and At-risk: Exploring the Lives and HIV Risk of Ethnic Minority Male-to-Female Transgender Youth". *Journal of Adolescent Health*. 38(3): 230-236. [S.l.], 2006.

GHEROVICI, Patricia. Please Select Your Gender: From the Invention of Hysteria to the Democratizing of Transgenderism. New Iorque: Routledge, 2010.

GILROY, John. "The theory of the cultural interface e Indigenous people with disabilities in New South Wales". *Balayi*. 10: 44-58. [S.l.], 2009.

GIRSHICK, Lori B. *Transgender Voices: Beyond Women and Men*. Hanover: University Press of New England, 2008.

GREEN, Richard; MONEY, John. (Eds.). *Transsexualism and Sex Reassignment*. Baltimore: Johns Hopkins University Press, 1969.

GRIGGS, Claudine. Passage through Trinidad: Journal of a Surgical Sex Change. Jefferson, NC: McFarland, 1996.

_____. S/he: Changing Sex and Changing Clothes. Oxford: Berg, 1998.

HALL, Stanley G. *Adolescence*. New Iorque, Appleton, 1904.

HALL, Stuart; JEFFERSON, Tony. (Eds.). *Resistance through Rituals: Youth Subcultures in Postwar Britain*. London: Hutchinson, 1975.

HAGEMANN-WHITE, Carol; LANG, Heidi; LÜBBERT, Jutta. *Strategien gegen Gewalt im Geschlechterverhältnis: Bestandsanalyse und Perspektiven*. Pfaffenweiler: Centaurus, 1992.

HARCOURT, Wendy. Body Politics in Development: Critical Debates in Gender e Development. London. Zed Books, 2009.

_____. "Women's Global Organizing: Celebrations and Cautions". *Development*. 52 (2) : 133-135. [S.l.], 2009b

HARVEY, Jirra Lulla. 2010. "Sista Girl". In: MORAN, Janelle; REEVE, Coral; WARD, Christine. (Eds.). *Etchings Indigenous: Black and Sexy*. Elsternwick: Ilura Press, 2010. Pp. 83-92.

HARDING, Sandra. Sciences from Below: Feminisms, Postcolonialities, e Modernities. Durham: Duke University Press, 2008.

HARRISON, James. "Warning: The Male Sex Role May Be Dangerous to Your Health". *Journal of Social Issues*. 34(1): 65-86. [S.l.], 1978.

HAUG, Frigga et al. Female Sexualization: A Collective Work of Memory. Londres: Verso, 1987.

HAUSMAN, Bernice. Changing Sex: Transsexualism, Technology, and the Idea of Gender. Durham: Duke University Press, 1995.

HEYES, Cressida J. "Feminist Solidarity after Queer Theory: The Case of Transgender". *Signs* 28 (4): 1093-1120. [S.l.], 2003.

HINES, Sally. TransForming Gender: Transgender Practices of Identity, Intimacy and Care. Bristol: Policy Press, 2007.

HIRD, Myra J. "Gender's Nature: Intersexuality, Transsexualism e the 'Sex'/'Gender' Binary". *Feminist Theory*. 1(3): 347-364. [S.l], 2000.

_____. "Unidentified Pleasures: Gender Identity e its Failure". *Body & Society* 8(2): 39-54. [S.l.], 2004.

HOLLAND, Janet; RAMAZANOGLU, Caroline; SHARPE, Sue; THOMSON, Rachel. *The Male in the Head: Young People, Heterosexuality and Power*. Londres: Tufnell Press, 1998.

HOLTER, Øystein Gullvåg. *Gender, Patriarchy and Capitalism: A Social Forms Analysis*. Oslo: Work Research Institute, 1997.

_____. Can Men Do It?: Men e Gender Equality: The Nordic Experience. Copenhagen: Nordic Council of Ministers, 2003.

HOOLEY, Jesse. 2003. Queering Gender Identity: Interventions in Discourse about Male to Female Transsexualism. Dissertação de PhD. University of Sydney, 2003.

HOOPER, Charlotte. "Masculinities in transition: the case of globalization". In: MARCHAND, Marianne H.; RUNYAN, Anne Sisson. (Ed.). *Gender and Global Restructuring*. Londres: Routledge, 2000. Pp. 59-73

HOUNTONDJI, Paulin J. Ed. 1997. *Endogenous Knowledge: Research Trails*. Dakar: Codesria, 1997.

_____. "Introduction: Recentring Africa". In: _____ (Ed.). *Endogenous Knowledge: Research Trails*. Dakar: Codesria, 1997. Pp. 1-39

_____. 2002. "Knowledge appropriation in a post-colonial context". In: ODORA HOPPERS, Catherine A. (Ed.). *Indigenous Knowledge and the Integration of Knowledge Systems*. Claremont: New Africa Books, 2002. Pp. 23-38.

HOWEY, Noelle. Dress Codes: Of Three Girlhoods: My Mother's, My Father's, and Mine. New Iorque: Picador, 2002.

HUERTA ROJAS, Fernando. El Juego del Hombre: Deporte y Masculinidad entre Obreros de Volkswagen. México: Plaza y Valdés, 1999.

HURRELMANN, Klaus; KOLIP, Petra. (Eds.). *Geschlecht, Gesundheit und Krankheit: Männer und Frauen im Vergleich*. Bern: Verlag Hans Huber, 2002.

INHELDER, Bärbel; PIAGET, Jean. *The Growth of Logical Thinking from Childhood to Adolescence*. Nova Iorque: Basic Books, 1958.

IRVING, Terry; MAUNDERS, David; SHERINGTON, Geoff. Youth in Australia: Policy, Administration e Politics – A History since World War II. Melbourne: Macmillanm 1995.

ITO, Kimio. "Cultural Change e Gender Identity Trends in the 1970s and 1980s". *International Journal of Japanese Sociology*. 1: 79-98. [S.l.], 1992.

JACKSON, Peter A. "Kathoey><Gay><Man: The historical emergence of gay male identity in Thailand". In: MANDERSON, Lenore; JOLLY, Margaret. (Eds.). *Sites of Desire, Economies of Pleasure*. Chicago: University of Chicago Press, 1997. Pp. 166–90.

JAMIESON, Lynn. Intimacy: Personal Relationships in Modern Societies. Cambridge: Polity Press, 1998.

JOHNSON, Katherine. "From Gender to Transgender: Thirty Years of Feminist Debates". *Social Alternatives*. 24(2): 36-39. [S.l.], 2005.

_____. "Changing Sex, Changing Self: Theorizing Transitions in Embodied Subjectivity". *Men and Masculinities*. 10 (1) : 54-70. [S.l.], 2007.

JORGENSEN, Christine. *Christine Jorgensen, a Personal Autobiography*. Nova edição. San Francisco: Cleis, 2000 [1967].

KANDIYOTI, Deniz. "The Paradoxes of Masculinity: Some Thoughts on Segragated Societies". In: CORNWALL, Andrea; LINDISFARNE, Nancy. (Eds.). *Dislocating Masculinity: Comparative Ethnographies*. Londres: Routledge, 1994.

KENAGY, Gretchen. "Transgender Health: Findings from Two Needs Assessment Studies in Philadelphia". *Health & Social Work*. 30(1): 19-26. [S.l.], 2005.

KERSTEN, Joachim. "Street Youths, Bosozoku, e Yakuza: Subculture Formation e Societal Reactions". *Crime and Delinquency*. 39(3): 277-295. [S.l], 1993.

KIMMEL, Michael S.; HEARN, Jeff; CONNELL, Raewyn. (Eds.). *Handbook of Studies on Men and Masculinities*. Thousand Oaks: Sage Publications, 2005.

KINDLER, Heinz. *Maske(r)ade: Jungen- und Männerarbeit für die Praxis*. Schwäbisch Gmünd und Tubingen: Neuling Verlag, 1993.

KING, Angela. "The Dawn of a New Identity: Aspects of a Relational Approach to Psychotherapy with a Transsexual Client". *British Journal of Psychotherapy*. 28(1): 35-49. [S.l.], 2011.

KING, Martin. *Men, Masculinity and the Beatles*. Farnham: Ashgate, 2013.

KIPPAX, Susan; CONNELL, Raewyn, DOWSETT , Gary W.; CRAWFORD, June. *Sustaining Safe Sex: Gay Communities Respond to Aids*. Londres: Falmer Press, 1993.

KIRK, David. *The Body, Schooling and Culture*. Geelong: Deakin University Press, 1993.

KIRKLAND, Anna. "Victorious Transsexuals in the Courtroom: A Challenge for Feminist Legal Theory". *Law & Social Inquiry*. 28(1): 1-37. [S.l.], 2003.

KIRKWOOD, Julieta. Ser Política en Chile: Las Feministas y los Partidos. Santiago, FLACSO, 1986.

KLEIN, Naomi. *No Logo: Taking Aim at the Brand Bullies*. Nova Iorque: Picador, 2001.

KOSÍK, Karel. *Dialectics of the Concrete*. Dordrecht: D. Reidel, 1976.

KRIEGER, Nancy. "Embodiment: A Conceptual Glossary for Epidemiology". *Journal of Epidemiology and Community Health*. 59: 350-355. [S.l.], 2005.

KUHLMANN, Ellen; ANNANDALE, Ellen. (Eds.). *The Palgrave Handbook of Gender and Healthcare*. Basingstoke: Palgrave Macmillan, 2010.

LAMAS, Marta. *Feminism: Transmissions and Retransmissions*. Nova Iorque: Palgrave Macmillan, 2011.

LANDÉN, Mikael; INNALA, Sune. "Landén, M. & Innala, S. (2000), 'Attitudes Toward Transsexualism in a Swedish National Survey'". *Archives of Sexual Behavior*. 29(4): 375-388. [S.l.], 2000.

LANGLEY, Lynda. *He's My Daughter: A Mother's Journey to Acceptance*. Briar Hill (Victoria): Indra Publishing, 2002.

LANGTON, Marcia. 1997. "Grandmothers' Law, Company Business and Succession in Changing Aboriginal Land Tenure Systems". In YUNUPINGU, Galarrwuy. (Ed.). *Our Land is Our Life*. St Lucia: University of Queensland Press, 1997. Pp. 84-116.

LAUMANN, Edward O; GAGNON, John H.; MICHAEL, Robert T.; MICHAELS, Stuart. *The Social Organization of Sexuality: Sexual Practices in the United States*. Chicago, University of Chicago Press, 1994.

LAURIE, Nina. "Establishing Development Orthodoxy: Negotiating Masculinities in the Water Aector". *Development and Change*. 36(3): 527-549. [S.l.], 2005.

LAWRENCE, Anne A. "Becoming What We Love: Autogynephilic Transsexualism Conceptualized as an Expression of Romantic Love". *Perspectives in Biology and Medicine*. 50(4): 506-520. [S.l.], 2007.

LEAHY, Terry. "Positively Experienced Man/Boy sex: The Discourse of Seduction e the Social Construction of Masculinity". *Australian and New Zealand Journal of Sociology*. 28(1): 71-88. [S.l.], 1992.

LEMMA, Alessandra. "Research off the Couch: Re-Visiting the Transsexual Conundrum". *Psychoanalytic Psychotherapy*. 26(4): 263-281. [S.l.], 2012.

LEWIS, Vek. *Crossing Sex and Gender in Latin America*. Nova Iorque: Palgrave, 2010.

LINDQVIST, Sven. *A History of Bombing*. Nova Iorque: The New Press, 2001.

LINGARD, Bob. "Where to in Gender Policy in Education after Recuperative Masculinity Politics?". *International Journal of Inclusive Education*. 7(1):33-56. [S.l.], 2003.

LINGARD, Bob; DOUGLAS, Peter. *Men Engaging Feminisms: Pro-feminism, Backlashes and Schooling*. Buckingham: Open University Press, 1999.

LONGMORE, Paul K.; UMANSKY, Lauri. (Eds.). *The New Disability History*. Nova Iorque: Nova Iorque University Press, 2001.

LORBER, Judith. Breaking the Bowls: Degendering and Feminist Change. Nova Iorque: Norton, 2005.

LUGONES, María. 2007. "Heterosexism and the Colonial/Modern Gender System". *Hypatia*. 22(1): 186-219. [S.l.], 2007.

_____. "Toward a Decolonial Feminism". *Hypatia*. 25(4): 742-759. [S.l.], 2010.

LYNCH, Kathleen; LODGE, Anne. Equality and Power in Schools: Redistribution, Recognition and Representation. London: Routledge Falmer, 2002.

LYRA, Jorge. "Paternidade Adolescente: Da Investigação à Intervenção". In: ARILHA, Margareth; RIDENTI, S. G. U.; MEDRADO, Benedito. (Orgs.). *Homens e Masculinidades: Outras Palavras*. São Paulo: ECO/Ed, 1998. Pp. 185-214

MAC AN GHAILL, Máirtín. *The Making of Men: Masculinities, Sexualities and Schooling*. Buckingham: Open University Press, 1994.

MANGAN, J. A.; WALVIN, James. (Eds.). *Manliness and Morality: Middle-class Masculinity in Britain and America, 1800-1940*. Manchester: Manchester University Press, 1987.

MARTIN, Patricia Yancey. "Mobilizing Masculinities: Women's Experiences of Men at Work". *Organization*. 8(4): 587-618. [S.l], 2001.

_____. 2003. "'Said and done' *versus* 'Saying and doing': Gendering Practices, Practicing Gender at Work". *Gender & Society*. 17(3): 342-366. [S.l.], 2003.

_____. "Practising Gender at Work: Further Thoughts on Reflexivity". *Gender, Work & Organization*. 13(3): 254-276. [S.l.], 2006.

MARTINO, Wayne. "Masculinity e Learning: Exploring Boys' Underachievement and Under-Representation in Subject English". *Interpretations*. 27(2): 22-57. [S.l.], 1994.

MARTINO, Wayne; PALLOTTA-CHIAROLLI, Maria. *So What's a Boy? Addressing Issues of Masculinity and Schooling*. Maidenhead: Open University Press, 2003.

MASSEY, Grace. "The Flip Side of Teen Mothers: A Look at Teen Fathers". In: BOWSER, Benjamin P. (Ed.). *Black Male Adolescents: Parenting and Education in Community Context*. Lanham: University Press of America, 1991. Pp. 117-128.

MAY, Robert. "Concerning a Psychoanalytic View of Maleness". *Psychoanalytic Review*. 73(4): 579-597. [S.l.], 1986.

MCCLOSKEY, Deidre N. *Crossing: A Memoir*. Chicago: University of Chicago Press, 1999.

MCNEILL, Pearlie; MCSHEA. Marie; PARMAR, Pratibha. (Eds.). *Through the Break: Women in Personal Crisis*. Londres: Sheba Feminist Publishers, 1986.

MEEKOSHA, Helen. 1998. "Body Battles: 'Blind Spots' in Feminist Theory". In: SHAKESPEARE, Tom. (Ed.). *The Disability Reader: Social Science Perspectives*. Londres: Cassell, 1998. Pp. 162-180.

_____. "Communicating the Social: Discourse of Disability and Difference". *Australian Journal of Communication*. 30(3): 61-68. [S.l.], 2004.

_____. Decolonizing Disability: Thinking and Acting Globally. *Disability and Society*. 26(6): 667-681. [S.l.], 2011.

MEEKOSHA, Helen; SHUTTLEWORTH, Russell. "What's so 'Critical' About Critical Disability Studies?". *Australian Journal of Human Rights*. 15: 47-75. [S.l.], 2009.

MENZU SENTA [Men's Center Japan]. Otokotachi no Watashisagashi [How are Men Seeking their New Selves?]. Kyoto: Kamogawa, 1997.

MESSERSCHMIDT, James W. Nine Lives: Adolescent Masculinities, the Body, and Violence. Boulder: Westview Press, 2000.

_____. Flesh and Blood: Adolescent Gender Diversity and Violence. Lanham: Rowman and Littlefield, 2004.

_____. Hegemonic Masculinities and Camouflaged Politics: Unmasking the Bush

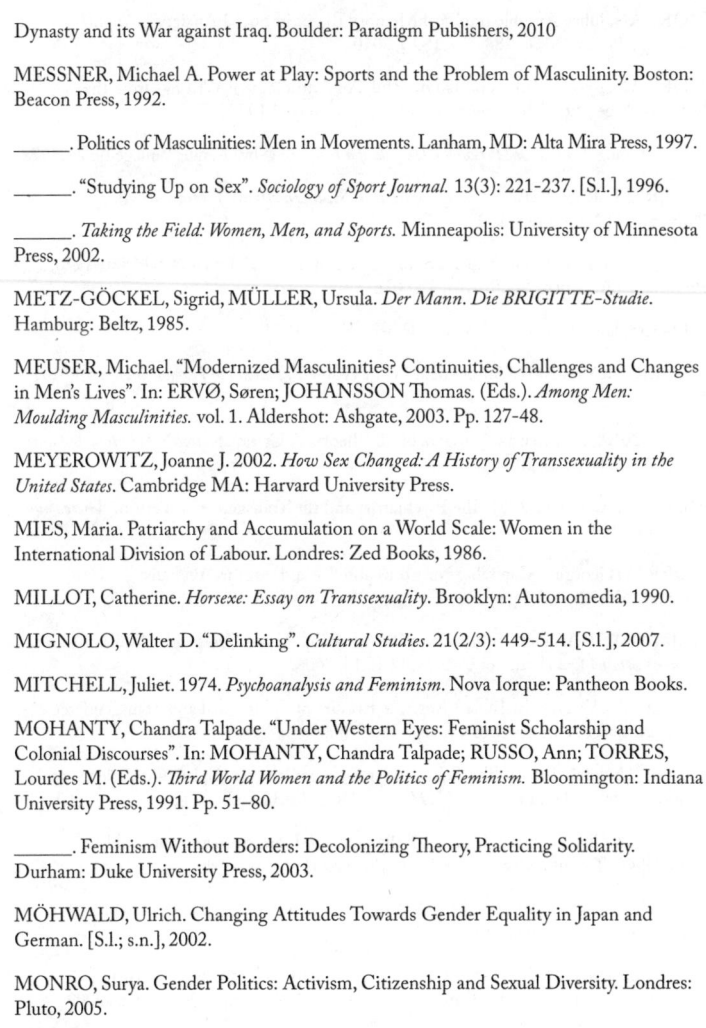

Dynasty and its War against Iraq. Boulder: Paradigm Publishers, 2010

MESSNER, Michael A. Power at Play: Sports and the Problem of Masculinity. Boston: Beacon Press, 1992.

_____. Politics of Masculinities: Men in Movements. Lanham, MD: Alta Mira Press, 1997.

_____. "Studying Up on Sex". *Sociology of Sport Journal.* 13(3): 221-237. [S.l.], 1996.

_____. *Taking the Field: Women, Men, and Sports.* Minneapolis: University of Minnesota Press, 2002.

METZ-GÖCKEL, Sigrid, MÜLLER, Ursula. *Der Mann. Die BRIGITTE-Studie.* Hamburg: Beltz, 1985.

MEUSER, Michael. "Modernized Masculinities? Continuities, Challenges and Changes in Men's Lives". In: ERVØ, Søren; JOHANSSON Thomas. (Eds.). *Among Men: Moulding Masculinities.* vol. 1. Aldershot: Ashgate, 2003. Pp. 127-48.

MEYEROWITZ, Joanne J. 2002. *How Sex Changed: A History of Transsexuality in the United States.* Cambridge MA: Harvard University Press.

MIES, Maria. Patriarchy and Accumulation on a World Scale: Women in the International Division of Labour. Londres: Zed Books, 1986.

MILLOT, Catherine. *Horsexe: Essay on Transsexuality.* Brooklyn: Autonomedia, 1990.

MIGNOLO, Walter D. "Delinking". *Cultural Studies.* 21(2/3): 449-514. [S.l.], 2007.

MITCHELL, Juliet. 1974. *Psychoanalysis and Feminism.* Nova Iorque: Pantheon Books.

MOHANTY, Chandra Talpade. "Under Western Eyes: Feminist Scholarship and Colonial Discourses". In: MOHANTY, Chandra Talpade; RUSSO, Ann; TORRES, Lourdes M. (Eds.). *Third World Women and the Politics of Feminism.* Bloomington: Indiana University Press, 1991. Pp. 51–80.

_____. Feminism Without Borders: Decolonizing Theory, Practicing Solidarity. Durham: Duke University Press, 2003.

MÖHWALD, Ulrich. Changing Attitudes Towards Gender Equality in Japan and German. [S.l.; s.n.], 2002.

MONRO, Surya. Gender Politics: Activism, Citizenship and Sexual Diversity. Londres: Pluto, 2005.

MONTECINO, Sonia. "Identidades y Diversidades en Chile". In: GARRETÓN, Manuel Antonio. (Ed.). *Cultura y desarollo en Chile.* Santiago: Andres Bello, 2001. Pp. 65-98.

_____. *Madres y Huachos: Alegorías del Mestizaje Chileno.* 4ª edição. Santiago: Editorial Catalonia, 2007.

MONTERO, Maritza. "The Political Psychology of Liberation: From Politics to Ethics and Back". *Political Psychology.* 28(5): 517-533. [S.l.], 2007.

MOODIE, T. Dunbar. *Going for Gold: Men, Mines, and Migration.* Johannesburg: Witwatersrand University Press, 1994.

MORE, Kate; WHITTLE, Stephen. (Eds.). Reclaiming Genders: Transsexual Grammars at the Fin de Siècle. Londres: Cassell, 1999.

MORGAN, Julie. "Autobiographical Memory Biases in Social Anxiety". *Clinical Psychology Review* 30(3): 288-297. [S.l.], 2010.

MORGAN, Robin. Sisterhood Is Powerful: An Anthology of Writings from the Women's Liberation Movement. Nova Iorque: Vintage,l 1970.

_____. Going *Too Far: The Personal Chronicle of a Feminist*. Nova Iorque: Vintage Books, 1978.

MORRELL, Robert. (Ed.). *Changing Men in Southern Africa*. Pietermaritzburg: University of Natal Press, 2001a.

_____. From Boys to Gentlemen: Settler Masculinity in Colonial Natal 1880-1920. Pretoria: University of South Africa, 2001b

MORRIS, Jan. *Conundrum*. London: Faber e Faber, 1974.

MOSER, Charles. 2009. "Autogynephilia in Women". *Journal of Homosexuality* 56(5): 539-547. [S.l], 2009.

_____. 2010. "Blanchard's Autogynephilia Theory: A Critique". *Journal of Homosexuality* 57(6): 790-809. [S.l.], 2010.

MURRAY, Alexander. 1997. The Psychiatrist and the Transgendered Person. *Venereology* 10(3): 158-164.

MURRAY, Georgina. Capitalist Networks and Social Power in Australia and New Zealand. Aldershot: Ashgate, 2006.

NAJMABADI, Afsaneh. Transing and Transpassing Across Sex-gender Walls in Iran. *Women's Studies Quarterly*. 36(3/4): 23-42. [S.l.], 2008.

NAMASTE, Viviane. Invisible Lives: The Erasure of Transsexual and Transgendered People. Chicago: University of Chicago Press, 2000.

_____. "Undoing Theory: The Transgender Question and the Epistemic Violence of Anglo-American Feminist Theory". *Hypatia* 24(3): 11-32. [S.l.], 2009.

_____. Sex Change, Social Change: Reflections on Identity, Institutions, and Imperialism. Toronto: Canadian Scholar's Press, 2011.

NANDY, Ashis. The Intimate Enemy: Loss and Recovery of Self under Colonialism. Nova Deli: Oxford University Press, 1983.

NAPLES, Nancy; DESAI, Manisha. (Eds.). Women's Activism and Globalization: Linking Local Struggles and Transnational Politics. Nova Iorque: Routledge., 2002.

NESTLE, Joan; HOWELL, Clare; WILCHINS, Riki. (Eds.). *GenderQueer: Voices from Beyond the Sexual Binary*. Los Angeles e Nova Iorque: Alyson Books, 2002.

NOVOGRODSKY, Myra; KAUFMAN, Michael; HOLLAND, Dick; WELLS, Margaret. "Retreat for the Future: An Anti-Sexist Workshop for High Schoolers". *Our Schools/Our Selves*. 3(4): 67-87.[S.l], 1992.

OCHOA, Marcia. "Perverse Citizenship: Divas, Marginality and Participation in *Localization*". *Women's Studies Quarterly*. 36(3/4): 146-169. [S.l.], 2008.

O'DONNELL, Mike; SHARPE, Sue. Uncertain Masculinities: Youth, ethnicity and class in contemporary Britain. Londres: Routledge, 2000.

ODORA HOPPERS, Catherine A. Ed. *Indigenous Knowledge and the Integration of Knowledge Systems*. Claremont: New Africa Books, sem data.

# REFERÊNCIAS

O'KEEFE, Tracie; FOX, Katrina. (Eds.). *Trans People in Love*. Nova Iorque: Routledge, 2008.

OLAVARRÍA, José. Y Todos Querian Ser (Buenos) Padres: Varones de Santiago de Chile en conflicto. Santiago: FLACSO-Chile, 2001.

_____. (Ed.). *Masculinidades y globalización: Trabajo y vida privada, familias y sexualidades*. Santiago: Red de Masculinidiad/es Chile, Universidad Academia de Humanismo Cristiano e CEDEM, 2009.

O'LEARY, Colleen. "Fetal Alcohol Syndrome: Diagnosis, Epidemiology and Developmental" Outcomes. *Journal of Pediatrics & Child Health*. 40(1/2): 2-7. [S.l.], 2004.

OSORIO, Jorge Mario Flores. Praxis and Liberation in the Context of Latin American Theory. In: MONTERO, Maritza; SONN, Christopher C. (Eds.). *Psychology of Liberation: Theory and Applications*. Nova Iorque: Springer, 2009. Pp. 11-36.

OYÉWÙMÍ, Oyèrónké. The Invention of Women: Making an African Sense of Western Gender Discourses. Minneapolis: University of Minnesota Press, 1997.

PALME, Olof. "The Emancipation of Man". *Journal of Social Issues*. 28(2):237-46. [S.l], 1972.

PATEL, Sujata. (Ed.). ISA Handbook of Diverse Sociological Traditions. London: Sage., 2010.

PATERSON, Kevin; HUGHES, Bill. "Disability Studies and Phenomenology: The Carnal Politics of Everyday Life". *Disability & Society*. 14(5): 597-610. [S.l.], 1999.

PAZ, Octavio. *The Labyrinth of Solitude*. Edição Ampliada. London: Penguin, 1990 [1950].

PERKINS, Roberta. The 'Drag Queen' Scene: Transsexuals in King's Cross. Sydney, Allen e Unwin, 1983.

PETEET, Julie. 2000. "Male Gender and Rituals of Resistance In The Palestinian Intifada: A Cultural Politics of Violence". In: GHOUSSOUB, Mai; SINCLAIR, Emma. (Eds.) *Imagined Masculinities*. Londres: Saqi Books, 2000. Pp.103-126.

PETERSON, Spike. A Critical Rewriting of Global Political Economy: Integrating Reproductive, Productive and Virtual Economies. Londres: Routledge, 2003.

PFAU-EFFINGER, Birgit. "Gender Cultures and the Gender Arrangement: A Theoretical Framework for Cross-National Gender Research". *Innovation: The European Journal of Social Science Research*. 11(2): 147-166. [S.l.], 1998.

PHILLIPS, Jock. Mummy's Boys. Pakeha Men and Male Culture in New Zealand. In: BUNKLE, Phillida; HUGHES, Beryl. (Eds.). *Women in New Zealand Society*. New Zealand: Allen e Unwin, 1980. Pp. 217-243.

PLAATJE, Sol. T.. Native Life in South Africa: Before and Since the European War and the Boer Rebellion. Braamfontein: Ravan Press, 1916 [1982].

Plummer, Kenneth. Documents of Life 2: An Invitation to a Critical Humanism. 2ª edição. Londres: Sage, 2001.

POGGIO, Barbara. "Editorial: Outline of a Theory of Gender Practices". *Gender, Work & Organization*. 13(3): 225-233. [S.l.], 2006.

POYNTING, Scott; NOBLE, Greg; TABAR, Paul. "Protest Masculinity and Lebanese Youth in Western Sydney: An Ethnographic Study". In: TOMSEN, Stephen; DONALDSON, Mike. (Eds.). *Male Trouble: Looking at Australian Masculinities*. Melbourne: Pluto Press Australia, 2003. Pp. 132-155.

PRATT, Minnie Bruce. *S/he*. Ithaca NY: Firebrand Books, 1995.

PROSSER, Jay. 1998. *Second Skins: the Body Narratives of Transsexuality*. Nova Iorque: Columbia University Press, 1998.

PTACEK, James. "Why Do Men Batter Their Wives?" In YLLÖ, Kersti; BOGRAD, Michele (Eds.). *Feminist Perspectives on Wife Abuse*. Newbury Park, Calif.: Sage Publications,1988, 133-57.

QUIJANO, Aníbal. Coloniality of Power and Eurocentrism in Latin America. *International Sociology*. 15(2): 215-232 .[S.l.], 2000.

RADCLIFFE, Sarah A.; LAURIE, Nina; ANDOLINA, Robert. 2004. "The Transnationalization of Gender and Reimagining Andean Indigenous Development". *Signs*. 29(2): 387-416. [S.l.], 2004.

RAVELO BLANCAS, Patricia. 2010. "We Never Thought it Would Happen to Us: Approaches to the Study of the Subjectivities of the Mothers of the Murdered Women of Ciudad Juárez". In: DOMINGUEZ-RUVALCABA, Héctor; CORONA, Ignacio. (Eds.). *Gender Violence at the U.S.-Mexico Border*. Tucson: University of Arizona Press, 2010. Pp. 35-57.

RAYMOND, Janice. *The Transsexual Empire: the Making of a She-Male*. London: Women's Press, 1979.

REDDY, Gayatri. *With Respect to Sex: Negotiating Hijra Identity in South India*. Nova Deli: Yoda Press, 2006.

REUTER, Julia; VILLA, Paula-Irene. (Eds.). Postkoloniale Soziologie: Empirische Befunde, Theoretische Anschlüsse, Politische Intervention. Bielefeld: transcript, 2010.

RHODES, Mary. "Adolescent Boys' Perceptions of Masculinity: A Study of Group Stories Constructed by Years 8, 9 e 10 Boys". *Interpretations*. 27(2): 58-73. [S.l.], 1994.

RICHARD, Nelly. *Masculine/Feminine: Practices of Difference(s)*. Tradução de TANDECIARZ, Silvia R; NELSON, Alice A. Durham: Duke University Press, 2004 [1953]

RISMAN, Barbara J. "Can Men 'Mother'? Life as a Single Father". *Family Relations*. 35: 95-102. [S.l.], 1986.

ROBERTS, Celia."Biological Behaviour? Hormones, Psychology and Sex". *NWSA Journal*. 12: 1–20. [S.l.], 2000.

ROBINS, David; COHEN, Philip. *Knuckle Sandwich: Growing Up in the Working-Class City*. Harmondsworth: Penguin, 1978.

ROBINSON, Kathryn. *Gender, Islam and Democracy in Indonesia*. London, Routledge, 2009.

ROGERS, Mary F. "They All Were Passing: Agnes, Garfinkel, and Company". *Gender & Society*. 6(2): 169-191. [S.l.], 1992.

ROSE, Sonya O. *What is Gender History?* Cambridge: Polity Press, 2010.

ROY, Rahul. Exploring Masculinities – A Travelling Seminar. Agenda and abstracts. Manuscrito inédito fornecido pelo autor, 2003.

RUBIN, Henry. *Self-Made Men: Identity and Embodiment among Transsexual Men*. Nashville: Vanderbilt University Press, 2003.

SAFFIOTI, Heleieth I. B. *Women in Class Society* [*A mulher na sociedade de classes*]. Nova Iorque: Monthly Review Press, 1978 [1969].

SAID, Edward W. 1978. *Orientalism*. New Iorque: Pantheon.

SALAMON, Gayle. *Assuming a Body: Transgender and Rhetorics of Materiality*. Nova Iorque: Columbia University Press, 2010.

SALMON, Amy. "Dis/abling States, Dis/abling Citizenship: Young Aboriginal Mothers and the Medicalisation of Fetal Alcohol Syndrome". *Journal for Critical Education Policy Studies*. 5(2). [S.l], 2007.

SÁNCHEZ, Francisco; VILAIN, Eric. "Collective Self-Esteem as a Coping Resource for Male-to-Female Transsexuals". *Journal of Counseling Psychology*. 56(1): 202–209. [S.l.], 2009.

SCHOFIELD, Toni; GOODWIN, Susan. "Gender Politics and Public Policy Making: Prospects for Advancing Gender Equality". *Policy and Society*. 24(4): 25-44. [S.l.], 2005.

SCHILT, Kristen; WISWALL, Matthew. "Before and After: Gender Transitions, Human Capital, and Workplace Experiences". *The BE Journal of Economic Analysis & Policy*. 8(1): article 39. [S.l.], 2008.

SEGAL, Lynne. *Slow Motion: Changing Masculinities, Changing Men*. 2ª edição. London: Virago, 1997.

SERRANO, Julia. Whipping Girl: A Transsexual Woman on Sexism and the Scapegoating of Femininity. Emeryville CA: Seal Press, 2007.

SHARIATI, Ali. *What is to be Done? The Enlightened Thinkers and an Islamic Renaissance*. Houston: Institute for Research e Islamic Studies, 1986.

SHERIDAN, Vanessa. *The Complete Guide to Transgender in the Workplace*. Santa Barbara CA: Praeger, 2009.

SHRAGE, Laurie J. Ed. *"You've Changed": Sex Reassignment and Personal Identity*. Oxford: Oxford University Press, 2009.

SHUTTLEWORTH, Russell. "Disability/Difference". In: EMBER, Carol; EMBER, Melvin. (Eds.). *Encyclopedia of Medical Anthropology: Health and Illness in the World's Cultures*. Kluwer/Plenum, 2004.

SILBERSCHMIDT, Margrethe. "Men, Male Sexuality and HIV/Aids. Reflections from Studies in Rural and Urban East Africa". *Transformation*. 54: 42-58. [S.l.], 2004.

SILVERMAN, Martin. "The Male Superego". *Psychoanalytic Review*. 73(4): 427-444. [S.l.], 1986.

SMITH, Linda Tuhiwai. Decolonizing Methodologies: Research and Indigenous Peoples. Londres: Zed Books, 1999.

SOLDATIC, Karen; BIYANWILA, Janaka. Tsunami and the Construction of Disabled Third World Body. *Global South: SEPHIS e-magazine*. 6(3): 75-84. [S.l.], 2010.

SOLDATIC, Karen; MEEKOSHA, Helen. "Disability and neoliberal state formations". In: WATSON, N.; THOMAS, C.; ROULSTONE, A. (Eds.). *Routledge Handbook of Disability Studies*. Londres: Routledge, 2012.

SOLYMÁR, Bence; TAKÁCS, Judit. 2007. "Wrong Bodies and Real Selves: Transsexual People in the Hungarian Social and Health Care System". In: KUHAR, Roman;

TAKÁCS, Judit. (Eds.) *Beyond the Pink Curtain: Everyday Life of LGBT People in Eastern Europe.* Ljubljana: Peace Institute, 2007. Pp. 41-198.

STOLLER, Robert J. Sex and Gender: On the Development of Masculinity and Femininity. Nova Iorque: Science House, 1968.

STONE, Amy L. "The Empire Strikes Back: A Post-transsexual Manifesto". In: EPSTEIN, Julia; STRAUB, Kristina. (Eds.). *Body Guards: The Cultural Politics of Gender Ambiguity.* Nova Iorque: Routledge, 1991. Pp. 280-304.

_____. "More Than Adding a T: American Lesbian and Gay Activists' Attitudes Towards Transgender". *Sexualities.* 12(3): 334-354. [S.l.], 2009.

STRYKER, Susan. "Introduction". In: JORGENSEN, Christine (Ed.) *A Personal Autobiography.* San Francisco: Cleis, 2000. Pp. v–xiii.

_____. *Transgender History.* Berkeley CA: Seal Press, 2008.

_____. "We Who Are Sexy: Christine Jorgensen's Transsexual Whiteness in the Postcolonial Philippines". *Social Semiotics.* 19(1):79–91. [S.l.], 2009.

STRYKER, Susan; WHITTLE, Stephen. (Eds.). *The Transgender Studies Reader.* Nova Iorque: Routledge, 2006.

SUTCLIFFE, Paul A. et al. "Evaluation of Surgical Procedures for Sex Reassignment: A Systematic Review". *Journal of Plastic, Reconstructive & Aesthetic Surgery.* 62(3): 294-308. [S.l.], 2009.

SWARR, Amanda Lock. "Paradoxes of butchness: lesbian masculinities and sexual violence in contemporary South Africa". *Signs.* 37(1): 961-988. [S.l.], 2012.

TAGA, Futoshi. "East Asian Masculinities". In: KIMMEL, Michael S.; HEARN; Jeff; CONNELL, Raewyn. (Eds.). *Handbook of Studies on Men & Masculinities.* Thousand Oaks: Sage, 2005. Pp. 129-140.

TAGA, Futoshi; HIGASHINO, Mitsunari; MASANORI, Sasaki; MURATA, Yohei. *Changing Lives of Salarymen.* Kyoto: Mineruvashobo, 2010.

THARU, Susie; NIRANJANA, Tejaswini. 1996. "Problems for a Contemporary Theory of Gender". In: AMIN, Shahid; CHAKRABARTY, Dipesh. (Eds.). *Subaltern Studies,* Vol. 9. Delhi: Oxford University Press, 1996. Pp. 232-260.

THEGE, Britta. "Rural Black Women's Agency Within Intimate Partnerships Amid the South African HIV Epidemic". *African Journal of Aids Research.* 8(4): 455-464. [S.l.], 2009.

TIENARI, Janne; SØDERBERG, Anne-Marie; HOLGERSON, Charlotte; VAARA, Eero. "Gender and National Identity Constructions in the Cross-Border Merger Context". *Gender, Work & Organization.* 12(3): 217-241. [S.l.], 2005.

TOMSEN, Stephen. *Hatred, Murder and Male Honour: Anti-homosexual Homicides in New South Wales, 1980-2000.* Canberra: Australian Institute of Criminology (Research e Public Policy Series, No. 43), 2002.

TOTTEN, Mark D. *Guys, Gangs and Girlfriend Abuse.* Peterborough: Broadview Press, 2000.

TUGNET, Nicola; GODDARD Jonathan Charles; VICKERY, Richard M.; KHOOSAL, Deenesh; TERRY, Tim R. "Current Management of Male-to-Female Gender Identity Disorder in the UK". *Postgraduate Medical Journal.* 83: 638-642.[S.l.], 2007.

TREMAIN, Shelley. (Ed.). *Foucault and the Government of Disability*. Ann Arbor: University of Michigan Press, 2005.

United Nations Commission on the Status of Women. 2004. The Role of Men and Boys in Achieving Gender Equality: Agreed Conclusions. Nova Iorque: United Nations. Disponível em http://www.un.org/womenwatch/daw/csw48/ac-men-auv.pdf .

UNTERHALTER, Elaine. *Gender, Schooling and Global Social Justice*. London: Routledge, 2007.

USSHER, Jane M. *The Psychology of the Female Body*. Londres: Routledge, 1989.

VALDÉS, Teresa, OLAVARRÍA, José. "Ser hombre en Santiago de Chile: A pesar de todo, un mismo modelo". In: _____; _____ (Eds.). *Masculinidades y Equidad de Género en América Latina. Santiago*: FLACSO/UNFPA, 1998. Pp 12-36.

VAERTING, Mathilde. The Dominant Sex: A Study in the Sociology of Sex Differentiation. Westport, Conn: Hyperion, 1921 [1981].

VON KRAFFT-EBING, Richard. *Psychopathia Sexualis*. Nova Iorque: Arcade Publishing, 1886.

WAJCMAN, Judy. Managing Like a Man: Women and Men in Corporate Management. Sydney: Allen e Unwin Australia, 1999.

_____. *TechnoFeminism*. Cambridge: Polity Press, 2004.

WALDBY, Catherine; MITCHELL, Robert. 2006. *Tissue Economies: Blood, Organs and Cell Lines in Late Capitalism*. Durham: Duke University Press, 2006.

WALKER, Linley. "Locked Out: A Car Thief e a Fantastical Construction of Hegemonic Masculinity." Artigo enviado para a conferência Masculinities: Renegotiating Genders, University of Wollongong, 1997.

WEAVER-HIGHTOWER, Marcus B. 2008. *The Politics of Policy in Boys' Education: Getting Boys Right*. Nova Iorque: Palgrave Macmillan, 2008.

WEST, Candace; ZIMMERMAN, Don. "Doing Gender". *Gender & Society*. 1(2): 125-151. [S.l.], 1987.

WETHERELL, Margaret; EDLEY, Nigel. 1999. "Negotiating Hegemonic Masculinity: Imaginary Positions and Psycho-Discursive Practices". *Feminism and Psychology*. 9(3): 335-356. [S.l.], 1999.

WEXLER, Philip. 1992. Becoming Somebody: Toward a Social Psychology of School. Londres: Falmer, 1992.

WHITE, Rob. (Ed.). *Australian Youth Subcultures: On the Margins and in the Mainstream*. Hobart: Australian Clearinghouse for Youth Studies, 1999.

WHITE, Patrick. *The Twyborn Affair*. London: Jonathan Cap, 1979.

WHITE, Sara C. 2000. "Did the Earth Move? The Hazards of Bringing *Men and Masculinities* into Gender e Development". *IDS Bulletin*. 31(2): 33-41 [S.l.], 2000..

WHITE, Philip G; YOUNG; Kevin; MCTEER, William G. "Sport, Masculinity, and the Injured Body". In: SABO; Donald; FREDERICK, GORDON, David. (Eds.) *Men's Health and Illness*. Thousand Oaks: Sage, 1995. Pp. 158-182.

*Widersprüche*. Special Issue: Multioptionale Männlichkeiten? 67.1998.

WILCHINS, Riki Anne. "4 Essays on Gender". In: NESTLE, Joan, HOWELL, Clare; WILCHINS, Riki Anne. (Eds.). *GenderQueer: Voices from Beyond the Sexual Binary*, Los Angeles e Nova Iorque: Alyson Books, 2002. Pp. 21-63.

WILLIS, Paul. Learning to Labour: How Working Class Kids get Working Class Jobs. Farnborough: Saxon House, 1977.

_____. "Shop Floor Culture, Masculinity and the Wage Form". In: CLARKE, John; CRITCHER; C.; JOHNSON, Richard. (Eds.) *Working Class Culture*. Londres: Hutchinson, 1979. Pp. 185-198.

_____. Common Culture: Symbolic Work at Play in the Everyday Cultures of the Young. Milton Keynes: Open University Press, 1990.

WILTON, Tamsin. "Out/Performing Our Selves: Sex, Gender and Cartesian Dualism. *Sexualities*. 3(2):237–54 [S.l.], 2000.

WINTER, Sam. "What Made Me This Way? Contrasting Reflections by Thai e Filipina Transwomen". *Intersections*. 14. [S.l.], 2006. Disponível em: http://intersections.anu.edu.au/issue14/winter.htm

WISEMAN, Mel; DAVIDSON, Sarah. "Problems with Binary Gender Discourse: Using Context to Promote Flexibility and Correction in Gender Identity". *Clinical Child Psychology*. 17(4): 528-537. [S.l.], 2011.

WÖLFL, Edith. Gewaltbereite Jungen – Was kann Erziehung leisten? Anregungen für eine gender-orientierte Pädagogik. München: Ernst Reinhardt Verlag, 2001.

Women With Disabilities Australia. Forgotten Sisters: A Global Review of Violence Against Women With Disabilities. WWDA Resource Manual on Violence Against Women With Disabilities. Hobart: Women With Disabilities Australia, 2007.

WOOD, Katharine; JEWKES, Rachel. "'Dangerous' Love: Reflections on Violence Among Xhosa Township Youth". In: MORRELL, Robert. (Ed.). *Changing Men in Southern Africa*, Pietermaritzburg: University of Natal Press, 2001. Pp. 317-336.

World Health Organization. 2003. Access to rehabilitation for the 600 million people living with disabilities.Disponível em: http://www.who.int/mediacentre/news/notes/2003/np24/en/. Acesso: 5/06/2011.

World Health Organization. World Report on Disability. Geneva: World Health Organization, 2011.

WREDE, Sirpa. "Nursing: Globalization of a Female-Gendered Profession". In: KUHLMANN, Ellen; ANNANDALE, Ellen. (Eds.). *The Palgrave Handbook of Gender and Healthcare*. Nova Iorque: Palgrave Macmillan, 2010. Pp. 437-453

XABA, Thokozani. 2001. "Masculinity and its Malcontents: The Confrontation Between 'Struggle Masculinity' and 'Post-Struggle Masculinity'" (1990-1997). In: MORRELL, Robert. (Ed.). *Changing Men in Southern Africa*. Pietermaritzburg: University of Natal Press, 2001.Pp. 105-124.

YEATMAN, Anna. 1990. Bureaucrats, Technocrats, Femocrats: Essays on the Contemporary Australian State. Sydney: Allen & Unwin, 1990.

ZUCKER, Kenneth J. "Introduction to Dreger (2008) and Peer Commentaries". *Archives of Sexual Behavior*. 37(3): 365. [S.l.], 2008.